一朝春尽

当极美诗词邂逅红尘佳丽

[兰泊宁 著]

中国铁道出版社有限公司

图书在版编目（CIP）数据

一朝春尽：当极美诗词邂逅红尘佳丽 / 兰泊宁著 . —北京：
中国铁道出版社 , 2018.4（2022.1 重印）
ISBN 978-7-113-24059-2

Ⅰ . ①一… Ⅱ . ①兰… Ⅲ . ①女性－历史人物－生平
事迹－中国－古代②古典诗歌－诗歌欣赏－中国 Ⅳ .
① K828.5 ② I207.22

中国版本图书馆 CIP 数据核字 (2017) 第 292675 号

书　　名：**一朝春尽——当极美诗词邂逅红尘佳丽**

作　　者：兰泊宁

责任编辑：田　军　曾山月　　　　　电　　话：（010）51873012

装帧设计：成晟视觉　　　　　　　　电子信箱：tiedaolt@163.com

责任印制：赵星辰

出版发行：中国铁道出版社有限公司（100054，北京市西城区右安门西街 8 号）

印　　刷：佳兴达印刷（天津）有限公司

版　　次：2018 年 4 月第 1 版　2022 年 1 月第 2 次印刷

开　　本：700mm×1000mm　1/16　印张：15.25　字数：220 千字

书　　号：ISBN 978-7-113-24059-2

定　　价：45.00 元

目录

第一卷　李冶：亦尼亦妓亦诗人，三位一体幽兰心 1

青灯黄卷相伴如火的才情 2

初恋无言的结局 4

热恋：貌美自多情 7

禅心不随东风飞 9

惆怅情来懒梳头 10

乱棍下的风流云散 13

第二卷　杜秋娘：红颜薄命实堪悲，况是秋风瑟瑟时 17

唐朝精神金缕衣 17

将军府中的歌姬 19

帝王家里的秋妃 21

花谢花开缘底事 23

政权更迭 27

尽心尽力做"傅姆" 29

深夜孤灯怀往事 31

一场浮生如烟花 37

一朝春尽——当极美诗词邂逅红尘佳丽

第三卷　严蕊：清水芙蓉傲红尘 **38**

蛊惑上官 38

严刑之下不乱招 41

花落花开东君主 42

山花满头归去来 44

第四卷　卞玉京：红尘寂寞谁与渡 **47**

能变人世间，依然是玉京 47

寄与春风问薛涛 50

娇眼斜回帐底 53

伤别离 55

七年之后的重逢 58

却悔石城吹笛夜 59

长向东风问画兰 60

红粉飘零我忆卿 61

一场为了告别的聚会 64

逢天风，北向惊飞鸣 66

姑苏城外月黄昏 68

乞身下发 70

舌血书经 70

紫台一去魂何在 72

第五卷　顾横波：争议不息，潮起潮落语凄凄 **77**

一寸横波剪秋水 77

眉眼盈盈居迷楼 80

何时拂叶穿花一处飞 82

风流官司 83

刘芳负情致寒盟 84

佳人倚栏：绣帘开处一书生 86

妆台独坐伤离情 87

弓弯纤小跋涉苦，狼烟四起千里路 88

双宿双飞，神仙眷侣 89

患难见真情：料地老天荒永难别 90

三朝易帜，两度投降 92

侠骨芳心 95

一品诰命：横波夫人 98

死别：君归黄土我归沙 99

争议不息，潮起潮落语凄凄 100

第六卷　陈圆圆：美人不曾误江山 104

身世堪哀 104

花明雪艳，观者魂断 105

冒辟疆：负一女子无憾也 109

命如飘蓬任劫持 111

与崇祯皇帝擦肩而过 113

新贵达官吴总兵 115

风雨飘摇中的一夜情 118

时局动荡瞬息变 120

怒发冲冠只为红颜 123

妙计脱身 127

拒受正妃位 129

旧日繁华事尽删 131

兴亡遗恨记红颜 134

长长《圆圆曲》：江山美人两相误 137

一个美丽女人的悲剧：红颜祸水是不能承受的累 142

第七卷　董小宛：花开花落任飘零 144

锦绣世家横遭不测 145

安能摧眉折腰事权贵 146

冷美人结缘才子 147

烟花三月重相逢 151

病眼看花愁思深 153

悯姬之诚 154

恭顺忠贞贤淑成就的幸福 155

诗意人生：月潋潋，波烟玉 ……………………… 157

小宛葬花：数此却无卿傲世 …………………… 159

美食：生活的品位与格调 ……………………… 160

战乱流离 险遭遗弃 …………………………… 161

侍疾：余何以报姬于此生 ……………………… 162

影梅庵忆语：一生清福，九年占尽 …………… 163

最是夜清凄绝处，薄寒吹动茜红衫 …………… 165

解密清宫疑案：董小宛不是董鄂妃 …………… 166

第八卷　柳如是：红楼一梦，一生伤痛 …………… 170

对影闻声已可怜 ………………………………… 172

一树梨花压海棠 ………………………………… 174

艳帜高张：故相下堂姜 ………………………… 175

荒荒慷慨自知名 ………………………………… 177

泊舟松江 ………………………………………… 181

郁为共一身 ……………………………………… 181

满城风雨妨婵娟 ………………………………… 183

始知昨夜红楼梦 ………………………………… 185

情断：遮莫今宵风雨话 ………………………… 186

好句清如湖上风 ………………………………… 192

江左风流物论雄 ………………………………… 196

一场惊世骇俗的迎娶 …………………………… 200

好一幅昭君出塞图 ……………………………… 202

衣朱留都，愧杀两朝领袖 ……………………… 204

救难 ……………………………………………… 208

送尽平生百岁忧 ………………………………… 210

昔日荣盛，今日枯菱 …………………………… 213

红颜舛命 ………………………………………… 216

第九卷 马湘兰：痴守一生，一生都画不好的情 **219**

慧纨兰质马湘兰 220

红遍秦淮河 220

偶遇落魄才 221

登舟北上 224

独守寂寞 225

难为同林鸟 226

石上三生如有信 229

油残灯将熄 233

兰仿子固，竹法仲姬 234

第一卷

李 冶：

亦尼亦妓亦诗人，三位一体幽兰心

瑟瑟秋风漠漠霜，风华落尽染苍苍。红尘寂寞谁与渡，忍教孤身对月凉。

季兰一池春，柳烟映月新。风鼓云荡，涟漪频。燕戏嬉，忽远掠天痕。剩空吟旧梦，妆成无人晓，寂寂落埃尘。

季兰锦裳颜色，快绿红殷。香绵绵，彩灿灿，差落因循。情潮漾，尽万念沉沦。罢了罢了，一醉笑缤纷。

李冶（约713年—784年），字季兰，乌程（今浙江吴兴）人，是中唐诗坛上享受盛名的女诗人，与薛涛、鱼玄机、刘采春并称"唐代四大女诗人"。出家为女道士，与陆羽、刘长卿、皎然等过从甚密。《唐诗纪事》卷七八有云："刘长卿谓季兰为女中诗豪。"晚年被召入宫中，后因曾上诗给叛将朱泚，被德宗下令乱棒扑杀。南宋藏书家、目录学家陈振孙《直斋书录解题》著录《李季兰集》一卷，今已失传。现存诗十八首，诗以五言擅长，多为赠人及遣怀之作。

依稀仿佛，千年前的江南水乡，那青衣高冠的女子，在月明夜，独上高楼，黛眉颦蹙，玉指轻弹，唱着断肠的诗句，奏着相思的怨曲。那份酸楚，要有什么样的沧桑才说得出……

至近至远东西，至深至浅清溪。
至高至明日月，至亲至疏夫妻。

李季兰的《八至》犹如电光火石，透彻而刺痛，这完全是因为她说透了一个"人人心中皆有，却个个口中无"的道理。

诗的前面三句都是铺垫，最后那句"至亲至疏夫妻"才是她内心深处最痛切的感受。

"至亲至疏夫妻"这一句可谓满是饱经人事的感觉，是情爱中的至理名言。必要曾经沧海，才能指点归帆。这是怎样的一个女子，这样思深情淡的话，不是修道就能修出来的。她的曾经沧海是怎么样的？那一场烟梦有多少繁华又有多少的惨痛？

🌸 青灯黄卷相伴如火的才情

李季兰是唐代与薛涛、鱼玄机齐名的才女，原名李冶，是中唐诗坛上享誉盛名的女冠诗人，与薛涛、鱼玄机、刘采春被合称为唐代四大女诗人。容貌俊美的她生于多产美女的吴越之地，少有才情，时人多有赞叹。

她潇洒脱尘，专心翰墨，生性浪漫，爱作雅谑，又善弹琴。当时超然物外的知名才子多与之交往深厚，陆羽等人均同她情投意合，她还与朱放、韩揆、阎伯钧、萧叔子等人往来极多。著名诗人刘长卿对李冶的诗极其赞赏，称她为"女中诗豪"。但她身后的声名，不及薛涛和鱼玄机。鱼玄机一死惊天下，"薛涛井""薛涛笺"流传至今。而如今，恐怕连她的本名李冶都少有人知晓了。但在李季兰生活的时代，她却是个风头甚健的时尚人物，其交际范围上通王公贵族，下至僧道隐士。

天宝年间，玄宗闻知李冶的诗才，特地召见她赴京入宫。之后，李冶因曾上诗叛将朱泚，被德宗下令乱棒扑杀之。李冶的诗以五言擅长，多酬赠遣怀之作。著录《李季兰集》一卷，今已失传，仅存诗十八首。

大凡聪颖过人之才女，个性各异。有奔放的才思和如火的热情者，有奇崛才思冷峻高洁者，有情深才郁愁肠百结者。如同那各色花等，香色不同美丽等同。其命运也各有坎坷曲折，让人唏嘘。

在季兰六岁那年，父亲指着一株蔷薇命她作诗，敏捷的才思让她片刻即成诗。其中有"经时未架却，心绪乱纵横"之句，"架却"谐音"嫁却"，写的是怀春女子因没有及时出嫁而"心绪乱纵横"。其父看罢心中不悦，认为女儿虽有才华，但秉性轻浮不可取，小小年纪就如此不安分，长大之后怕是要辱没门风。而早在其先的骆宾王，七岁时作了一首《咏鹅》，其父亲和一帮朋友夸赞不已，认为其志向高远，将来不可限量。而李季兰咏蔷薇，其父亲则认为"此女聪黠非常，恐为失行妇人"。这位忧心的父亲为了防患未然，居然在李冶刚满十一岁时，就将她送入深山里的剡中玉真观做了女道士，并将其改名李季兰，希望她潜心修道，谨遵妇德。

大凡佛道同占的宗教名山，一般是佛教庙宇居山腰、山底，道教宫观在山顶。道观之所以能够雄踞名山之巅，乃是因为道教是土生土长于中国的一派宗教。春秋时代老子撰《道德经》，原本为哲学著作，但到汉代张道陵、于吉等人，篡用老子之名，创立了"五斗米教""太平教"等宗教组织，从而兴起了以符箓禁咒之法行世的道教。道教因宣扬长生不老之术和驱灾免祸之法，广为贵族阶层和贫民百姓所信奉。男女道士都宽袍黄冠，出入豪富人家或浪迹江河湖海，为人谈玄说道、驱鬼镇邪，成为神秘而无拘的特殊人物。到唐代，道教更是盛极一时，因为唐皇室姓李，与《道德经》的作者老子李耳同姓，为了说明自家皇朝是顺应天时的，唐皇朝尊奉老子为太上玄元皇帝，皇室则是他的后人。既然道教成了国教，那么势必会使全国上下趋之若鹜，后妃、公主进入道观修行者比比皆是，名门女眷也多争相出家做女道士。因女道士都头戴黄缎道冠，故又称为"女冠"。

受唐代思想开放之风的影响，道观中也并非清静之地，许多才貌出众的女冠，虽以修行为名，但在道观中自由交际，成为一种"交际花"似的人物，李季兰就属于这一类女冠。加之大唐"士风浮薄"的风气浸染，美丽的她亦俗了。当时有许多文人雅士来观中游览，见有一个清秀的小道姑，就常与她逗笑，李季兰也每每秋波相送。与众多男人的周旋中，她的身上便又多了一层魅惑的罪。在士大夫的眼里，她除了俗便是垢。她不受羁束，过于香艳，还"有失妇德"。

女子无才便是德，红颜薄命，就连父亲都不放过一个才思敏捷的闺秀，忍将青灯黄卷来打发妙龄时光。李季兰的命运，其实是被他的父亲设计好了。殊不知，蔷薇情结早已在她的内心深处漫延开来，无法阻挡。

青灯黄卷的清冷难禁李季兰奔放的才思和如火的热情，加之唐代社会的高度开放，反倒给了她比良家妇女更多的自由。于是她就经历了多次刻骨铭心的的爱情，又遭受了多次痛彻心扉的离弃，并由此写出了许多痴情相思的诗篇。那时候的社会再开放，在婚姻上也是要讲究门当户对的，所以李季兰不可能拥有一个完全属于自己的男人和一个可以遮风避雨的家。可以说，"至亲至疏夫妻"这六个字，是她痛定思痛之际的感悟。

🌸 初恋无言的结局

李季兰才华横溢，容颜姣好，史书记载她"美姿容，神情潇洒，专心翰墨，精弹琴，尤工诗"。她虽出家为道，但又与当时的名士多有往来。陆羽、皎然、韩揆、刘长卿、阎伯钧、萧叔子等都和她有过密切交往，李季兰与他们吟诗作赋互诉衷肠。

朝云暮雨镇相随，去雁来人有返期。
玉枕只知长下泪，银灯空照不眠时。
仰看明月翻含意，俯眄流波欲寄词。

却忆初闻凤楼曲，教人寂寞复相思。

寂寞的道观，锁住了少女的芬芳年华。李季兰艳丽非凡，热情如火，却被种种清规戒律压抑着，春情只能在心底激荡、煎熬，春花渐逝，时光如流，芳心寂寞，空自嗟叹。十一二岁，本是花香四溢的年华，她却与青灯为伴、一身缁衣，故而她"神情萧散"。

李季兰的第一个情人是名士朱放，是她独自泛舟剡溪时偶遇的。

在一个春日的午后，趁着观主和其他道友午睡，李季兰偷偷溜到观前不远的剡溪中荡舟漫游。在溪边她遇到了一位青年，他布衣芒鞋，却神清气朗，不像一般的乡野村夫。青年人要求登船，李季兰十分大方地让他上来了，交谈中方知，他是隐居在此的名士朱放。

两人一见如故，言谈非常投缘，二人一同谈诗论文、临流高歌、登山揽胜，度过了一个愉快心醉的下午。临别时，朱放写下一首诗赠予李季兰：

古岸新花开一枝，岸傍花下有分离。
莫将罗袖拂花落，便是行人肠断时。

诗中包含着眷恋与期求，引动了李季兰丝丝柔情，于是两人约好了下次见面的时间才恋恋不舍地分手。从此以后，两人不时在剡溪边约会，相伴游山玩水，饮酒赋诗。有时朱放以游客的身份前往玉真观，暗中探望李季兰，在李季兰云房中品茗清谈，抚琴相诉，自然也少不了男欢女爱海誓山盟。

怎奈没过多久，朱放就要去江西做官，跟着他去江西做夫人的当然是家中的老婆。朱放与李季兰只能挥泪而别，做了官的朱放再也没有来看望过李季兰，李季兰被遗弃已成事实。

在朱放的眼里，美丽的季兰和这份难得的情，他小心再小心地呵护着。他情愿她是袖底一朵永不凋谢的花，永远在自己的心里开放。但是，这份恋情无法走进现实生活中。

朱放走了，留下的只有几首短短的诗。从此，道观里的李季兰，徒增了一份无果的思念。而这无休无止的思念，只能靠一纸薄薄的信笺来传递。

> 望水试登山，山高湖又阔。
> 相思无晓夕，相望经年月。
> 郁郁山木荣，绵绵野花发。
> 别后无限情，相逢一时说。
>
> ——《寄朱放》

何日何时良人归？等待中，时光在一点一点流逝。渐行渐远的相思之中，道观重归寂寞的清冷境地。袅袅的檀香中，李季兰第一次尝到了相思的滋味。相思，原来是苦苦的涩，还有丝丝的痛。

各处一地，两人常有书信来往，托鱼雁倾诉相思之情。李季兰寄给朱放的一首诗写道：

> 离人无语月无声，明月有光人有情。
> 别后相思人似月，云间水上到层城。

她像一个丈夫远行的妻子那样等待着朱放，天长日久，为朱放写下了不少幽怨缠绵的诗句，期望良人归来，来抚慰她"相思无晓夕，相望经年月"的凄寂情怀。然而，远方的朱放忙于官场事务，无暇来剡中看望昔日的观中情人。

> 人道海水深，不抵相思半。
> 海水尚有涯，相思渺无畔。
> 携琴上高楼，楼虚月华满。
> 弹着相思曲，弦肠一时断。

长昼无聊，李季兰携琴登楼，一曲又一曲地弹奏，渲染着心中的激情；月满西楼时，独对孤灯，编织一首《相思怨》倾诉心声。

这是一首怎样热烈奔放的含情之诗！她在思念着谁？她的相思，跨过了湛蓝的海水，越过了缥缈的月色，手上琴弦响，心中相思浓，可怜弦肠断，洒泪衣襟上。而这样的绵绵情思，比之早年的蔷薇诗，更为热烈，更为哀怨。她在呼唤一个可以寄情的七尺男儿，她需要一个温暖的肩膀，来消融这无边的相思，排遣心中郁积多年的等待。可是，这等待太漫长，煎熬得人比黄花瘦，只有空倚楼台，仰看明月，俯盼流波，对月临水，以琴以心，倾诉无边的幽怨。

她以一个女冠诗人的名义，将寂寞红袖的相思情怀抒发到了极致。她在《春闺怨》里更是毫不避讳地说："百尺井栏上，数株桃已红；念君辽海北，抛妾宋家东。"那古井栏的四周，数株桃花正红艳，那个远在辽海北的人啊，你把孤单的我扔在这里了！李季兰的笔下是一圈圈自由爱恋的冲击波，充满了女性解放的前卫呐喊。她并不惧怕，坦诚地说出所想所思。

远在江西的朱放，起先与李季兰还有几首诗文互答。但是随着时间的推移，朱放那颗澎湃的心便慢慢地平静了。此后，随着离去的时日越久，朱放的来信也越稀少。

山中隐士朱放，大约是李季兰生命中的第一个相思驿站。郁郁山木，绵绵野花，见证了他们曾经的激情岁月。可惜这个隐士后来辜负了她的期望，远出做官，音讯全无。那个当年她所倾心的男人，身披官袍，看遍牡丹，再也记不起山中的野蔷薇了。李季兰在信中，自曝其"相思无晓夕，相望经年月"。她一次次徘徊在月下，花草又绿，山水依旧，然而物是人非。山中旧色，成了她呼唤离人、期盼望归的伤心之地，她在回忆旧事，等待重逢，倾吐比海水更为汹涌澎湃的离情。她有一首《明月夜留别》："离人无语月无声，明月有光人有情；别后相思人似月，云间水上到层城。"倘若翻译成现代散文，仍不失为一篇意境幽远、至情至性的好文章。在那个皓月当空的夜晚，曾经有过缠绵的别离，可惜朱放配不上这样的文章与女子。风化的时光里，这份爱终在无言的结局中消散了。

🌸 热恋：貌美自多情

就在李季兰痴情思念、对朱放旧情难舍的时候，青年才俊、"茶圣"陆羽来到了她的身边。

提起陆羽，大凡稍懂茶道的人，对他都不会陌生。陆羽曾经在育茶、制茶、品茶上下过一番功夫，写成《茶经》三卷，被人誉为"茶神"。陆羽原是一个弃婴，被一俗姓陆的僧人在河堤上捡回，在龙盖寺中把他养大，因而随僧人姓陆，取名羽，意指他像是一片被遗落的羽毛，随风飘荡，无以知其根源。陆羽在龙盖寺中饱读经书，也旁涉经史子集其他各类书籍，因而成为一个博学多才的世外高人。寺中闲居无事，偶尔听说附近的玉真观有一个叫李季兰的女冠，才学出众，貌美多情，于是他在一个暮秋的午后，专程前往玉真观拜访李季兰。

　　这天天气薄阴，秋风送凉，李季兰正独坐云房，暗自为朱放的久无音信而怅然。忽听门外有客来访，打开门一看，是一位相貌清秀、神情俊逸的青年男子。李季兰请客人落座，先是客套一番，继而叙谈各自在宫观和寺庙中的生活，谈得十分投机。

　　两人一见如故，相谈甚欢。陆羽经常抽时间到李季兰处探望，两人对坐清谈，煮雪烹茶。先是做谈诗论文的朋友，慢慢地，因两人处境相似，竟成为惺惺相惜、心意相通的至友；最终升华为互诉衷肠、惺惺相惜的情侣。好在当时道观中泛交之风盛行，所以也无人强行阻止李季兰与外人的交往。

　　陆羽是个多情而体贴的情人，对李季兰一生不离不弃。

　　一次李季兰身染重病，迁到燕子湖畔调养，陆羽闻讯后，急忙赶往她的病榻边殷勤相伴，日日为她煎药煮饭，护理得悉心周到。

　　李季兰病愈后特作了一首《湖上卧病喜陆羽至》的诗作，抒发了病中喜逢知己的喜悦和感动。

　　昔去繁霜月，今来苦雾时；
　　相逢仍卧病，欲语泪先垂。
　　强劝陶家酒，还吟谢客诗；
　　偶然成一醉，此外更何之？

　　作为一个女道士，李季兰能得到陆羽如此热情的关爱，心中自是感激欣慰不已。其实，当时李季兰所交往的朋友并不在少数，《全唐诗》中就收录有大量李季兰与诸友互相酬赠的诗作，这群朋友中有诗人、有和尚、有官员、有名士，他们多因与李季兰谈诗论道而成为朋友。

但若讲到知心密友，就非陆羽莫属了。李季兰与他除了以诗相交外，更是以心相交。

想必李季兰自己心里也明白，在众多的情人之中，唯有陆羽才是她一生不渝的知己。但就连这仅有的一个有情有意、不离不弃的人，也碍于门户不能与其结为夫妻。

🌀 禅心不随东风飞

李季兰和陆羽还有一位共同的好友，就是诗僧皎然。皎然俗家姓谢，是大诗人谢灵运的十世孙，出家到梯山寺为僧，善写文章，诗画尤为出色。皎然本与陆羽是好友，常到龙盖寺找陆羽谈诗，有段时间却总找不到陆羽，于是写下了《寻陆羽不遇》一诗：

> 移家虽带郭，野径入桑麻；
> 近种篱边菊，秋来未著花。
> 扣门无犬吠，欲去问西家；
> 报道山中去，归时每日斜。

陆羽究竟到山中去做什么呢？经皎然的一再盘问，陆羽才道出是往玉真观探访李季兰去了。后经陆羽介绍，皎然也成了李季兰的诗友，常常是三人围坐，相互诗词酬答。

不知不觉中，李季兰又被皎然出色的才华、闲定的气度深深吸引，常常借诗向他暗示柔情。李季兰将信纸折成双鲤之状，腹中藏匿诗文。这首《结素鱼贻友人》写得很俏皮：

> 尺素如残雪，结为双鲤鱼；
> 欲知心里事，看取腹中书。

皎然却已修炼成性，心如止水，不生涟漪。皎然在接到这样的书信后，挥笔写下一首诗表达自己的心意，即著名的《答李季兰》：

> 天女来相试，将花欲染衣；
>
> 禅心竟不起，还捧旧花归。

此诗典出佛门公案"天女散花"：维摩诘室有位天女，见众菩萨和大弟子们说法，有心试验他们的法力，便将天花洒到众菩萨和大弟子们的身上。天花落到众菩萨身上都纷纷坠落了，但落到大弟子身上却粘着不坠。大弟子们运用种种神通要将身上的花去掉，却始终去不掉。这是因为众菩萨"结习已断"，内心已经没有烦恼习气的干扰，所以花落到身上不再粘着。而大弟子们因烦恼结习未曾断尽，内心仍有杂念，所以天花着身而不能去。

一个心猿意马，一个心如古井；一个含春带笑投石问路，一个口中念道阿弥陀佛；一个是活泼的才女道姑，一个是得道的才子高僧。一问一答，一来一往，在不经意间完成一个藏匿已久的心事对白。想必以这样温和的问答方式，倒是更加深了他们之间纯正的友情。

对此，李季兰无可奈何地叹息道："禅心已如沾泥絮，不随东风任意飞。"因而对皎然愈加尊敬，两人仍然是好朋友。

虽然对皎然的"禅心不动"大加赞叹，但李季兰自己无论如何都修炼不到这一层。她天性浪漫多情，遁入道观实属无奈，她无法压制住自己那颗不安分的心。虽然有陆羽情意相系，但碍于特殊的身份，他们不可能男婚女嫁、终日厮守，因此李季兰仍然免不了时常寂寞。

❀ 惆怅情来懒梳头

阎伯钧也是出入道观较多的才子。阎才子的才情，大约也令李季兰心动，所以，阎伯钧如愿以偿地抱得美人而归。起初，在李季兰的面前，阎伯钧极尽温柔，对李季兰万般体贴，缠绵多情的爱恋使李季兰有些容光焕发。他们共赋诗稿、烹茶品茗，且以"妾""君"相称，甚至到了谈婚论嫁的程度。

沉浸于新的恋情，李季兰其实也知道，这清静幽雅的道观在世人的眼里原是纵情玩乐的场所，一个遮人耳目的香艳港湾。彼时，女道士、女炼师可以和来者饮酒作乐。

　　虽然李季兰已对阎伯钧以卑微的妾自许，可门第森严的阎家对这个"有伤风化"的道观女子岂肯接受？

　　远行的船在太湖启程，阎伯钧和朱放一样，也要到外地去做官了。临别依依，二人相对无言。这段不被认可的恋情，自此将再无下文。

　　此时的季兰对人生、对爱情的认识已逐渐成熟，她渴望有一个温暖的归宿，但是多情的阎伯钧只带给她与婚姻归宿的痛苦决裂。

　　在李季兰的诗里，有两首专门送别阎郎的情诗，其中一首是：

　　妾梦经吴苑，君行到剡溪；
　　归来重相访，莫学阮郎迷。

　　虽然此地分手，你去做官，但千万别学汉代的阮肇，迷恋女色而不知返啊。这样的诉求，几乎是苦苦哀求。纵使李季兰貌美才高，矜持高雅，仍然心有疑虑。阎伯钧在一顾三回头的依依惜别中踏入他乡，赶赴锦绣前程。李季兰坐在山中，又开始了她的等待。

　　尽管李季兰对阎伯钧一再交代"离情遍芳草""莫学阮郎迷"，不要流连别处的芳草，不要迷恋美色。而将要跨步前行的阎伯钧也是信誓旦旦地声称只爱她一人，可这一切怎能阻止得了时间和空间将远牵的红线随意撕扯。

　　阎伯钧似乎比朱放要稍好一点，时隔很久，还有一封信寄回。不过，这封信已经是不痛不痒的象征性挂念，李季兰读到这样的信，没有丝毫的快乐与欣喜。

　　为情而生的李季兰本以为精诚所至，金石必会为之开，于是，每个闲暇的时日，她便来到当初他们分别的太湖之畔痴痴地等。太湖水软，凉风彻骨，早已吹尽了残留于此的离别情意。

　　阎伯钧原本对李季兰存有的一丝怀念，在家庭的阻止和彼此山高水长的遥远阻隔中，被堵塞得荡然无存。信的那端，阎伯钧由起先的相思、热情，渐渐变成了敷衍、推托，他的来信再不见款款情话。每每收到这样的来信，李季兰的心便一点一点地往下沉，原来一切爱恋缠绵都成了被丢弃的过往。她个性张扬，可偏偏在情感上乱了方寸。和着惆怅的泪，仅一夜的秋雨，不堪伤痛的李季兰便在太湖畔那个他们分别时的客栈里倒下了。痛，不只来自身体，更来自心中，她黯然写下：

情来对镜懒梳头，暮雨萧萧庭树秋。

莫怪阑干垂玉箸，只缘惆怅对银钩。

——《得阎伯钧书》

相思是一种刻骨的痛。宋代词人晏几道写的《阮郎归》：

旧香残粉似当初，人情恨不如。

一春犹有数行书，秋来书更疏。

衾凤冷，枕鸳孤，愁肠待酒舒。

梦魂纵有也成虚，那堪和梦无。

可以从中感受到长长的孤寂与深深的无奈。李季兰就是整日生活在这样的情状之中，痴痴迷迷，梦见阮郎归来。

苦苦的相思之后，她没有得到阎才子当初的承诺。男人的负情，一直遭到社会的唾弃，而李季兰的相思之痛却是贯穿一生。

不停歇的秋雨在感叹这位大唐美人的坎坷情路，唯美、凄丽，和掩不住的悲戚，如同春风中萧瑟的残红一点，原本生在高高的枝头，受众人仰视，却敌不过时间，终于惨然凋零，为夏的开场铺垫绚丽的颜色。

已看云鬟散，更念木枯荣。

——《卧病》

这句诗里蕴藏着秋日的凄凉。秋风萧瑟，草木摇落，秋日的天地如此凄凉却又如此绚烂。一如李季兰的心，在这个秋天被一场风雨侵袭，那浸润在五彩斑斓落叶上的露珠，就是李季兰心上的泪水。她云鬟散乱，自是因为愁苦难抑。然而，她却没有过多地自怨自艾，还在为花木的枯荣感伤。在这样萧瑟的季节里，风又飘过，带走这一季的繁荣；雨又来袭，涤静世间里所有的尘埃。

离人无语月无声，明月有光人有情。

李季兰是为情而生的，即便面对一轮清冷的明月，她依然能道出有情的话语。"离人无语月无声，明月有光人有情"的一生，送走了一个又一个的离人，他们走得那样决绝，甚至不留一个希望给她。在无数个凄冷的寒夜里，陪伴她的唯有那轮无声的明月。

人来人往，道观内外关注李季兰的人又岂止阎伯钧一个。阎伯钧走了，早就垂涎李季兰的士人们蜂拥而至。情，值几钱斤两？似真似假的欢笑中，李季兰彻底醒悟了。她不再相信人间的情与爱，她将几次无果的爱情紧紧地包裹了，丢弃于心中最偏远的角落。香烟中，李季兰只用声情并茂的诗、极假的欢笑换取来者囊中的银两，来维持自己的生活所需。

三十岁过后的李季兰，性情更加开放，交友也越来越多，时常与远近诗友会集于乌程开元寺中，举行文酒之会，即席赋诗，谈笑风声，毫无禁忌，竟被一时传为美谈。渐渐地，李季兰的诗名越传越广，活动范围也已不限于剡中，而远涉广陵。广陵是现在的扬州，是当时文人荟萃的繁华之地，李季兰在那里出尽了风头。

🌀 乱棍下的风流云散

李季兰经历了爱情、友情，这朵蔷薇也渐渐地开放了。她的容貌，她的才华，她特立独行的个性，都曾经惊艳了一个时代。

那是中国历史上鼎盛的时期——大唐，开元盛世。李季兰究竟是怎样的女子？唐代的高仲武在《中兴间气集》中评价李冶说："士有百行，女性四德，季兰则不然也。形气既雄，诗意亦荡，自鲍照以下罕有其伦。"

李季兰天生叛逆。她的风骨、她的性格，只有在大唐那个开放的时代，才能挥洒得那样淋漓尽致。或者说，正是那股大唐的风气，浸染了李季兰。

和李季兰交往密切的唐代诗人刘长卿称她为"女中诗豪"。唐代诗坛异彩纷呈，佳作多如繁星。然而，李季兰的诗作放在里面却不显逊色。陆昶《历朝名媛诗词》亦赞叹她的诗："笔力矫亢，词气清洒，落落名士之风，不似出女人手……"

声名远播的李季兰，让喜文爱才的唐玄宗都生了好奇之心。读了些她的诗，皇帝陛下大生兴趣，下诏命她赴京都到大明宫一见。此时李季兰已过不惑之年，昔日如花的美貌已衰落大半。接到皇帝的诏命，她既为这种难得的殊荣而惊喜，又为自己以衰容面对皇上而伤感，大有"美人迟暮"之感。在她西上长安前，留下一首《留别友人》：

无才多病分龙钟，不料虚名达九重；
仰愧弹冠上华发，多惭拂镜理衰容。
驰心北阙随芳草，极目南山望归峰；
桂树不能留野客，沙鸥出浦谩相逢。

其实唐玄宗要召见李季兰，并非看在她的容貌，而是欣赏她的诗才。可多情的李季兰并不这么想，她更看重的是自己随流年而飘逝的芳容。就在李季兰心怀忐忑地赶往长安时，震惊一时的"安史之乱"爆发了，长安一片混乱，唐玄宗仓皇西逃。李季兰不但没能见到皇帝，自己在战火中也不知去向，才也好、貌也好，一切都变得无关紧要了。那个名噪大唐、声赫长安，那个飘逸潇洒、才气横绝，那个洞察人世秋毫的李季兰，身穿素色道袍，发束黄色的道冠，满目凄然，满脸惆怅和沮丧地徘徊在去往长安的路口，然后不知所踪。

关于她的结局，不知所终是一种说法，更多的记载则说李季兰向犯上作乱自立为帝的朱泚献诗，被德宗下令乱棍打死。唐赵元一《奉天录》载：时有风情女子李季兰上诗，言多悖逆，故阙而不录。皇帝再克京师，召季兰而责之，曰："汝何不学严巨川？有诗云：'手持礼器空垂泪，心忆明君不敢言。'遂令扑杀之"。这不能不让人感到可惜，李季兰死得太早，而且纯属不正常死亡，是被乱棍打死的。

她的诗歌仅有十八首传世，却有不少脍炙人口的佳句。

最具代表性的就是那句"至高至明日月，至亲至疏夫妻"。这句诗对于夫妻关系的描绘无比经典，以至于两千年后依然被人们津津乐道。李季兰看透了人世间夫妻关系的实质，也许，这就是她一生未嫁的原因。

虽然终生孤寂，但李季兰是爱过的。她只是看透了一切，所以宁愿不嫁。或许她倾其一生去寻找，并没有找到那个可以执子之手，与子偕老的人。

李季兰连同她的那个时代都渲染开来，足以惊艳现今，惊艳我们。

她是春日里盛开的蔷薇花，盛放在千年之前。她的诗句则是那片片花瓣，轻轻拾取之，依然可以观望到那曾经的颜色。花开千年，李季兰走到了我们面前，绽放出蔷薇初开的妖媚。

李季兰，在青黛烟岚中，你穿柳荫，对一汪澄碧，轻轻梳弄一泓浓情。看见你朦胧的身影，柳腰束素，庭院中诗行墨染，娇柔风生，含情脉脉里，心中漾起一池澹波粼光，点点情丝游空灿霞，向着至情至性飘来。不经意间，你又迷醉入绮梦无限缠绵的浪漫境界。

不觉已踱入幽谷，青葱河堤留清影，映照着衣袂风举，用希翼编织与你的心上人并蒂花开的甜蜜景象。

你滚烫的素手和红霞燃烧的脸，醉了一世笃情的深爱。红尘物华生灵，当风风雨雨过后，你伫立翘首，等待着与你携手紧拥的人。山水交融，听一隅花开的声音，荡一路的芬芳悠扬，云岸临风琴瑟和鸣，姹紫嫣红里缠绵青春激情。

相知相守的旖旎景象，回首是一路的蝶花飞舞，一城飞絮，点点滴滴爱缤纷。阡陌纵横的原野，疯长出葳蕤的绿，开出姹紫嫣红。

心心相印，缱绻于春水碧于天、画船听雨眠，你累了，你困了，在嘴角翘起的酣然里紫燕轻翩，与心上人共梦一湾水云缠绵。

千年相思，一朝并蒂连理，相醉彼此三生三世。在桃源，一桌一砚，一琴一箫，执手相惜，呼吸着你的呼吸，心跳着你的心跳，一起卷入美轮美奂的风花雪月，沉沦于两情相悦、欲生欲死的轰轰烈烈，绝世一恋慰藉相思千年。

蔷薇空放人空瘦，多情自古怨无情。朝朝回看烟波路，无奈青春已别离。蔷薇经时未架却，早已心绪乱纵横。由是入观清静修，从此韶华伴青灯，缁衣围绕寂寞人。才智依然纵横间，情感难自弃。清冷度华年，依然惹动情怀意。十六豆蔻好年华，风姿绰约貌如花，佳人风采春波媚，玉真观里怎可藏？寂寞道观锁芳华，春花渐凋时流去，芳心寂寞空自嗟。长昼无聊自弹奏，月满西楼对孤灯。何时晚唱相思怨，倾诉心声无人怜。玉真观中度流年，剡溪荡舟偶情缘。古岸新花开一枝，岸傍花下有分离；莫将罗袖拂花落，便是行人肠断时。剡溪约会游山水，饮酒赋诗品香茗，抚琴相诉相见欢，哪知日后离别时。幽怨缠绵诗中意，期望良人早归来。离人无语月无声，明月有光人有情；别后相思人似月，云间水上到层城。久盼无归暗垂泪，恰逢陆羽品茗复品心。天气薄阴秋风凉，云房怅然神情竟自怜，自是感激欣慰然。芳花女儿惜华年，短短数载怎堪折。得有一君关爱此，此生夫复又何求。玉真观中李季兰，无奈青春易飞逝。天子相望京师会，长安一片混与乱。刀光血影纷纷渺，何处再寻佳人面。才自逍遥貌自姣，流离幽魂无处得。长叹一声终虚度，如梦云烟尽芳颜。霜染秋枫叶正红，一帘冷雨卷梧桐。多情未敢悲雁去，偏锁秋心寂寞浓。

一朝春尽——当极美诗词邂逅红尘佳丽

杜秋娘：

红颜薄命实堪悲，况是秋风瑟瑟时

❀ 唐朝精神金缕衣

红尘滚滚，滚滚红尘，繁华匆匆，凋零如风，错落成梦。

人生聚散无常，这纠缠与无奈，令你叹息，令你怅惘，秋娘。

谁的梦，飘零成几许胭脂红？谁的心，哀怨了飘渺夜空？谁的伤，逐水落花转成痛？谁的泪，淋漓了一窗的清冷？

尘封往事，几多堪回首？追忆旧情，唯有空对寂寞。辗转寂寞春深处，细语凭栏清歌舒。

劝君莫惜金缕衣，劝君惜取少年时；
花开堪折直须折，莫待无花空折枝。

——《金缕衣》

蘅塘退士孙洙晚年不甘寂寞，撷取唐诗精华，编辑成《唐诗三百首》，被奉为圭臬。在这本选编书中，他悲悯而仁慈地将压轴诗《金缕衣》的作者——由原先署名的"无名氏"，定格为杜秋娘。这使得几乎快要被漫漫风尘淹没的杜秋娘，成为一朵飘然出岫的白云，亮丽夺目。

杜秋娘（约791—?），《资治通鉴》称杜仲阳，后世多称为"杜秋娘"，是唐代金陵人。十五岁时成了李锜的妾侍。元和二年（807年），李锜正式起兵造反。后来李锜造反失败，杜秋被纳入宫中。进宫后，受到唐宪宗宠幸。元和十五年（820年）唐穆宗即位，任命她为儿子李凑的傅姆。后来李凑被废去漳王之位，杜秋娘被赐归故乡。杜牧经过金陵时，看见她又穷又老的景况，作了《杜秋娘诗》，其序简述了杜秋娘的身世。诗中附了一段注："劝君莫惜金缕衣，劝君惜取少年时。花开堪折直须折，莫待无花空折枝。李锜长唱此辞。"并没有说这首七绝是谁所作，但后世多归入杜秋娘的作品，包括《唐诗三百首》。

这首诗因选入《唐诗三百首》，故流传极广。这首诗含义比较单纯，反复咏叹强调爱惜时光，莫要错过青春年华。从字面看，是对青春和爱情的大胆歌唱，是热情奔放的坦诚流露。然而字面背后仍然是"爱惜时光"的主旨。若作"行乐及时"的宗旨看，似乎低了，作"珍惜时光"看，便摇曳多姿，耐人寻味。因此有人认为此诗是及时行乐的颓废之音，有人却一反其意，将诗意解释成催人"积极上进"，激励人把握住少年时光，好好学习，天天向上。其实这首诗歌表现的是唐朝人开朗乐观的精神，如将此诗只理解为沉迷酒色之乐，那就太狭隘了。就像将"醉卧沙场君莫笑"理解成军纪松懈，战士们临打仗还在酗酒一样。但单纯理解为让人"刻苦上进"，也不是此诗的本意。其实这就是一个认识问题，怎么才算"惜取少年时"？唐人的精神是健康乐观的，所谓"一生大笑有几回，斗酒相逢须醉倒"这样的豪气和精神，正是盛唐人的气质。盛唐时的人个个都想活得精彩，既想享受快乐，美人欢歌一醉方休；也想建功立业，如烟花一样绚烂在天空上，让大家羡慕。这两者缺了一样就不算精彩的人生。所以，懂得了唐朝人的精神，才会懂得这首《金缕衣》。

　　而这首小诗竟改变了作者杜秋娘一生的命运，使她获取了一段绚烂多姿的"折花"岁月。

🌸 将军府中的歌姬

　　杜秋娘虽出身微贱，却独禀天地之灵秀，出落得美慧无双，不仅占尽了江南少女的秀媚，而且能歌善舞，甚至会写填词作曲。江南女子的秀丽与文采在她身上尽数体现，作为歌伎，杜秋娘曾风靡江南一带。

　　杜秋娘母亲是南京的一个官妓，与一个姓杜的官员相好至孕，却被无情抛弃。这个在母亲含愤忍辱中生下的女孩子，无处托养，只好随母亲回南京妓院，在那里长大。

　　公元806年，杜丽十五岁，元和年间的藩镇——镇海节度使李锜以重金将她买入府中为歌舞姬。李锜是唐室宗亲，是唐朝开国皇帝李渊的八世孙。

　　曾经强盛一时的唐朝在经历了安史之乱以后，国力逐步衰落。唐德宗李适继位后，藩镇的势力进一步增强，这其中就包括宗室李锜。

　　李锜利用自己特殊的地位，采用贿赂、勾结等手段先后担任了润州刺史、浙西观察使、盐铁转运使等官职。

　　唐德宗驾崩，李诵继位为顺宗。永贞元年（公元805年），李锜被擢升为镇海节度使，大权在握，因此愈加骄狂。权势的增长使其心存异志，不断暗中招兵买马，企图反叛朝廷。

　　一般的歌舞姬都是学一些现成的歌舞，为主人表演取乐。人小心高的杜秋娘却不甘埋没在李府成群的歌舞姬中，她暗自思量，自写自谱了一曲《金缕衣》，在李锜的一次家宴上，声情并茂地演唱给了李锜。

　　年过花甲的李锜虽然垂垂老矣，但听了这首魂断人肠的乐府诗，又眼见得含情脉脉的少女载歌载舞，再度燃起青春的热焰。一听，再听，三听，手舞之，足蹈之，吟唱之，一唱三叹，回味不已。对于风烛残年、富甲一方的李锜来说，金缕衣并不稀罕，他的人生中最珍贵的时光已经流淌了一大半。临近暮年，似乎更要抓住美好年华的尾巴，及时享受生命乐趣，这小女子简直太知他的心思了！

一朵花正含苞欲放，李锜一伸手，便将这朵花儿摘下了。李锜当即就决定把杜秋娘收为侍妾。李锜与杜秋娘成了一对忘年夫妻，但因两人都热情如火，所以春花秋月中，这对老夫少妻度过了许多甜蜜醉人的时光。

杜秋娘可以说是幸运的，也可以说是不幸的，但无论幸运或不幸，杜秋娘都成了这个几乎可以称作祖父的贵人的侍妾，入住帘幕重重的深深庭院。这种非正常的婚姻，可以有若干种推测。或者是李锜仗势娶人，而民间出身的杜秋娘慑于权威，不敢有半点分辩。或者是杜秋娘投怀送抱，曲意奉迎，攀栖高枝。又或者是李锜以美酒醉之，以金缕衣诱之，以提携家族中人允之，而杜秋娘半推半就，顺而从之。

就这样，杜秋娘恰因为这首曲子，甚至在没有任何爱情准备的情况下，直接进入了她的第一次婚姻，成了一只笼中的金丝雀，成了节度使内厅的宠妾。一时间，饱享富贵荣华，阅尽人间春色。

"花开堪折直须折，莫待无花空折枝。"在一生最华美的年岁中，有多少女人可以像杜秋娘这般以芊芊玉手尽折花叶，以鸿鹄之志尽显风采，不甘落寞，不甘沉寂，沿途享受生命中绝艳的风景，沿路寻找生命中精彩的过客。文人多以凄凉孤清的笔调来写女人和她们的故事。因为他们笔下的女人，要么红颜薄命，要么"绚烂至极归于平淡"，结局多半是不喜庆的。但若写杜秋娘这么个斗志昂扬、意气风发的女人，必定是眉飞色舞的。人们所知道的杜秋娘，虽出身卑微，却独秉天地灵秀之气，她看似"一夜成名"，实则暗藏玄机。那首流传至今的成名作《金缕衣》也被过多地牵强附会，扭曲了原本直抒胸臆的表述。

如果穿越时空，回到那个歌舞升平、纸醉金迷的场景，妩媚俏丽的杜秋娘为年过半百的镇江节度使李锜表演取乐。为从美女如云、长袖善舞的歌姬中脱颖而出，杜秋娘暗自思量，自写自谱《金缕衣》，婉转唱出，惊艳四座。作为在藩镇最高统帅府娱乐场所出现的艺人，必须经过严格的训练，还要顺畅人意，杜秋娘技压群芳自不必说，而且作为那晚最出色的乐伎，她的登场赢得了宾客们形形色色的瞩目。

论诗才，杜秋娘的诗偶有新意，算不了奇和绝，也并非美和艳。但论心机，她绝对称得上高人。她的心机之高明，并不在于老谋深算或是未雨绸缪，而是善于洞窥人心，提点人性。"劝君莫惜""劝君吸取"——是是非非，对对错错；"金缕衣""少年时"——彼时此时，物欲与精神；"花开""无花"——喜和忧，福和祸；"直须折""空折枝"——果断勇敢，遗憾悔恨。这些显而易见，无处不在的强烈对比不仅令李锜恍然大悟，也点醒了这世上大多数人的困惑：得到的未必值得珍惜，得不到的才最值得拥有。后两句诗则颇有几分"人生得意须尽欢，莫使金樽空对月"的意味。不仅暗指人生要及时行乐，还上升到了生命的深度与广度。

🌸 帝王家里的秋妃

唐德宗驾崩，李诵继位为顺宗。顺宗因病体不支，在位仅八个月就禅位给了儿子李纯，是为唐宪宗。李纯自幼遭遇战乱，对当时的严峻形势有清醒的认识，一心想要做一个奋发有为的皇帝。据史载，他"读列圣实录，见贞观、开元故事，竦慕不能释卷"，把"太宗之创业""玄宗之致理"都当作效仿的榜样。

面对当时藩镇割据的现实，年轻气盛的宪宗皇帝一登基就决心纠正朝廷权力日益削弱、藩镇权力恶性膨胀的局面。他一方面提高宰相的权威，一方面采取强制的手段，意图削减各地节度使的权力，这大大触犯了节度使的利益。

李锜以贪污行贿为能事，后来又抵制宪宗的削藩新政，专权一方，杀害朝廷大臣，甚至养兵图叛。刚刚登基不久的唐宪宗对于这样心怀异志的宗室高官，拍案而起，决意要惩办。

而身为一镇节度使的李锜又火上浇油，他因对宪宗的削藩举动大为不满，起初假意入朝，想要拖延时间。随后便依仗手中的兵力，举兵反叛朝廷。宪宗见李锜造反，于是削夺其所有官爵，命淮南节度使王锷等人共同讨伐叛逆。

大兵压境之时,李锜的外甥和牙将轻轻地反戈一击,将其擒拿献于君侧。

李锜被押到京师。数月之后,六十七岁的李锜与其子李师回一同被腰斩于独柳树下。年轻的杜秋娘,霎时成为风中一羽,任由狂飙摧折。

杜秋娘作为罪臣家眷被送入后宫为奴,依据她的专长,让她仍旧充当歌舞姬,只不过这次是侍奉君王。虽然继续唱歌,但眼前听唱的对象,再也不是那个白发苍苍的李锜,而是一个风度翩翩、君临天下的帝王。

唐元和三年(808年)正月初一,唐宪宗大宴群臣,群臣在锣鼓喧天声中,一一举杯为这位年轻有为的皇帝拜年。群臣共同祝贺皇帝去年平定了镇海节度使李锜的叛乱,解除了朝廷的心腹之患。

拜完年后,君臣一同饮酒,欣赏歌舞。

乐声响起,一队身着色彩绚丽舞衣的舞女飘飘而至,随乐声翩翩起舞。一会儿举扇如桃花粉红,一会儿又飘带如夏荷碧绿。乐声变得舒缓,一位着白衣白裙的女子袅娜而来,她舒展双臂,细带飘舞,似轻烟缭绕,似羽毛飘摇。乐声骤起,那白衣舞女舞得如行云流水、惊鸿婉转,更如云出岫,如风动林,她似乎在用整个生命诠释那舞曲的美。

宪宗和大臣们都被深深地震撼了,人间竟然还有如此美的舞,然而更令他们震惊的是那如天籁般的声音。

乐曲骤停,笙管吹起,丝弦悠扬,只见那舞女轻启樱桃鲜润点绛唇,微露两行碎玉编贝齿,歌声脱口而出:

劝君莫惜金缕衣,劝君惜取少年时;
花开堪折直须折,莫待无花空折枝。

有心的秋娘趁着为宪宗表演的机会,再一次卖力地表演了《金缕衣》。静悄悄的大殿之上,她犹如一只金丝雀放开了甜美歌喉,缠绵悱恻,余音绕梁。宪宗被这清亮甜润的歌声惊呆了,真是此曲只应天上有,人间哪得几回闻。

因为善歌,因为善舞,大约还因为这首曲子又打动了年轻的唐宪宗。"劝君惜取少年时",杜秋娘强装笑颜的一席唱,无意中赢得了一个年轻皇帝的欢心。

这个有为的君王，风华正茂，志在图强，登基以来，一直专心政务，忙着扭转国内藩镇割据的离散形势，想有一番大的作为，无心女色。可不知为什么，歌中的某一个方面，某一句韵律，击中了心坎，不禁为之动容。唐宪宗李纯这时倒正是青春"少年时"，曲中那种热烈的情绪深深感染了他。他被这舞姬那优美的舞蹈和动听的歌声所吸引，感觉那歌声唱出了他的心声，而那舞姬舞去了他的魂魄，使他连年操劳的心有了一时片刻的宁静。再看那演唱的女子，明艳而雅洁，气韵在众佳丽中独高一格，宪宗不禁为之心动；况且此曲还是由她亲自创作，才情也不一般。

随即，皇上就宣杜秋娘进宫，对她大加宠爱，并深深地陶醉在她那温柔体贴的柔情里。

这首歌为杜秋娘带来了真正的好运。三十岁的唐宪宗爱上了这位舞姬，杜秋娘不仅被免除了罪名，还深得宠幸。她受宠若惊，小心翼翼地侍奉着皇上，温柔体贴地照顾着皇上，还不断地编新的舞蹈、歌曲为皇上宽心解乏。

不久，虽然遭到众人的反对，但杜秋娘仍被册封为秋妃。由此，秋娘由一个歌姬晋升为了皇帝的妃子。

杜秋娘人生中的第一个春天来了，她从李锜的噩梦中醒来，因祸得福，得栖高枝，金缕衣有了，锦绣香车，一应皆有。从此得宠君王侧，从此花落帝王家。

> 杜秋，金陵女也。年十五为李锜妾。后锜叛灭，籍之入宫，有宠于景陵。
>
> ——杜牧《杜秋娘诗并序》

🌸 花谢花开缘底事

虽然这首《金缕衣》是杜秋娘的创作高峰，是她命途变更的契机，但因其目的性和功利性过重，削弱了诗本身的风骨与韵味。而为唐宪宗即兴而作的那首诗，才把她不落俗套的诗才，竞争向上的志向淋漓尽致地挥洒出来。

> 秋风瑟瑟拂罗衣，长忆江南水暖时。
> 花谢花开缘底事？新梅重绽最高枝。

江南水暖时，杜秋娘还是依偎在李锜怀里千娇百媚的小妾。秋风瑟瑟时，她就沦落为了乱臣贼子的待罪家属。若单看前两句，悲悯怜爱之情油然而生。可"花谢花开缘底事"，何必感怀于匆匆而逝的凋零飘落呢，待到新梅纷繁时，便可重屹高枝，重绽芬芳。宪宗李纯本就对能歌善舞的杜秋娘仰慕已久，当听到这首依照《金缕衣》原韵所赋，却更显风流的诗作时，龙心大悦，甘拜在这个女人的石榴裙下。

作了秋妃的杜秋娘深受宪宗宠爱，她的一笑一言、一举一动，都别有风韵，令年轻的宪宗为之沉醉。春暖花开时，他们双双徜徉于山媚水涯；秋月皎洁时，又对对泛舟高歌于太液池中；午后窗外人寂时，共同调教鹦鹉学念宫诗；冷雨凄凄的夜晚，同坐灯下对弈直至夜半。期间情深意挚，颇似当年杨贵妃与唐玄宗的翻版。然而，比起杨贵妃，杜秋娘又略高一筹，她不仅与宪宗同享人间欢乐，还不着痕迹地参与了一些军国大事，用她的慧心和才智为皇帝夫君分忧解劳。

唐宪宗执政期间，一反以往对藩镇姑息的政策，以锋芒凌厉的强压手段消减藩镇的势力，因而使得藩镇心生不满。

元和元年，宪宗刚刚即位，西川节度使刘辟就发动了叛乱。宪宗派高崇文、李元奕等率军前往讨伐。刘辟屡战屡败，最后彻底兵败被俘，被送到长安斩首。元和九年（公元814年）九月，彰义（淮西）节度使吴少阳死后，其子吴元济匿丧不报，自掌兵权，继而举兵叛乱，威胁东都。同时，淄青节度使李师道也想独霸一方，便采用声言助官军讨伐吴元济，实际上支持吴元济的两面派手法，企图巩固自己的地位。对此，唐宪宗不顾主和派的反对，坚持对他们用兵，最终平定了吴元济、李师道等人的叛乱。

期间，番邦犬戎大举侵犯唐朝的边境，唐宪宗果断调整方略，对藩镇施以宽柔政策，不但抵御了外侮，而且取得了国内的安定，使得唐室再度中兴。

唐宪宗之所以能及时转变态度，除了大臣的建议外，重要的还是杜秋娘对他的规谏。她以一个女性的柔爱之心，感化着锋芒毕露的唐宪宗，使宪宗避免了许多错误决定。

国家太平后，手下有大臣劝谏唐宪宗，用严刑厉法治理天下，以防再度动乱，这个建议颇合宪宗的性格。但秋娘闻言则说："王者之政，尚德不尚刑，岂可舍成康文景，而效秦始皇父子？"见识深远，入情入理，唐宪宗不能不信服，也就依了她的意见，以德政治天下。

秋娘在唐宪宗身边，似乎既是爱妃、玩伴，又是机要秘书，几乎占据了宪宗的整个身心，使宪宗对其他佳丽无以复顾。

当国家逐渐安定昌盛之后，有一次，宰相李吉甫对宪宗说："现在天下安定了，陛下不必再过于操劳，可以多选天下美女充实后宫，过逍遥自在的生活（天下已平，陛下宜为乐）。"

那时唐宪宗还不到三十岁，他对李吉甫得意地说："我有一秋妃足矣！所有美女的姿态在秋妃身上都能找到，我还再广求美女岂不是舍近求远了吗？（李元膺有'十忆诗'，历述佳人的行、坐、饮、歌、书、博、颦、笑、眠、妆之美态，今在秋妃身上一一可见，我还求什么？）"说得李吉甫哑口无言。

李元膺的"十忆诗"是这样的：

其一：
瘦损腰肢出洞房，花枝拂地领巾长；
裙边遮定双鸳小，只有金莲步步香。

其二：
椅上藤花撩面平，绣裙斜罩茜罗轻；
踏青姊妹频来唤，鸳履弓弓不易行。

其三：
绿蚁频摧未厌多，帕罗香软衬金荷；
从教弄酒春衫涴，别有风流上眼波。

其四：

一串红牙碎玉敲，碧云无力驻凌霄；

也知唱到关情处，缓按余声眼色招。

其五：

纤玉参差象管轻，蜀笺小研碧窗明；

袖纱密掩嗔郎看，学写鸳鸯字未成。

其六：

小阁争筹画烛低，锦茵围坐玉相欹；

娇羞惯被郎君戏，袖掩春葱出注迟。

其七：

漫注横波无语处，轻拢小板欲歌时；

千愁万恨关心曲，却使眉尖学别离。

其八：

从来一笑值千金，无事夸多始见心；

乍问客前犹掩敛，不知已觉两窝深。

其九：

怩娇成惘日初长，暂卸轻裙玉簟凉；

漠漠帐烟笼玉枕，粉肌生汗白莲香。

其十：

宫样梳儿金缕犀，钗梁水玉刻蚊螭；

眉间几许伤心事，不管萧郎只画眉。

秋娘深得唐宪宗的专宠，从这里可见一斑。幸而秋妃是个深明大义的女子，虽然拴住了宪宗的心，但并没使他沉溺于享乐而忘却国事。相反，倒是潜移默化地帮着他治国安邦。这种夫唱妇随、同心协力的日子，又岂是一般的宠擅专恩所能及，又岂是一般的"折花"之乐？

政权更迭

元和十五年（820 年）新春刚过，唐宪宗就不明不白地驾崩于中和殿上，年仅四十三岁，正值年盛体强之时。

至于他的死因，大多数人说宪宗是服食长生不死金丹中毒而亡；也有人说是他因服用丹药而致脾气暴躁，经常殴打宦官，内常侍陈弘志不堪忍受，蓄意谋弑，杀死了宪宗。然而缺少凭据，况且当时宦官在朝中势力庞大，无人敢去追究，这件事也就不了了之。唐朝就这样失去了一位大有作为的皇帝。

宪宗的儿子李恒当时二十四岁，他作为太子，在宦官王守澄、马进潭等人的拥戴下嗣位，是为唐穆宗，改元长庆，唐朝又开始了一个新纪元。

此时，进宫十二年、已三十岁开外的杜秋娘，在宫廷中颇有声望，而且朝中重臣也对她相当敬服，所以皇帝的更迭，政治的风暴，并没有影响她的地位。在某些军国大事上，唐穆宗还经常听取她的意见。

宪宗的死给了杜秋娘沉重的打击，她肝肠欲断，伤心欲绝，本想自行了断随宪宗而去。可穆宗和一些大臣制止了她。宪宗不在，大唐的江山还在，她有义务协助穆宗，去完成宪宗未完的基业。贤明的她抑制了悲伤，又显露出与宪宗共商国事时的果敢与坚强，经常为穆宗提一些意见。

可唐穆宗是个扶不起的阿斗，好色荒淫，即位后，很快就沉迷于声色游乐之中，藩镇相继发生叛乱，河朔三镇再度失守，他都不闻不问。杜秋娘的提醒，他感到了厌烦，索性就让杜秋娘去当了"傅姆"。所谓"傅姆"，就是师傅加保姆——既管生活又管学习。杜秋娘负责照顾唐穆宗的儿子李凑，负责皇子的教养，她自己没有孩子，便把一腔慈母之爱倾注到李凑身上。

李恒在位期间吃喝玩乐，游猎无度，根本不关心朝政。他所任用的宰相萧俛、段文昌等人虽然有一定的理政才能，但缺乏一些远见。他们"治尚宽静"，觉得藩镇已经平定，应当消兵。于是穆宗命令天下军镇，由兵处每年在百人中限八人或逃或死，消其兵籍。被消除兵籍的军兵无处可去，只好藏在山林中。不久，河朔三镇再次发生叛乱，那些被消除兵籍的军士纷纷归附他们，使得国家增加了无穷的祸乱。与此同时，朝廷内部宦官权势日盛一日，官僚朋党斗争也逐渐白热化，所有这些使得唐宪宗时期开创的"元和中兴"局面不复存在。

已作"傅姆"的杜秋娘悉心教导李凑，她目睹了朝政的败坏，但无能为力，只能在一边冷眼旁观政局的风云变幻。

长庆四年（824 年），不满三十岁的唐穆宗竟又莫名其妙地一命鸣呼。年方十五的太子李湛继位为唐敬宗，改元宝历。

唐敬宗登基后，游乐无度，较之他的父亲唐穆宗是有过之而无不及。他天天带着一班宦官伴臣东游西荡，花样百出，还不时地发一顿小皇帝脾气，无缘无故地将身边人痛打一顿。

唐敬宗对于国家大政根本就没有放在心上，连皇帝例行的早朝也是能免则免。

唐敬宗奢侈荒淫，喜好大兴土木，一味追求享乐，使得百姓怨声载道。而对于大臣的劝谏，敬宗则是表面接受，实际上却没有当一回事。

这位小皇帝还童心未泯，性躁贪玩，特别喜欢击球的游戏和在深夜里捕猎狐狸。因为他白天玩不够，所以深夜带人捕狐狸取乐，宫中称之为"打夜狐"。

宝历二年（公元 826 年）腊月冬寒，敬宗又一次出去打夜狐。

夜猎回宫后，唐敬宗又和宦官刘克明、田务澄、许文端以及击球军将苏佐明、王嘉宪、石从宽等二十八人，在大殿上醋饮。

夜深酒醉，酒酣耳热，唐敬宗入室更衣，殿上灯火忽然被一阵狂风吹灭。待再点亮时，人们发现小小年纪的唐敬宗被弑于内室，当年他不过才十七岁。

大殿上的灯烛突然全部熄灭，实在诡异。但如果亮出刘克明与苏佐明等共同将敬宗害死的内幕，则一切并不诡异，世间一切诡异全是人为作怪。

刘克明与苏佐明杀死敬宗后，便矫诏选立了宪宗的另一个儿子绛王李悟继承帝位。这种做法本来也是唐朝后期宦官拥立皇帝的惯用伎俩，大臣也都司空见惯了。但是刘克明等人还不以此为满足，他们又想要剥夺其他宦官手中的权力，这样就惹恼了内枢密使王守澄、杨承和以及神策军左、右护军中尉魏从简、梁守谦等人。

唐末任左、右枢密使和左、右神策军中尉的四位宦官被称为"四贵"，他们是宦官中的实力派。王守澄在唐宪宗元和后期成为宦官，因为拥立有功，唐穆宗即位后，对王守澄十分感激，让他任职枢密使。梁守谦在宪宗朝也深受信任，权势极大。

王守澄等人见此，便密谋商定，动用了所掌握的禁军力量将穆宗的次子江王李涵迎入宫中，这一举动还得到了三朝元老大臣裴度等朝廷官员的大力支持。

随后，神策军中尉派出的精锐禁军将刘克明与苏佐明一伙全部杀死，绛王李悟也死于乱兵之手。

紧接着，枢密使王守澄又与宫内宦官内外相结，保举唐敬宗的弟弟江王入宫，继承皇位。江王李涵就是后来的唐文宗，即位后改名为李昂。

文宗即位时，因为幼不更事，所以朝廷大权实际落在一帮大臣和宦官手中。当时，宦官权势尤其大，特别是神策军中尉梁守谦等人异常骄横跋扈。

❀ 尽心尽力做"傅姆"

杜秋娘眼看着李家皇帝一个个被宦官所弑，又一个个在宦官的操纵下登基，简直成了宦官手中的玩偶，她的心在流血，宪宗的基业不但没有守住，还衰败到如此地步，她不知有何颜面去见死去的宪宗。

这时，李凑已被封为漳王。在"傅姆"杜秋娘的悉心调教下，漳王李凑养成了有胆有识、果敢坚决的个性，并立志要做一个有所作为的君王。

宋申锡，字庆臣，少时孤贫，擢进士第后先后担任秘书省校书郎、监察御史、起居舍人、礼部员外郎、翰林侍讲学士等职。唐文宗即位以后，宋申锡拜户部郎中、知制诰。大和二年（公元828年），迁中书舍人，复为翰林学士。大和四年（公元830年），宋申锡被唐文宗任命为宰相。

宋申锡对于宦官专权十分不满，于是杜秋娘便联络宋申锡，想要暗中将干政的宦官全部诛杀，重整旗鼓，振作皇威。

眼看时机即将成熟，由杜秋娘筹划，与朝中宰相宋申锡密切配合，并且也秘密地禀告了皇上，打算一举除掉王守澄的宦官势力，把朝中大权还给皇帝。

杜秋娘的心一直忐忑不安，她知道此番如果不成功，也许命将不保。可此时她已经别无选择，她再也不能冷眼旁观那些宦官祸害李家的江山。人终有一死，身受宪宗宠爱十多年的杜秋娘，所能做的只有这些了。

虽然杜秋娘的计划十分隐秘，无奈宦官的耳目众多，王守澄的门客郑注探知了这一情况，郑注据实告诉了王守澄。但好在没有什么把柄落在他们手中，自然不便严加处置。由此也可以看出杜秋娘谋划得多么周密，可谓是滴水不漏，只可惜功败垂成。

老谋深算的王守澄担心处决他们会引起众怒，大和五年（公元831年），王守澄让神策虞候豆卢著向唐文宗诬告说宫史晏敬则、朱训与宋申锡等人图谋不轨，意图废掉文宗，另立漳王李凑为帝。随后，朱训在神策军狱中被屈打成招。唐文宗因此宣布李凑及宋申锡等人的罪状。虽然群臣苦苦劝谏，但文宗还是定了他们的罪。

漳王李凑被贬为巢县公，大和九年（公元835年），李凑去世，追赠齐王。宰相宋申锡则被贬为江州司马，公元834年死于开州贬所。"傅姆"杜秋娘也受到牵连，削籍为民，放归故乡，至此结束了她这一段绚丽多彩的"折花"岁月。

走的那天，天空是那般晴朗。脱去了绫罗绸缎，换上素衣布裙的杜秋娘已到不惑之年。她仍然是那般优雅，那般淡然，可谓是宠辱不惊。

命运真好像跟她开了个玩笑，当年进宫，她是被侍卫押送而来的；二十年后离去，又是被押送而去。相伴她的唯有怀中的琵琶，但她不后悔自己所做的选择，也不后悔在宫中所度过的岁月。恢复了自由之身，没有了宫廷各种繁规缛节的羁绊，她也许会活得更自在，更坦然。

杜秋娘用心机推倒了青楼女子这堵墙，用才情推倒了卑微小妾这堵墙。尔后的深闺妃嫔这堵墙，她也用智慧一并推倒。她并没有因成为集万千宠爱于一身的秋妃而有恃无恐，也没有因唐宪宗一句"我有一仲阳足矣"而高枕无忧。她以"臣而非妾"的姿态处处扶持宪宗，让他安心执政，比起杨玉环与唐玄宗的骄奢淫欲，杜秋娘与唐宪宗之间的感情更为大气。这是理智与情感的结合，小我与大我的平衡。

自古女子的命运多掌握在别人手中，而出身微贱的杜秋娘，却敢于凭着自己的才智向命运挑战，博得了一段辉煌的历程。

❀ 深夜孤灯怀往事

公元833年，杜牧在南京重逢杜秋娘，杜秋娘感慨道：

红颜薄命实堪悲，况是秋风瑟瑟时。
深夜孤灯怀往事，一腔心事付阿谁？

又是"秋风瑟瑟时"，但这时候的杜秋娘年华已逝，容颜已老，再也没有"花开堪折直须折"的笃定自若，也没有了"新梅重绽最高枝"的超然洒脱。一个女人独自在变幻莫测的宫闱中摸爬滚打，二十年间走马观灯似的送走四位皇帝，潮起潮落，云卷云舒，在她把生命中最闪耀的年华耗尽后，也只能"深夜孤灯怀往事"，把一腔心事交付给才子杜牧了。

曾经光彩照人的秋娘向杜牧倾诉其平生坎坷，诗人"感其穷且老"，感慨万千，悲悯之情溢于言表，于是为她写下了五言古风体长诗——《杜秋娘》。

唐文宗大和七年（公元833年），诗人杜牧正在宣州（今安徽宣城）宣歙观察使沈传师的府中做幕僚，奉沈传师的命令到扬州公干，经过镇江的时候，见到了当时两鬓如霜、孤苦无助的杜秋娘。

秦淮河畔依旧歌舞升平，热闹非凡。一个人落寞地沿着秦淮河边走着，他就是诗人杜牧，读者的记忆中是否还留有他的那首《泊秦淮》：

第二卷·杜秋娘：红颜薄命实堪悲，况是秋风瑟瑟时

烟笼寒水月笼沙，夜泊秦淮近酒家。

商女不知亡国恨，隔江犹唱后庭花。

　　此时朝廷内的派别斗争激烈，杜牧是难以实现振兴大唐的抱负了。再加上他要寻觅的佳人已不知流落何方，如此多的伤心事交织成一张愁网，将他牢牢地罩住，使他无心欣赏那繁华的秦淮夜景。

　　突然，秦淮岸边传来一曲悠扬的歌声，细听："劝君莫惜金缕衣，劝君惜取少年时；花开堪折直须折，莫待无花空折枝。"那歌声使杜牧有一种似曾相识的感觉，他想起了小时候。杜牧的爷爷杜佑是唐代宰相。杜牧在五岁的时候，随爷爷进皇宫参加宴会，他印象最深的就是一位娇美俏丽、雪肤花貌的宫女。在鲜红的地毯上，她边跳边唱的就是这首《金缕衣》。那位宫女婀娜多姿、歌声婉转、舞姿婆娑，简直如天女下凡。杜牧现在还能想起，那位宫女名叫杜秋娘。后来她凭着优美的舞姿、动人的歌喉和如花的美貌，成了唐宪宗的宠姬，被封为秋妃。

　　没想到秦淮河畔也能听到如此动听的《金缕衣》，杜牧禁不住走过去看到底是何人。他走到跟前一看，唱者竟是一位满头白发、衣衫褴褛的老妇人！待人群散去，杜牧给了老妇人二两银子，禁不住问道："老人家尊姓大名？"她并没有抬头，默默无语。杜牧穷追不舍，问道："老人家可识得杜秋娘，先皇的宠姬？"

　　她闻言，顿时打了个战栗，眼里有火花一闪而过，逐渐又黯淡下去了。

　　杜牧见老妇人无语，觉得也不便多问，便转身要离开。刚走了两步，后边传来了苍凉的声音："我就是杜秋娘，先皇的宠姬。"

　　杜牧无论如何也不能把当年那个貌美如花的宫人，同眼前的老妇人联系在一起。

　　当年裙裾飘飘的绝色美女变成了白发苍苍的孤苦老妪，忍见红颜老去，况兼面容憔悴，大才子遂写一首《杜秋娘诗》，悲怜之情可谓深矣。

　　在这首长达五百多言的古诗《杜秋娘诗》里，杜牧复原了一个江南女子跌宕起伏却又绚如繁花的一生，定位了一个女性诗人应有的历史坐标。"清血洒不尽，仰天知问谁？"当杜牧剥开杜秋娘层层蚕丝包裹的心茧，才发现里面晶莹通透，丝毫没有沾染尘世的污垢。可除了杜牧，又有谁知呢？而才子与佳人间除了因缘际会，还可以像杜牧和秋娘这般惺惺相惜，成为心灵契合的知己，实属一段佳话。

杜秋娘诗

京江水清滑，	生女白如脂。	其间杜秋者，不劳朱粉施。
老濞即山铸，	后庭千双眉。	秋持玉斝醉，与唱金缕衣。
濞既白首叛，	秋亦红泪滋。	吴江落日渡，瀼岸绿杨垂。
联裾见天子，	盼眄独依依。	椒壁悬锦幕，镜奁蟠蛟螭。
低鬟认新宠，	窈袅复融怡。	月上白璧门，桂影凉参差。
金阶露新重，	闲捻紫箫吹。	莓苔夹城路，南苑雁初飞。
红粉羽林杖，	独赐辟邪旗。	归来煮豹胎，餍饫不能饴。
咸池升日庆，	铜雀分香悲。	雷音后车远，事往落花时。
燕禖得皇子，	壮发绿緌緌。	画堂授傅姆，天人亲捧持。
虎睛珠络褓，	金盘犀镇帷。	长杨射熊黑，武帐弄哑咿。
渐抛竹马剧，	稍出舞鸡奇。	崭崭整冠珮，侍宴坐瑶池。
眉宇俨图画，	神秀射朝辉。	一尺桐偶人，江充知自欺。
王幽茅土削，	秋放故乡归。	觚棱拂斗极，回首尚迟迟。
四朝三十载，	似梦复疑非。	潼关识旧吏，吏发已如丝。
却唤吴江渡，	舟人那得知。	归来四邻改，茂苑草菲菲。
清血洒不尽，	仰天知问谁。	寒衣一匹素，夜借邻人机。
我昨金陵过，	闻之为歔欷。	自古皆一贯，变化安能推。
夏姬灭两国，	逃作巫臣姬。	西子下姑苏，一舸逐鸱夷。
织室魏豹俘，	作汉太平基。	误置代籍中，两朝尊母仪。
光武绍高祖，	本系生唐儿。	珊瑚破高齐，作婢春黄糜。
萧后去扬州，	突厥为阏氏。	女子固不定，士林亦难期。
射钩后呼父，	钓翁王者师。	无国要孟子，有人毁仲尼。
秦因逐客令，	柄归丞相斯。	安知魏齐首，见断箦中尸。
给丧蹶张辈，	廊庙冠峨危。	珥貂七叶贵，何妨戎虏支。
苏武却生返，	邓通终死饥。	主张既难测，翻覆亦其宜。

地尽有何物，天外复何之。指何为而捉，足何为而驰。

耳何为而听，目何为而窥。已身不自晓，此外何思惟。

因倾一樽酒，题作杜秋诗。愁来独长咏，聊可以自怡。

"京江水清滑，生女白如脂。其间杜秋者，不劳朱粉施。老濞即山铸，后庭千双眉。秋持玉斝醉，与唱金缕衣。"这段说杜秋娘是金陵女子，肤白如脂，相貌极美。"老濞"指李锜，用汉代典故《史记·吴王濞列传》："（吴王刘濞）乃益骄溢，即山铸钱，煮海水为盐。"旧时铸钱和盐政都是中央才有权办的，私自经营就是不服从中央的表现。这段总体是说杜秋娘是李锜所贮的家妓之一，经常唱金缕衣给李锜听。

"濞既白首叛，秋亦红泪滋。吴江落日渡，灞岸绿杨垂。联裾见天子，盼眄独依依。椒壁悬锦幕，镜奁蟠蛟螭。低鬟认新宠，窈袅复融怡。月上白璧门，桂影凉参差。金阶露新重，闲捻紫箫吹。莓苔夹城路，南苑雁初飞。红粉羽林杖，独赐辟邪旗。归来煮豹胎，餍饫不能饴。咸池升日庆，铜雀分香悲。雷音后车远，事往落花时。"这段是说李锜被擒斩时，杜秋娘也不得不告别家乡，被押入宫中。唐宪宗被她的美貌吸引，"宠幸"了她（"低鬟认新宠，窈袅复融怡"）。然而不久，唐宪宗就死去了——"铜雀分香悲"（引用曹操临死时分香给众姬妾的典故）。

"燕禖得皇子，壮发绿緌緌。画堂授傅姆，天人亲捧持。虎睛珠络褓，金盘犀镇帷。长杨射熊罴，武帐弄哑咿。渐抛竹马剧，稍出舞鸡奇。崭崭整冠珮，侍宴坐瑶池。眉宇俨图画，神秀射朝辉。一尺桐偶人，江充知自欺。王幽茅土削，秋放故乡归。"这段说杜秋娘籍没入宫后，因灵巧聪慧，被指定为皇子的"傅姆"。她精心照料皇子，让他成长为一个"崭崭整冠珮，侍宴坐瑶池。眉宇俨图画，神秀射朝辉"的英俊少年，但不幸却被人陷害——"一尺桐偶人，江充知自欺"（引用汉武帝时江充谗害太子的典故）。于是"王幽茅土削"——皇子漳王被幽禁，杜秋娘也被遣返回乡。

杜秋娘由一个平民女子，骤为王妃（节度使宠妾），旋沦为罪民，继而被宪宗纳为皇妃，并且得宠。一波三折，起伏沉浮，与当初上官婉儿的命运何其相似。"低鬟认新宠，窈袅复融怡"，杜秋娘没有想到，与李锜的情缘刚尽，便开始了她真正的爱情。这一切似乎来得太过突然。命运有时就是这样捉弄于人，她的丈夫被人所杀，而她现在嫁的正是杀掉前夫的人。这个人比起前夫李锜，更加有权有势，更加有威善为。爱与恨相互交织，情与仇相融并存。年轻有为的宪宗皇帝，给了她无限的温情与慰藉。偌大的皇城，暂时安存了一个少妇多愁善感的心灵，杜秋娘迎来了她人生中最为华美、最为安逸的岁月。随着漳王李凑被黜为巢县公，击碎了杜秋娘苦心经营的希望与梦想，是她人生中最不能承受的打击。"崭崭整冠佩，侍宴坐瑶池"的生活必须结束了！眼见朝廷中风波骤起，祸事连连，安享晚年不成，杜秋娘含泪提出，请求放归乡里。

"觚棱拂斗极，回首尚迟迟。四朝三十载，似梦复疑非。潼关识旧吏，吏发已如丝。却唤吴江渡，舟人那得知。归来四邻改，茂苑草菲菲。清血洒不尽，仰天知问谁。寒衣一匹素，夜借邻人机。"好不容易皇子长大被封为漳王，此时杜秋娘也年老了，该过个平安的晚年了。殊料漳王被"甘露之变"的主谋之一郑注诬告，皇帝削却漳王的爵位，杜秋娘也被打发回了老家，晚景相当凄凉。杜秋娘回到故乡，已是三十多年后，她老了，她相识的旧人也老了（"潼关识旧吏，吏发已如丝"），回到家中也是面目全非，院中全是荒草，四邻也都换了人，早不认识了。杜秋娘叫天不应，悲啼泣血。然而，没有办法，还要生活，她非常穷困，就连织布也要趁夜深时借邻居的纺机一用。

如果这场令杜秋娘如痴如醉的美梦从此不会再醒来多好；如果在历尽沧桑后她仍是那个不屈于命运的掌舵者多好；如果她永远不懂得"红颜薄命实堪悲"多好……多年后重踏故土，她是否还会悠悠哼起那首改变了她一生，也陪伴了她一生的《金缕衣》，她是否依然不曾后悔当初飞蛾扑火般的执着？

"四朝三十载，似梦复疑非"。三十年的宫廷生涯，使她尝尽了天上人间的得失沉浮。杜秋娘拄着杖，离开京城，离开那个曾经令她欢欣鼓舞的温柔富贵乡，令她伤心绝望的险恶是非地。

只是，当年裙裾飘飘的天真少女，已变成白发苍苍的老妪。回到故乡，原先的邻居早已改换门庭，孤独的她只能黯然偏居一隅，默默度过余生。可怜当年曾经穿着金缕衣的女人，身披素服，赶着深夜，借了邻人的织机，悄悄纺织一生的哀怨。也许这位擅乐的老妇人，口里还会悠悠哼起那首吟唱了一辈子的《金缕衣》，"花开堪折直须折，莫待无花空折枝"。青春已逝，她也曾有过壮丽的人生，最后复归于平静。她一面劳动，一面歌唱，唯有劳动可以抚平她那颗病弱的心灵，忘却种种伤痛。深夜里，幽幽的歌声伴着机杼发出的单调而沉闷的声响，穿透窗棂，漫向逼仄而破败的小院……

"我昨金陵过，闻之为欷歔。自古皆一贯，变化安能推。夏姬灭两国，逃作巫臣姬。西子下姑苏，一舸逐鸱夷。织室魏豹俘，作汉太平基。误置代籍中，两朝尊母仪。光武绍高祖，本系生唐儿。珊瑚破高齐，作婢舂黄糜。萧后去扬州，突厥为阏氏。女子固不定，士林亦难期。射钩后呼父，钓翁王者师。无国要孟子，有人毁仲尼。秦因逐客令，柄归丞相斯。安知魏齐首，见断簧中尸。给丧蹶张辈，廊庙冠峨危。珥貂七叶贵，何妨戎虏支。苏武却生返，邓通终死饥。主张既难测，翻覆亦其宜。地尽有何物，天外复何之。指何为而捉，足何为而驰。耳何为而听，目何为而窥。已身不自晓，此外何思惟。因倾一樽酒，题作杜秋诗。愁来独长咏，聊可以自怡。"这段中，杜牧引用诸多典故大掉书袋，什么夏姬、西施、薄姬、冯小怜、萧后（隋炀帝萧后）等一系列被人抢掠，经历过好几个男人的著名美人，统统数了一遍。接着又大发感慨，说女子固然红颜薄命，文人又何尝不是呢？杜牧又把管仲、姜子牙、李斯、苏武、邓通等一大堆人的不同命运说了一番，思前想后，还是造化弄人，任何人都逃不出命运的安排。世间无论是男人也好，女子也罢，谁也摆脱不了那只看不见的翻云覆雨之手。

美人迟暮，穷病将终。事隔多年，多情的才子杜牧偶尔路过金陵，听了关于她落魄潦倒的生活近况，闻之唏嘘，借助于一樽烈酒，不吝笔墨，作了长长的《杜秋娘诗》，摹写其一生情状，发出"清血洒不尽，仰天知问谁"的浩叹。他的好友张祜后来读了这首诗，拍案叫绝，也作了一首《读池州杜员外杜秋娘诗》，附之于后，大大夸奖杜牧的才华：

年少多情杜牧之，风流仍作杜秋诗。

可知不是长门闭，也得相如第一词。

杜牧在这长达五百多字的长诗里，对这位同姓的长者妇人给予了无限的同情，复原了一个巫山沧海的传奇故事，传唱了一则跌宕起伏的人生序曲，恢复了一个女性诗人应有的历史坐标。

金缕衣虽极其华贵，却远远不及一去不返的岁月和情缘来得珍贵。也许早在年轻时，因为反复吟唱，杜秋娘便深谙其中真谛。这个女子，为了青春和爱情，吟唱了一辈子。珍惜有限的人生年华，她以那支洞箫，以她的人生经验，幽咽如泣地诉说着那段不堪回首的岁月。

❀ 一场浮生如烟花

美丽如秋娘，在于她历经世事，其生命之感仍存于世人心中。摇曳的岁月在杜秋娘的笔下显得易逝而珍贵，花落无情在秋娘眼中更是执着于生命的理由。

女人如水，水能涤荡万千尘埃，亦有崩云裂石之壮。柔而不弱，且能克刚，或许这正是杜秋娘这般女子所具有的力量。她最让后人记取的，是她在深宫之中经历了数个帝王的崩逝。有人说，她的一生从至贱到至贵，从花街柳巷到上苑琼林，最终又被贬为庶民，尘归尘、土归土，只是一个华丽的曲线。可是又有谁知道，在她起伏的一生中，曾有着怎样坚韧的心和炽热的情！

公元835年冬，金陵发生军变，全城遭殃，四十四岁的杜秋娘离家躲避，冻死在玄武湖畔。

数点寒灯，珠帘尽卷，冷冷的风旋舞着雪花，夜黑眼晕，这就是她生命的最后一夜，寒冷的玄武湖边，杜秋娘咽下了最后一口气。

旋舞的雪花在她周围，刻骨的痛沧桑了岁月，一如生前的夜夜孤灯寂寂。

一场浮生，一场悲欢，美如烟花易逝，风儿伴以呜咽，冷了夜，白了雪，覆盖了杜秋娘美丽的一生。

一朝春尽——当极美诗词邂逅红尘佳丽

第三卷

严 蕊：

清水芙蓉傲红尘

宋朝的渔火泊在枝叶扶疏的苇岸，将清婉的红颜带去江南。

谁捧玫瑰，谁许今生最爱情不改？滴滴夜露，谁留绮梦画眉黛？丛丛青苇，谁解幽怀无可奈？晓岸水畔，谁把相思耐？目盈秋水，谁记盟约在？立尽黄昏，谁依月色茜窗待？

折一枝柳赠予红颜，不说沧桑，不说忧伤，只将思念化作眼里的晶莹，一滴有你，一滴有我。此一别，一声流水，几声天涯。

蛊惑上官

严蕊（生卒年不详），原姓周，字幼芳，南宋中叶女词人。出身低微，自小习乐礼诗书，后沦为台州营妓，改严蕊艺名。严蕊善操琴、弈棋、歌舞、丝竹、书画，学识通晓古今，诗词语意清新，四方闻名，有不远千里慕名相访。词作多佚，仅存《如梦令》《鹊桥仙》《卜算子》三首。据《卜算子》改编的戏剧《莫问奴归处》，久演不衰。

严蕊色艺冠绝一时，名气很大。当时的地方一把手——台州太守唐仲友，文雅俊秀，善于诗词，常召她来陪宴。

春天到了，桃花芬芳，杨柳依依，彩蝶纷飞。唐太守在春意盎然的花园摆下酒宴，邀请当地文人墨客和严蕊前来观赏桃花，插柳闹春，并以"桃柳相依"为题，要各位宾客写一首诗词。他自己挥笔写出：

清平乐

红豆酿酒，桃柳怎执手？仙邀月友伊消愁，冷冷清清幽幽。

借问此去蓬莱，青鸟当空飞悠。桃叶题尽春秋，寒露折尽苦柳。

唐太守是进士出身，凌云健笔意纵横，笔墨风骚多寄托，借物用典寓深情，此词刚出，来宾静思一番，后齐拍手叫好。严蕊落落大方地走到唐太守身旁，静静默看一会儿，就一边潇洒挥笔，一边轻吟低唱，缓缓写出：

清平乐（和唐仲友）

临风把酒，桃柳可执手。邀来云仙与月友，春风吹拂牵手。

借问此去蓬莱，青鸟为我导游。柳叶流露衷肠，桃剑铭刻思愁。

随着严蕊的墨笔停住，吟唱静止，举座皆惊，齐声喝彩。唐仲友也不由惊讶一番，感叹严蕊果然名不虚传。此词不但意境纵横开阔，奔放恣肆，而且知我心，合我意，乃我知音。

他命严蕊作一首吟桃花的词，当时桃树上桃花很多，红的白的都有。严蕊便唱道：

道是梨花不是，道是杏花不是。

白白与红红，别是东风情味。

曾记，曾记，人在武陵微醉。

——如梦令·严蕊

这首词初看也很一般，不过细品一下，却会发现意兼双关，并非浅俗之作。所谓"道是梨花不是，道是杏花不是"，虽明写桃花，但想想像严蕊这样的歌伎，整天强颜欢笑、逢场作戏地伺候男人们，妻不是妻，妾不是妾，难道不也有这"道是""不是"的尴尬意味吗？而最后这句"武陵微醉"也大有讲究，武陵源又叫桃花源，切合桃花一题，且后世常用"入桃源"来比喻男人得到某个女人。比如《红楼梦》中挖苦袭人的诗："花飞莫遣随流水，怕有渔郎来问津"，就是这种意思。严蕊此处明写桃花，其实道的是自己，满腔酸楚不着行迹，融化于词句之中，确实写得妙不可言。唐太守在赞叹之下，赏给严蕊缣两匹。这首词不仅成了严蕊的成名作，也成了她日后身陷囹圄的"铁证"。

这年七夕，唐太守家来了个姓谢的客人。这人听说严蕊才学出众，就想考考严蕊，让严蕊作一首词，而且要限韵，用他的姓"谢"字为韵。严蕊没等酒斟完就作成了一首《鹊桥仙》：

碧梧初出，桂花才吐，池上水花微谢。
穿针人在合欢楼，正月露、玉盘高泻。
蛛忙鹊懒，耕慵织倦，空做古今佳话。
人间刚道隔年期，怕天上、方才隔夜。

姓谢的听了，钦佩不已，在严蕊那儿住了多半年，花了不少银子，据说是"尽客囊橐馈赠之而归"。看来严蕊也是卖艺又卖身的，其实既然身为歌妓，也很难说不逢场作戏。

南宋淳熙九年（公元1182年），台州知府唐仲友为严蕊、王惠等四人落籍，回黄岩与母居住。同年，浙东常平使朱熹巡行台州，因唐仲友的永康学派反对朱熹的理学，朱熹连上六疏弹劾唐仲友，其中第三、第四状论及唐仲友与严蕊风化之罪，下令黄岩通判抓捕严蕊，关押在台州和绍兴，施以鞭笞，逼其招供。

朱熹想治唐仲友的罪，于是就从男女关系、作风问题上下手来整倒唐仲友。严蕊平日里在乐营教习歌舞。身为官妓，必须无条件地应承官差，随喊随到。但是，官妓又不得向官员提供性服务。宋朝明文规定：“官府有酒皆召歌妓承应，只站着歌唱送酒，不许有私侍寝席。”冯梦龙的《情史》中记载：“（宋）熙宁中，祖无择知杭州，坐与官妓薛希涛通，为王安石所执。”意思是说，宋朝时有个叫祖无择的出任杭州地方官，因为睡错了炕，睡到了官妓薛希涛的床上，被王安石查办了。看来这种问题在当时还是非常严重的。如果是这样，宋朝廷完全可以禁止官妓劝酒，所谓“不见可欲，其心不乱”，这样让官员们“既见可欲，又不能乱”，难道是变相考查干部道德品质的一种方法？唐仲友虽然与严蕊相熟，经常在酒宴中找严蕊作陪，极尽眷顾之意。但因为官箴拘束，并不敢胡为。

朱熹这人整天满口仁义道德，存天理灭人欲地说教，其实心里龌龊不堪。他先抓了严蕊下狱，他说：“妇女柔脆，吃不得刑拷，不论有无，自然招承。”其逻辑就是，严蕊一个娇怯怯的歌妓，自然是一动刑罚，甚至不动刑罚，就吓得让招什么招什么了。那他就有了切实证据，扳倒唐仲友就轻而易举了。但是哪里料想到，严蕊坚强不屈，任凭百般痛打，关在监狱中一个多月，就是不承认和唐太守有过男女关系。严蕊被关押了两个多月，遭受频繁的严刑拷打，“一再杖，几死”。堂堂大学者以如此残酷手段来对付一弱势妓女，不仅有伤风雅，非君子所为，而且明显带有心理变态的可疑迹象。

朱熹没从严蕊口中得到证据，恨得牙根痒痒，就以“蛊惑上官”为名将她发配到绍兴，让自己的爪牙继续逼供。

❀ 严刑之下不乱招

绍兴太守也是一个讲学的，经朱熹教育，变得与朱熹一般不可理喻。严蕊解到后，这狗官见严蕊模样标致，就道：“从来有色者，必然无德。”这叫什么理论，长得漂亮就一定不正经？他先打了严蕊一回，又用拶来夹严蕊的手指。见到严蕊十指纤细嫩白，狗官又道：“若是亲操井臼的手，绝不是这样，所以可恶！”命左右加劲用刑。后来又用夹棍夹双腿，夹得严蕊死去活来。但无论如何用刑，严蕊将银牙咬碎，还是不招半个字。狗官无奈，依旧将严蕊关入大牢，准备以后再问。

夜深沉，雨霏霏，天幕暗。被朱熹逼供并囚禁在狱中的台州营妓严蕊看不到光明的前景。身为营妓的她，地位低微，遭遇到这不幸的冤情，只能两眼含泪，忍受着严刑拷打，几次昏死过去。虽然施以鞭笞，逼其招供，但严蕊宁死不乱招。监狱里的看守见严蕊被打得很是可怜，就说："上司加你刑罚，不过要你招认。你何不早招认了？这罪很有限的，女人家犯淫，极重不过是杖刑之罪。况且已经杖断过了，罪无重科。何苦舍着身子，熬这等苦楚？"意思是说，就算你招认和太守有男女关系，也不过打一顿板子罢了，但你坚持不招，吃得苦比招认了可大多了。监狱的看守很世故，但严蕊的一番话却让他不得不叹服羞愧。严蕊说："我是一个下贱的妓女，就算是和太守关系不正常，也不会判成死罪，招认了，有何大害？但天下事，真则是真，假则是假，岂可自惜微躯，信口妄言，以污士大夫！今日宁可置我死地，要我诬人，断然不成！"

此话真是掷地可作金石声。多少忠孝节义整天挂在嘴边、满口官话的人，背地里却什么丧尽天良的事也能干出来，可谓"好话说尽、坏事做绝"。这就叫"威武不能屈"！朱熹虽然常念常说，但真正做到的却是他所迫害的身为妓女的严蕊。

🌸 花落花开东君主

严蕊坚持不招，被关入牢里非法拘禁两个多月，还一再被刑讯逼供，一个如花女子，遭到牢狱之灾，被折磨得奄奄一息。但她拒不诬陷他人的高风亮节为世人所称道，此事朝野议论，震动孝宗。朱熹改官，就是朱熹被调走了，换了岳飞的第三子岳霖。当初岳飞及长子岳云被奸臣秦桧杀害后，财物尽抄，岳霖随家人充军岭南。后来宋孝宗起用抗战派人物，岳飞的冤案始得平反，岳霖也被起用为官。岳霖不愧是忠良之后，和朱熹那种人面兽心的人截然不同，他一到任就平反了这场冤案。

当时严蕊面容憔悴，犹如一朵凌寒零落之梅。虽然有足够的心理准备，但看着跪在堂前的瘦弱女子，容颜憔悴，浑身污秽，十指污垢，几近脱形，岳霖一缕怜惜之情悄然升起，温声问道："严蕊，久闻你擅长诗词，现在还能作词否？"

严蕊百感交集，拢了拢破烂的囚衣，费了好大的力气，才勉强站直了身，奋笔疾书，《卜算子》一气呵成：

> 不是爱风尘，似被前缘误。花落花开自有时，总赖东君主。
>
> 去也终须去，住也如何住。若得山花插满头，莫问奴归处。

这是一首反抗压迫、渴望自由的词篇。严蕊写此词之前正被朱熹以有伤风化的罪名关在牢里。上片是申诉自己无罪，希望新任官员秉公定夺，予以释放。开头"不是爱风尘，似被前缘误"，这是对自己被道学家朱熹定为有伤风化罪的申诉。严蕊说，我是被迫坠入风尘的，并不是因为我喜爱这卖娼营生。"不是"一词极为坚决地肯定了自己无罪。"似被前缘误"说似乎是前世命中注定。严蕊虽然还不明白妓女产生的原因，是以男性为中心的阶级社会里阶级压迫所致，可是她已觉察到自己不能负堕落的责任。这里表现了严蕊思想的初步觉醒。一个"似"字说明严蕊虽怀疑当妓女是命中注定，但又不完全相信命运，这也是对封建社会里不合理的娼妓制度的控诉，更是对赫赫有名的道学家朱熹卫道嘴脸的有力针砭。"花落花开自有时，总赖东君主"，"花落花开"是自喻，"花落"比喻自己落难，身陷囹圄。"花开"比喻自己摆脱灾难，获得释放。"自有时"相信自己无辜，终会得到昭雪。"东君"暗指清官，"主"是名词活用为动词，是"作主"释放的意思。"总赖"表示了对清官的信任。这里写出她对新继任的地方官员岳霖满怀期望，希望岳霖能为自己做主，拯救自己脱离囹圄之苦。

下片写自己渴望自由渴望幸福。"去也终须去，住也如何住"，写自己一定要离开牢狱，摆脱灾难。"去"指离开囹圄之灾，"终须"是最终应该的意思，表达了作者渴望自由的坚决信念。"住也如何住"中的"住"指在牢狱之中，"如何"含有质问之意，继续表示自己是无辜的，这既是向岳霖申诉，也是向整个社会控诉。

"若得山花插满头，莫问奴归处"，写如果我获得释放，头插山花自由自在地生活，那时不必问我归向何处。"若得"是假设之辞，也正说明这美好的日子尚未到来。此句结得好，将主题更加升华了。作者不仅在上片里要求昭雪释放，而且在此处更要求自由，渴望幸福，摆脱受人歧视、践踏的营妓生活。这"归处"二字就是表达了这种理想，但这理想在当时怎好直言呢？严蕊是天台营妓，即军营中的妓女。许多营妓原本是良家女子，后被迫为娼。有的因父兄破产，被迫失身；有的出身仕宦之家，因父兄获罪，家室被抄而坠入风尘。她们忍辱含垢地苟活于人世，多么渴望自由，摆脱这非人生活！"莫问奴归处"中的"归处"两字，就是表达了她渴望保持人类尊严，过自由自在生活的这一要求。因为这一愿望比求得释放更触动封建社会秩序，更不会为封建统治者所准许，因此这种渴望自由的强烈愿望，只好含蓄地写成"莫问奴归处"了。

薄命如落花仍是不亢不卑，意欲寻一泓清流托付余生，语调凄婉而又倔强，让人心生怜惜又不禁起钦敬之意。莫问奴归何处，在山花烂漫尽头，是傲骨栖处。

严蕊已厌倦了艳名远播的娼门卖笑生涯，她希望脱籍从良，做一个普通人。岳霖听到严蕊的这首词后，当下也为之感动不已，替她在营妓的名册上除了名字，判她从良。

❀ 山花满头归去来

严蕊身为一名官妓，有情有义，敢作敢当，很是令人钦佩。朱熹为了官场派别斗争牵连无辜，多少有些下作卑劣。

因此，人的高低贵贱，不在于身份是什么、会什么、做什么，而是看在关键时刻、关键环境里，有没有正气、有没有骨气、有没有志气，有没有勇气。

在这场双方力量并不均衡的博弈中，朱熹输得很彻底，不仅在政治上没有打倒唐仲友，还输掉了人格，输掉了颜面，输掉了人心。经受酷刑而不屈的严蕊则不仅赢得了人们的同情，还由此证明了一个妓女的气节。在这场博弈中，高高在上的道学家表现得如低贱小人，而低微的妓女则表现得气节高尚。自此，朱熹搬起石头砸了自己的脚，为自己挣来了假道学、伪君子的名声。

因为严蕊宁死也不诬告好人，受到人们的普遍尊敬。《二刻拍案惊奇》（简称《二拍》）说严蕊出狱后，仍到伎馆卖艺，受到世人热情追捧，"千斤市聘，争来求讨"者不计其数，严蕊从不相允。直到后来有一赵宋宗室近属子弟，因丧妻而悲哀过切，百事俱废，严蕊感念他一片真情便嫁给了他。虽然碍于严蕊原来的身份，此人并没有以正妻的身份娶她，但也没有再娶别的女人，所以严蕊虽然名分上不是正妻，其实和正妻的地位不相上下，"立了妇名，享用到底"，有了一个完美圆满的结局。

《二拍》上说："后人评论这个严蕊，乃是真正讲得道学的。"这真是巨大的反讽啊，朱熹讲了一生的道学，到头来不如严蕊这个做妓女的更让人敬重。看来《二拍》对朱熹的讽刺也很入骨。此书上还有七言古风一篇赞严蕊，不妨一观：

> 天台有女真奇绝，挥毫能赋谢庭雪。
> 搽粉虞侯太守筵，酒酣未必呼烛灭。
> 忽尔监司飞檄至，桁杨横掠头抢地。
> 章台不犯士师条，肺石会疏刺史事。
> 贱质何妨轻一死，岂承浪语污君子？
> 罪不重科两得笞，狱吏之威止是耳。
> 君侯能讲毋自欺，乃遣女子诬人为！
> 虽在缧绁非其罪，尼父之语胡忘之？
> 君不见，贯高当时白赵王，身无完肤犹自强？
> 今日蛾眉亦能尔，千载同闻侠骨香！
> 含颦带笑出狴犴，寄声合眼闭眉汉。
> 山花满头归去来，天潢自有梁鸿案。

沉夜雨霏天幕暗，幽囚难见瞳眬。柳暗花明春讯至，怅望能否心空？

东君无意损娇红。最解风情唯女子，咏叹声声。

花落花开自有时，其中苦乐花自知。污泥虽浊清莲在，风雪凛冽傲梅花。苦痛临身仍不惧，欢喜苦悲人不同。

梦回宋词时代，只见你手持玉笛轻奏。严蕊，你在云雾雨霏的秋晨，独撑着一把油纸伞，孤伫于水波荡漾的湖畔。你轻展笑靥丽貌，以霏寒为伴，看绵雨飘飞，品尘世之百味。往事如风，一阵吹过便来去无痕，停留在苍茫的时空渡口，你还会不经意地回首顾盼前尘后世的飘渺孤鸿影？挥别昔日，珠帘轩窗下的清妆貌容是否已演变？是否黯然神伤，秋尽菊殇满地飞？

韶华的长河间，案几上的笔墨已模糊不清。你仍是那个风情万种的女人，仿佛是一只飞过沧海的铁翅蝴蝶，在瑶台银阙里，素衣清颜地舞尽无数曲水袖。

前尘今缘诉来生，韶华若水无可追，心结未开，眉愁几许，红绡香润芦苇，秋声轻舟人似浮萍。

一把油纸伞，一场烟雨梦，勾起回忆千万。你弹奏着我曾经喜欢过的古筝，雨纷飞，舞纷飞，片片落叶，小桥流水。你在这一幅画成为惊鸿，夜夜照影而来。你抚琴轻唱，那琴声婉转悠扬，细水流长般动人心弦；那歌声悦耳动听，似倾诉，似缠绵，刹那间闯进所有人心扉。那撑着油纸伞的你我有忧伤、有彷徨，像梦一般凄婉迷茫。撑一把油纸伞，为谁在等，为谁在候？

一聚一别离，一步一回首，一世一离殇，一朝春去红颜老，花落人亡两不知，一代风情，纵使用三生烟火，也无法换你一世迷离……

卞玉京：
红尘寂寞谁与渡

　　年华空，人无踪，天涯茫茫何处觅芳容？情无踪，心儿伤，泪眼婆娑哪里诉离殇？容颜老，情未了，一世痴情向谁表？年华空，情无踪，拾忆昨夕香梦中。弦虽断，意犹扬，发白又何妨。相思豆，无人嗅，夜伴孤月寒临透。听弦乱，似牵绊，浮生往事休要看。焚烟散，琥珀烂，前尘往事总遗憾。镜花月，千年缺，奈何桥上等一歇。孟婆汤，饮千碗，依然难忘红尘一场恋。终难忘，此情长，未妨惆怅是清狂。一生情，一世错，何处繁华笙歌落。

🌀 能变人世间，攸然是玉京

　　卞赛，一曰赛赛，后为女道士，自称玉京道人。知书，工小楷，善画兰、鼓琴，喜作风枝袅娜，一落笔，画十余纸。年十八，游吴门，侨居虎丘。湘帘棐几，地无纤尘。见客，初不甚酬对；若遇佳宾，则谐谑间作，谈辞如云，一座倾倒。寻归秦淮，遇乱，复游吴。梅村学士作《听女道士卞玉京弹琴歌》赠之，中所云"昨夜城头吹筚篥，教坊也被传呼急。碧玉班中怕点留，乐营门外卢家泣。私更妆束出江边，恰遇丹阳下渚船。剪就黄绦贪入道，携来绿绮诉婵娟"者，正此时也。在道做道人装，然亦间有所主。侍儿柔柔，承奉砚席如弟子，指挥如意，亦静好女子也。逾两年，渡浙江，归于东中一诸侯。不得意，进柔柔当夕，乞身下发。复归吴，依良医郑保御，筑别馆以居。长斋绣佛，持戒律甚严，刺舌血，书《法华经》，以报保御。又十余年而卒，葬于惠山只陀庵锦树林。

——《板桥杂记》

卞玉京（约 1623—1665 年），又名卞赛，后自号玉京道人，习称玉京，秦淮八艳之一。同所有的秦淮名妓一样，绮罗丛中的她，也有着一段凄凉身世。她出身于秦淮官宦之家，姐妹二人，因父早亡，姐妹二人沦落为歌妓。十几岁时，她把自己的名字从卞赛改成卞玉京。"玉京"本是道家称天帝之居所，"能变人世间，依然是玉京"（唐刘禹锡语）。

这样一位琴棋歌赋无所不通的美貌女子，在其人生的最好年华，却取了如此出世的一个名字，而最终竟一语成谶。

十八岁的时候，她从南京迁居苏州，侨居虎丘之山塘。卞玉京心中有着曾经做官宦小姐的心性，故而她的住处，湘帘棐几，一尘不染，令人叹曰："爱洁无如卞赛赛"。她心境豁达，故而是"日与佳墨良纸相映彻"，这点倒是和《红楼梦》中的探春相似。而说到卞玉京的住处一尘不染，令人想到的不是薛宝钗的闺阁布置，一味的素白简朴，而是心高气傲、才志不凡的探春居处："那一边设着斗大的一个汝窑花囊，插着满满的一囊水晶球儿的白菊。西墙上当中挂着一大幅米襄阳《烟雨图》，左右挂着一副对联，乃是颜鲁公墨迹，其词云，'烟霞闲骨格，泉石野生涯'。"

秦淮地美人如云，高手如林，其中翘楚者自是不同凡响。余怀在《板桥杂记》里很是渲染了一番名妓家中的盛景之后，总结"李、卞为首，沙顾次之，郑顿崔马又其次也"，其中的"卞"家，就是卞玉京、卞敏姐妹家，连顾媚都要朝后排。而这对姐妹花中，公认姐姐卞玉京还要出众一点。因此江南盛传："酒垆寻卞赛，花底出陈圆"。

卞玉京在微醺半醉之时是最美的，如半开之花。适度的酒精是卞玉京的杀手锏，留一半清醒留一半醉，惺惺忪忪、把酒言欢之际，醉眼迷离之间，美艳被释放得干净淋漓。卞玉京有空谷幽兰之貌，却不失洒脱浓烈的秉性。

卞玉京诗琴书画无所不能，尤善小楷，还通文史。她的绘画艺技娴熟，落笔如行云，"一落笔，画十余纸"，喜画风枝袅娜，尤善画兰。她还会弹琴，指法精妙。

如此一个女子，怎不令世家公子、文坛才子趋之若鹜？但卞玉京待人有很强的距离感，她在陌生人面前总是神情淡淡，起初总是不大说话，但来者若是谈吐不俗、尊敬有加，熟悉之后，她便活泼起来，欣然打开自己。她生动、她幽默，乃至机智豪情，咳珠唾玉，让所有的人都为之倾倒。正如"风吹柳花满店香，胡姬压酒唤客尝"所呈现的性情洒脱不羁，卞玉京也是这样的美艳豪爽。

然而身世之不幸，难免也会让她心生哀怨。或许是因为太过敏感与脆弱，所以才会假装坚强，用豪情来掩盖自己心底的悲伤。所有人看到的都是一个谈笑有致、把酒言欢的豪爽女子，却没能懂得这开朗的笑容背后时而蕴藏的悲伤。

卞赛赛曾为自己画像一幅，上面自题小诗一首：

沙鸥同住水云乡，不记荷花几度香。
颇怪麻姑太多事，犹知人世有沧桑。

岁月悠悠，那年少不知事的欢乐早已过去，沧海桑田的变化，人世的起起伏伏、波波折折，又岂是三言两语可以说得尽的？

年幼的世家小姐，如今的秦淮名妓，只有这波光粼粼的秦淮河，知道她心境前后的大有不同。

寄与春风问薛涛

就是这样一个女子，在芳华正好时，也终归为爱低了一次头。她的那次低头，是对吴梅村，一个写出"恸哭六君俱缟素，冲冠一怒为红颜"的与钱谦益、龚鼎孳并称"江左三大家"的崇祯时期的榜眼，文采斐然、成就杰出的明末清初大才子。

晚明时代，产生了以秦淮河畔的青楼女子为代表的一个特殊的女性群体。尽管她们仍然是被玩弄、被侮辱的群体，但不同于纯粹以出卖肉体为生的娼妓，因为她们有着高度的艺术才能和文化素养，以及相对较高的社会地位。于是她们中的佼佼者就成了生于末世的文人名士们精神寄托的对象，她们以女性的妩媚和温柔，滋润着这些在乱世烽烟中惶惑不安的灵魂。她们与这些名士结为知己，在感情上情投意合，在文学艺术上有共同的语言，在政治上也有共同的见解，留下了无数爱情佳话。于是，在那个风雨如晦的年代，名士们与这些秦淮佳丽结为连理，一时蔚为风尚，如钱谦益与柳如是，侯方域与李香君，冒辟疆与董小宛，等等。作为那个时代杰出的文人之一，吴梅村也未能例外，他与卞玉京深陷情网，只是最终未能结成连理，当然，爱情悲剧关联着时代悲剧。

他和她的相遇，始自一场寻常的宴会。

明崇祯十四年（1641年）春，三十三岁的吴梅村在南京水西门外的胜楚楼，为其胞兄吴志衍任成都知府，而设宴践行，巧遇了同样为吴志衍送别的卞赛、卞敏姐妹。

那一年，卞玉京十九岁。吴梅村见到卞玉京那艳丽华贵的气质，就想试试她的才气，于是请她在胞妹卞敏为吴志衍画好的兰花扇面上题诗。卞玉京当即写下《题扇送志衍入蜀》一诗：

> 剪烛巴山别思遥，送君兰楫渡江皋。
> 愿将一幅潇湘种，寄与春风问薛涛。

吴梅村对于女子的品位也是很高的，庸脂俗粉难入他的法眼。在这里，他不仅遇到了一位美丽的少女，更是一位不可多得的才女。她那一贯的疏离的姿态、略带忧郁的眼神，一下子吸引了这位已过而立之年的才子。

吴梅村曾赞扬她"双眸泓然，日与佳墨良纸相映彻"，尤其是她微曛后咳珠唾玉的风华，及舌血书经的执着，更显现出她的激烈，但她表面上偏偏又是非常自持甚至压抑的。这样的女子，是在等待一个机遇，等到真正可以打开她心门的人。终于，她遇到了那个人，可是，她用尽一生的时间，都没有等到他的心。命运终究没有给她一个舒展自我的机会，于是她把自己深藏如酒，她的浓烈，她的酝酿，她的绽放与精彩，全化作无法开启的尘封往事。她生命的热量和力度，都在时空的屏障里化为尘灰，而后世只不过是给了她一些无关痛痒的记录。

而这位卓绝的男子，在卞玉京的眼中也愈发地夺目。宴席之上，知己之间，足够放松的她，是怎样地飘逸偶傥而又不失风流妩媚。众人惊羡的注视，映照着她的绝代风华。自此，他和她交游频繁，用"男人和女人之间任意倾心的交谈都会最终陷入爱情"这句话，来描述卞玉京和吴梅村再合适不过。他和她就这样彼此欣赏着，彼此爱慕着，她终于耐不住了，酒热微醺之际，这个向来矜持的女子，手抚几案，含情脉脉地望着吴梅村，低声问他："亦有意乎？"

这四个字的意思，再明显不过了。她是在问他："你愿意娶我吗？"人生很多滋味都要到经历过后才能细细体味，比如这句饱含着深情与信任的询问。

除了被他的才华所吸引，在酒桌上，吴梅村表现了他温柔敦厚的一面，强烈吸引了卞玉京。正对人生充满幻想的她，视他为一座稳重的山，但很快生活展示了不那么浪漫的一面。当她在冲动之下，问他郎意复如何，得到的答案既非"是"，也非"不是"。吴梅村听后，他的回应是"长叹凝睇""固若弗解者"。他打起了太极，装做听不懂，整个把她晾在了半空。

对于一个明代的女子，哪怕是青楼女子，主动追求一个男人也是需要鼓足极大勇气的。当然，卞玉京并不是异想天开，因为她的秦淮姐妹中有许多人都嫁给了复社名士。她说出了那句话，徘徊婉转，越过了重重的羞涩与疑虑。那些暗示，含蓄也好，明白也罢，自是饱含了多少勇气和情意，但结果是当头遭遇冰霜。

那是在酒席间，这位平日里待人总是保持一定距离的女子，舍下了所有的矜持和自尊，对吴梅村表达了爱慕之心，并当场表达了以身相许的意思。卞玉京将自己所有的真心都捧到了吴梅村的面前，像是祭台上等候宣判的凡人，他的一句允诺，便是她自此所有的解脱。

宴席中的众人以为可以见证一场才子佳人的佳话，然而关键时刻吴才子却打起了退堂鼓，玩起了暧昧的游戏，并且一玩就是半生。

然而许多事情，一犹豫一蹉跎，便再得不到。等到懂了，珍惜了，一切早已远去。卞玉京就是在吴梅村犹豫的刹那，将自己刚刚打开的心门悄悄关上了。

他没想到，那句"亦有意乎"，会让他品味一辈子。

这一年，是崇祯十六年（1643年），距明王朝灭亡仅剩一年。

吴梅村为何如此不解风情，历来众说纷纭，但不外乎有两个说法。一是当时崇祯皇帝宠妃田氏的父亲田弘遇在金陵选妃，已看中陈圆圆、卞玉京（卞玉京幸没选中）等名妓，迫于权势，吴梅村凄然退却了。吴梅村不会为卞玉京得罪天皇贵胄。二是当时卞玉京是娼门女子，吴梅村是一个比较拘泥和保守的穷文人，不像他的朋友们那样风流放荡。接纳一个名妓的终身之托，不在他的规划之内。他的那些迎娶秦淮名妓的朋友都是家境比较殷实的文人，如钱谦益久历高官，冒辟疆和侯方域等人都是世家子弟，吴梅村却出身寒门，而如果家贮如此秦淮佳丽，开销一定不会小。吴梅村的父母也是寒素谨慎缺乏大气的，这可以从崇祯帝煤山自缢之后他们阻止吴梅村殉明，和顺治十年敦促吴梅村仕清等事例中看出来。如此老人，难容儿子带回一个秦淮佳丽做儿媳。而且吴梅村已经有妻有妾了，他不愿意家里惹出不愉快。

"国家不幸诗家幸，赋到沧桑句便工。"明清易代之际，是一个大苦难大动荡的年代，正是这个动乱的年代成就了有清一代杰出的诗人吴梅村。但这绝非是他个人的愿望，因为诗歌创作上的巨大成就掩盖不了他人生道路的巨大悲剧。吴梅村的人生悲剧是时代悲剧的一个缩影，而他与秦淮名妓卞玉京的爱情悲剧又是他人生悲剧的一个缩影。

公元 1643 年，吴梅村被任命为南京国子监司业、左庶子等。但他并没有前往掌印。风雨飘摇的时局、党派分争的漩涡，令他心事浩茫，忧思万千。尤其是他的老师张溥、他的挚友宋玫的相继去世，使他陷入孤独和悲凉的冰窟之中。仕宦之道，已开始成为他生命中不能承受之重。于是，他开始结识浪迹江湖的三教九流，包括说书艺人柳敬亭、园林匠人张南垣、郎中杨季蘅、僧人苍雪等。卞玉京也是在这个时候走进吴梅村的情感世界的。

在苏州横塘的料峭春寒中，他们不期邂逅。他们各自的志趣和才情，使他们一见倾心。吴梅村还为卞玉京吟咏了数阕情意缠绵、姿态暧昧的《西江月》和《醉春风》。

面对美人的示爱，吴梅村的不表态，便是婉转地拒绝。他以为这样含糊其辞，既能不伤佳人自尊，又可以全身而退。而吴梅村的圆滑之处还表现在，虽然他变相拒绝了卞玉京，可他没能做到决绝。这之后，他们经常来往，俨然是一对浓情的眷侣。这样的吴梅村让人生厌。只是自尊如她，骄傲如她，她虽然嘴上再也不提托付终身的事，但心中未必没有期待，偶尔凝眸的片刻，总有哀伤涌现于眉目之间。

娇眼斜回帐底

就这样，双方再没有提到嫁娶之事，但从吴梅村写给卞玉京的数首诗词中可以得知，他们两情相悦，在一起相处了不短的时间。画阁里、细雨中、乌鹊桥头、樱桃花下，他们既有心心相通的相知相悦，也有肉体碰撞的相乐相欢。吴梅村对此也有负罪感，不能对这个深爱他的女人负起责任来，就没权利接受这个女人付出的爱。虽然他一度混迹青楼，但他从没有像此时这样对一个青楼女子动过真情。

卞玉京一次次的柔情蜜意，让吴梅村诗情勃发，用一首首的艳词记下了他们相爱相依的情景：

娇眼斜回帐底，酥胸紧贴灯前。匆匆归去五更天，小胆怯谁瞧见。

臂枕余香犹腻，口脂微印方鲜。云踪雨迹故依然，掉下一床花片。

——吴梅村《西江月·春思》

门外青骢骑，山外斜阳树。萧郎何事苦思归，去、去、去。燕子无情，落花多恨，一天憔悴。

私语牵衣泪，醉眼偎人觑。今宵微雨怯春愁，住、住、住。笑整鸳衾，重添香兽，别离还未。

——吴梅村《醉春风·春思》

虽然吴梅村对于卞玉京的感情超过了一般的青楼女子，但他的感情并不专一。他还与为数不少的青楼女子有过交往，赠予过诗词，这其中甚至包括卞玉京的同胞妹妹卞敏。吴梅村有一首很有名的歌行体长诗《画兰曲》就是赠给卞敏的。另外，他还写过不少其他香奁体的诗词，并不都是给卞玉京的。他对卞玉京产生铭心刻骨的思恋，是在明亡以后。此时，他写给卞玉京的词作有几首，还不甚庄重，甚至称得上是轻佻的，如《醉春风》：

眼底桃花媚，罗袜钩人处。四肢红玉软无言，醉、醉、醉。小阁回廊，玉壶茶暖，水沉香细。

重整兰膏腻，偷解罗襦系。知心侍女下帘钩，睡、睡、睡。皓腕频移，云鬟低拥，羞眸回睇。

这首词被后人称为"梅村词之最艳者"。显然，吴梅村的笔端已经触到情色的底线。但词为艳科，在他之前之后都有很多文人写过艳词，包括欧阳修这样的大家。从这些不甚庄重的小令中可以看出，此时的吴梅村与卞玉京尽管情意缱绻，但仍未脱尽文人狎妓的味道。晚明士大夫的末世颓风和秦淮河畔的桃色环境，正是催生吴梅村这类近于淫亵的香奁体诗词的温床。他们感情的升华是在国破家亡之后，再次相遇的两个人互相同情，互诉衷肠，才成为真正的患难知己。

🎕 伤别离

　　爱情，是最经不起这样的模棱两可的。要爱，便要义无反顾，否则就别爱。在这点上，女人远远要比男人来得更加快意恩仇。其实，能够让自己彻底爱上一个人，也是一种能力。他的迟疑令她黯然，也如一把刀，割伤在心头上。她不再涉及婚嫁之谈，她的爱情如一朵幽香的兰花，在还没有真正盛开的时候，便悄然颓败。

　　当时的世道已经乱了，家事、国事样样都要吴梅村操心，狎妓的那份闲情自然消失了大半。女人一生为情所累，男人一生宦海沉浮。他是怎样离开那个痴恋他的女子的，已不得而知，很多年后，他说起那场别离，只用了简简单单的五个字：寻遇乱别去。"多情却总似无情，惟觉樽前笑不成"的静默，"醉笑陪君三万场，不诉离伤"的隐忍，都轻易地被这五个字掩去了。

　　吴梅村要走了，临别那晚，月色如水，倾洒在空旷的大地上，他在她的窗下徘徊。那一晚，她的房间，瘦尽了灯花。卞玉京是个颇有傲骨的女子，既然不爱，又何必流连？即便吴梅村不辞而别，她依然一副处变不惊的姿态，就算心如刀绞，也要留给世人一抹骄傲的微笑。这便是卞玉京的风格——为你肝肠寸断、夜不能寐，那是我自己的事情，别指望我会为你声泪俱下，不会，亦不屑。即便身世感伤，也要做飘零乱世中的一株傲梅。

　　那天晚上，她的倩影在窗棂上来回浮动。也许这可能是永别吧，吴梅村一定这样想过，前途茫茫，相见无期。他神色黯然，他为她吹了一夜的笙箫后，悄然离去。他什么都没说，却又似乎道尽了平生所思。

　　自此，他们七年都没有再见过。

　　他们分手的第二年，李自成攻占北京，接着清军入关，长驱直下，金陵沦陷，南明小朝廷覆灭，一连串的变故如洪流般汹涌，无数生灵卷入其中，任其冲击裹挟，跌跌撞撞，晕头转向。

　　在攻进南京时，清军不仅大肆屠杀和抢掠，还恣意纵淫，佳丽云集的秦淮河畔自是无法幸免。对于一直生活在安定优越的环境下的青楼娇娘卞玉京而言，眼前发生的一切就像一场噩梦。

清军在屠杀和抢掠之余，还搜罗秦淮佳丽强驱北上，使得在战争中被征服的一方需要付出的不仅是生命和财产。这时，军营的传呼声，青楼的点名声，妇女的哭泣声，此起彼伏。

为了避免被清军玷辱，卞玉京更换了装束，逃到长江岸边的丹阳，搭上一艘下水船逃到了苏州虎丘山塘。她昔日朝夕相伴的姐妹不是被清军掠走，就是不幸在战乱中丧身，只剩下寥寥数人。山河易色，故人零落。昔日繁华秀丽的秦淮河畔的歌楼酒肆，尽数凋残在清军的笙箫声中。清军的铁蹄也踏到了虎丘这个一向清幽的地方。为了避难，她匆匆找了匹黄绢裁成道袍，以遁入空门的方式来躲避侵略者铁蹄的践踏。

有人说，卞玉京入道是因为吴梅村的犹豫暧昧而心生倦意，看破红尘；或者是曾经沧海难为水，既然已爱过一次，那么此生便不愿再受情爱的困扰。这两种说法未免有失偏驳。毕竟吴梅村的犹豫不决是之前便有的，卞玉京的出家也说明她不是真正地看破红尘，她并不是归于道观中，与青灯古佛共度残生。那么，可以解释卞玉京入道的动机，只能是她对江山更改的一种应变。

江山易主，山河变色，扬州八日，嘉定三屠，映得石头城都变成了血色。这本应怡红快绿的江南又是怎样一片血色漫天？屠城的血腥，血腥地屠城，那秦淮河畔曾经流腻的金粉胭脂，如今都成了泛着血腥味的红色；那欢歌笑语的古城，如今却成了一片死寂；那曾经的丝竹之乐，如今都只剩下哀号悲恸。"废池乔木，犹厌言兵"（姜白石），原来历史早无新意，一切都是不停地重复。泛黄的历史书上，每一页都是相似的故事，然而故事中的人却未必这样想。不在境中，只能冷眼旁观，对于死去的人，其名字于己不过是一个个抽象的符号。而那堆密密麻麻的数字，不过是白纸上的一个记号。只是，如若那其中微小的一个符号恰好是挚友，是至亲，是生生恋恋剪不断的情缘的承载者，是脑海里背熟的名单，一切都将变得不一样。离不开这水，因为它和某些很重要的人的血水相融；离不开这地，因为这里埋葬了数不尽的亡灵；离不开这天，因为有着不舍之人的魂灵。

看清军杀入，一片狼藉，那过往的繁华，都作了逃难的背景。一路上，只剩下亡命地奔逃；一路上，只看到层叠的尸体；一路上，只感到天地苍茫的无可奈何。国破家亡，个人卑弱的生命，实在是太渺小，太微不足道。斯时斯境，人的生命真如浮萍一般，只能在这历史浩海长河中随波逐流。

1645 年春夏之交，南京陷落，南明宏光小朝廷覆灭。整个大明王朝的统治彻底落下帷幕。这一年，也是卞玉京的入道之年。将青丝一把挽起，梳上寂寞的发髻，着一袭道装，曾经爽朗的娇颜更添落寞。

攻陷南京之后，清廷便开始在南京广泛征召教坊歌女，曾经在籍的女子都在应召之列。楚楚动人的董小宛便是因为这个谣言而成了民间传说中的"董鄂妃"。而曾经艳名远播的卞玉京自然也在此列。但卞玉京应变机敏，不是只懂得自怨自艾、听天由命的小女子，自然不会一味地等人来救助，或者是沦为胜利者的战利品，供其享乐。世间没有那么多的白马王子，哪怕是王子正在路上，也只能先依靠自己，披荆斩棘，换得暂时的安稳。秦淮八艳的名字之所以能流传后世，一方面是因为她们才情卓越、品貌俱佳，另一方面更是因为这些女子身上有与命运抗争的精神。争之，夺之，挣脱命运的束缚，为自己留下一片静谧安稳。在整个社会天崩地裂，全线危难之时，她们会拼尽全力去抓住任何可以使她们有尊严地活下去的机会，哪怕是一根稻草，她们也要紧紧攥在手心。卞玉京为了避免遭受凌辱，便悄悄改换了装束，扮作一道姑，只带了少量财物和一张心爱的古琴，携了侍女柔柔，避过清军的眼线，到了江边。正巧赶上一搜丹阳来的民船，故而便登船而去。一路顺江东下，从那不可预知的漩涡中挣扎出来。正如《听女道士卞玉京弹琴歌》所写：

> 私更妆束出江边，恰遇丹阳下诸船。
> 剪就黄絁贪入道，携来绿绮诉婵娟。

改型换装，易于逃奔，但卞玉京为何要选择道装？卞玉京有自己的盘算，如若不幸半途被抓获，那么便以已经入道为由，说明自己是方外之人，不算是乐籍女子，自然不在应召之列。

然而，出逃成功，卞玉京却真的穿了道装，并自号"玉京道人"。

玉京二字是道家用语，"天界"之意。山河破碎，卞玉京情愿做那化外之人，也不愿归于清朝。

她于兵荒马乱之际毅然出奔，这份胆识、果断和机敏是旁人所不及的。而出逃成功后，她的决然着道装，更是对国破家亡的伤痛。《桃花扇》中说卞玉京痛感国亡之哀，于是断绝俗尘，入冠为道，其中虽有文学创作的成分，但另一方面也能反映出她当时入道的心境。或许卞玉京的入道只是因为山河破碎，此身便如风中飘絮，她也只能以女道士自居来缅慰这一番飘零无家之意。

🎋 七年之后的重逢

他和她，在那个不太平的时代流离失所。他与她，依然相思弦未断，而她却在残酷的世道中变得千疮百孔。

缘分是很奇妙的，他和她并没有缘尽，他们再一次相遇了。

顺治七年（1650年），卞玉京在好姐妹柳如是和钱谦益的家里看到了吴梅村的《琴河感旧》四首诗，知道了吴梅村对她的思念。

当时钱谦益有心撮合这对有情之人，但卞玉京同吴梅村之间的问题，不像当初的董小宛和冒辟疆，只需钱谦益掏笔银子为董小宛还债，从此便能共谱才子佳人的佳话；也不是钱谦益和柳如是之间的舆论问题，他如火一般的情爱彻底点燃了柳如是，这是整个秦淮河畔的姐妹都看在眼里的。

吴梅村和卞玉京，这么多年的情感乃至关系，一直是不明不白的。或许对吴梅村来讲，卞玉京不过是生活的一份调剂品，闲暇时可以让他放松心境，让他明白自己原来还有这么大的魅力，还可以在卞玉京这里寻觅到一份激情与灵感。

而对于卞玉京，她却是付出了毕生之情。七年未曾相见，本打算去见吴梅村的，可是就在即将见面之际，她却犹豫了，提出补妆后再见；可妆补好了，又借口旧疾复发，拒绝与吴梅村见面。

见还是不见？这是一个问题。这一瞬间，她陷入了矛盾中。她曾经那么爱他，他不知道珍惜。曾经以为永世都不忘的伤，终会在如水的时光里痊愈。再深沉厚实的伤，也会被寡淡的光景磨平，结痂长疤。

她的容颜还很年轻，心却已经苍老无比了。七年了，什么都过去了。再回头，她已经失去了勇气，她不再是七年前那个娇憨的少女。

七年之后的重逢，她究竟该以何种姿态面对他？面对多年之前的怠慢，面对世事流离的沧桑，面对红颜老去的凄楚。

这一刻，卞玉京是矛盾的，越是在乎的人和事，越是闪烁其辞欲拒还迎。这不是伎俩，不是拿架子，而是本能，是条件反射，是人之常情。

✿ 却悔石城吹笛夜

吴梅村自是追悔莫及，不该辜负美人意。可是过去的事情注定不能再改变了，于是便有了直抒胸臆而作的《琴河感旧》四首：

其一

白门杨柳好藏鸦，谁道扁舟荡桨斜。

金屋云深吾谷树，玉杯春暖尚湖花。

见来学避低团扇，近处疑嗔响钿车。

却悔石城吹笛夜，青骢容易别卢家。

其二

油壁迎来是旧游，尊前不出背花愁。

缘知薄幸逢应恨，恰便多情唤却羞。

故向闲人偷玉箸，浪传好语到银钩。

五陵年少催归去，隔断红墙十二楼。

意料之外的重逢，她手足无措，心乱如麻，不知如何面对吴梅村，更不知如何面对他身边的主人和宾客。众目睽睽下，就这么与他相见，这样的场面，实在是为难了这个酒意微醺下才可以暂时潇洒的女子：

她是柔弱的，却又太注重内心的真实。破镜重圆也好，挥手作别也罢，与吴梅村的相见，于他人，是难得的逸闻和热闹；于她，却是桃李春风最后的仪式。不论此刻之后是夏花绚烂，还是寒冬萧索，她都必须给自己足够的空间，去思考，去酝酿，去经营。

回首从前，心老了，不过还未死。虽然心有牵念，但早不是当年那个敢爱敢言、执着而坦率的卞赛赛了。眼前的女子不是卞赛赛，而是心如止水、波澜不兴的玉京道人。最终，她留下话给他："日后定去府上拜访。"

🌸 长向东风问画兰

一帘之外的吴梅村是理解她的。一段怅然，勾起生逢末世的无限沧桑，勾起红牙暖翠的旖旎过往，无奈、自责、沧桑、深深浅浅的感触融在一起。所谓"予本恨人，伤心往事。江头燕子，旧垒都非；山上蘼芜，故人安在？久绝铅华之梦，况当摇落之辰""听琵琶而不响，隔团扇以犹怜，能无杜秋之感、江州之泣也"，言笑未曾晏晏，玉人的油壁车声渐远，吴梅村只能"漫赋四章，以志其事"。

> 长向东风问画兰，玉人微叹倚阑干。
> 乍抛锦瑟描难就，小叠琼笺墨未干。
> 弱叶懒舒添午倦，嫩芽娇染怯春寒。
> 书成粉篚凭谁寄，多恐萧郎不忍看。

——《琴河感旧》其四

诗词苍茫、沉郁，又无可奈何。

河山之浩荡苍痍，已容不下诗词翰墨，前情旧爱再续，也只能是镜中花、水中月。此中深意，吴梅村在离开常熟之后才深深体味到。犹如初见时的春色，"似曾相识燕归来"，却再无旧园可寻，只剩下"小园香径独徘徊"。对一个无家之人来说，怜悯不但毫无意义，某种程度上还是一种羞耻。爱一个人，愿意娶她回家，与她双栖双飞、举案齐眉、共担甘苦，这才是一个青楼女子的最好归宿。除此之外，再多的情诗艳词、缠绵悱恻，都不过是短命的欢娱。

"车过卷帘劳怅望，梦来携袖费逢迎。"内心纠葛重重的吴梅村寂落寡欢中写下《琴河感旧》。只有在诗歌里，他才能畅所欲言，写尽对自身在无法改变的现实面前的无奈。

事到如今，吴梅村依旧只能窃窃思念，却不敢付诸行动，明明知道卞玉京是"犹有罗敷未嫁情"，却只能故作委屈地"车过卷帘劳怅望"。

卞佳人之于他，终究不过是青山憔悴、红粉凋零、共同怀念山河破碎的难友。

时至今日，他也只会道一声"多恐萧郎不忍看"，繁华落尽，他亦只是因为与她相见不得而悻悻然。

✿ 红粉飘零我忆卿

当年分手后，局势的迅速恶化超出了所有人的意料，就在他与卞玉京分手的第二年（崇祯十七年），李自成占领了明王朝的都城北京，崇祯皇帝在煤山自缢身亡。一个多月后，吴三桂引清军入关，清吴联军几乎是势如破竹一般横扫中原地区，李自成经过多年奋斗才建立起来的大顺政权顷刻土崩瓦解。这几个月中神州大地的变化堪称天崩地裂，令人目不暇接。崇祯皇帝煤山自缢发生在当年的三月十九日，而由于战乱时期朝廷邸报中断发行，信息流通不畅，消息传到南京已经是五月初了。吴梅村是在太仓自己的家里得知崇祯皇帝死讯的，尽管他对于局势的恶化已经有所预料，但当他得知崇祯皇帝死讯的时候仍然极为震惊，不由号啕大哭。他对崇祯皇帝有着一般明朝官僚无法比拟的感情：崇祯四年的会试，他得到了崇祯皇帝的"天语褒扬"；崇祯九年，年仅二十八岁的他就被任命为湖广乡试的主考官；崇祯十年被命为东宫讲读；崇祯十一年，皇太子出阁，吴梅村就讲于文华殿，崇祯帝在场，亲自垂问《尚书》大义，讲毕，吴梅村获赐"龙团月片，甘瓜脆李"。这一幕幕难以忘怀的恩宠场景重新浮现在吴梅村眼前，让他肝肠寸断，痛不欲生。据他自己说，他准备用自己的生命来为崇祯帝和明王朝殉葬，也考虑过出家，但被家人阻止。吴梅村是一个牵连尘世和顾念家室的人，而且他生性软弱，在"生"与"义"不能两全的时候，他的选择一般会是前者。但是，对"生"的顾念，和对"义"的背叛，让他的精神处于极大的矛盾和痛苦中，他病了，病得很重，而且一病就是一两个月。

道德、大义、忠孝——这些旁征博引的信条，慷慨激昂的陈词，尔虞我诈的遮掩，温文尔雅的虚伪，曾经是所有人的默契，可现在，铁骑上的满洲政权野蛮地揭开了那层面纱，赤裸裸地问：活还是死？剃发还是处决？殉道还是消失？降清还是永远与政治和权力告别？吴梅村活下来了，剃了发，只是没有主动投降。他从战乱中匀得一口气，然后选择了隐居。

吴梅村在崇祯十七年五月，被弘光政权任命为少詹事。为了与朱明王朝患难与共，这一回他没有拒绝。几个月后，他刚病愈就到南京赴任了。

也就是在弘光朝廷少詹事的任上，他重新见到了逃难中的卞玉京；卞玉京也是在同吴梅村分手后不久重回秦淮河畔的。但是，他们是在何种情形下见面的已经无从考证。起初吴梅村对弘光朝廷是寄予厚望的，他饱读史书，希望弘光政权能像东晋和南宋一样保住半壁江山。从当时的情况看，弘光朝廷手中还拥有数十万兵力，并掌握着繁荣富庶的南方地区。但是弘光政权是一个极为腐败的政权，弘光帝更是一个昏庸得无以复加的皇帝，朝廷从建立之初起就党争不断，内讧连连，朝政在马士英和阮大铖等人的主持之下混乱不堪。满朝文武花天酒地，纸醉金迷，弘光朝廷注定是短命的。吴梅村很快就对弘光政权失望了，"知天下事不可为"。在这种情况下，他没有多少心思去理会儿女情长。这正是吴梅村对于这次会面没有留下抒发爱恋之意的诗词的缘故，当然，他也没有将卞玉京留在身边，而是任她继续飘泊，继续无依。

无疑，卞玉京的心凉透了，伤透了。

不久，吴梅村对弘光朝廷彻底失望，辞官归隐，他也因此同卞玉京在好多年里失去了联系。

清朝政权在基本平定了军事反抗以后，开始从文化方面来争取中原人民对清廷的认同。而劝诱和逼迫前明的官员及文人出仕，就是一种加强政权合法性的重要手段。因为越是名气大、威望高的文人，越是清廷重点争取的对象。吴梅村多次拒绝出仕清朝，以致于他和他的家人却承受的压力越来越大。

吴梅村一直惦记着卞玉京，一直为自己的薄情感到内疚。他通过各种途径打听卞玉京的消息，但音讯杳然。终于，一个偶然的机会使他打听到了卞玉京的下落。于是顺治七年十月，他再度赴常熟访游。他的老朋友钱谦益住在常熟。而据陈寅恪先生的考证，钱谦益的夫人柳如是与卞玉京一直是闺中蜜友，他想从老朋友那里打听卞玉京的消息。他拜访了这位昔日的文坛泰斗。在酒宴上，吴梅村有意地提起卞玉京，谈起了昔日那段风流韵事。

钱谦益果然知道卞玉京的下落，这段时间卞玉京恰好来到了常熟。于是钱谦益决定用马车把卞玉京接来，让这对多难的情人会面。

座上的客人都放下筷子静静地等候，他们也都想一睹这个秦淮名妓的风采。吴梅村更是抑制不住内心的激动，静静等候的这片刻时间，对于他来说是那样漫长。

忽然，他听到了辘辘的车声，真的是卞玉京来了！可是，车却直入内宅。

卞玉京先是传话说要更衣，接着托言身体不适，不愿同吴梅村见面。唯一的安慰是，她答应以后会亲自到吴梅村家中拜访。咫尺天涯，心爱的人就在身边却不肯露面，吴梅村一时百感交集，他想，卞玉京是在怨恨他的薄情，还是自伤憔悴？兵荒马乱的这些年，一个弱女子是怎样走过来的？如果当时他接受了卞玉京，她的命运是不是会好一点？也许他并无能力带给她安宁幸福的生活，但有相爱的人为伴，至少会使一个弱女子在精神上得到一些安慰。让吴梅村伤心感慨的不仅是他们那段未了的情缘，还包括时世的变迁，国家的兴亡。正是时代的鼎革之变导致了他们这段美好情缘的中断：

琴河感旧（其三）

休将消息恨层城，犹有罗敷未嫁情。
车过卷帘劳怅望，梦来携袖费逢迎。
青山憔悴卿怜我，红粉飘零我忆卿。
记得横塘秋夜好，玉钗恩重是前生。

如梦的年华，美好的爱情，乱世的悲伤，尽在寥寥数行中表现得淋漓尽致。正是因为诗中融入了时代的变迁和世道的沧桑，赋予了这组艳体诗非同一般的格调，所以连擅长此道的钱谦益都深为叹服。"玉钗恩重是前生"，吴梅村把明王朝当成了自己的"前生"。正是在"前生"，他春风得意，一夜成名；也正是在"前生"，他与卞玉京结下了美好的情缘。明王朝的灭亡，不仅让吴梅村失去了精神支柱，也断送了他与卞玉京的这段美好情缘。

❀ 一场为了告别的聚会

这样的状态持续了半年。半年过去，卞玉京终于知道该如何面对吴梅村了。那是她一生中最软弱的时光，但只是一瞬。

两人在太仓相见。相见时草长莺飞，那是顺治八年的初春。

卞玉京在侍女柔柔的陪同下，乘船来到吴梅村的家中看望他。经历了那么多的艰难痛苦，卞玉京仍然风姿绰约。但是，她却自号玉京道人。

一袭道装，一把古琴，身边是沉静的弟子柔柔。与八年前淡妆素服、浑身书卷气的卞赛相比，身着黄袍、自号玉京道人的卞玉京，举手投足之间多了经历艰难痛苦的沉重感。风姿绰约却不苟言笑，眉宇间流露着看破红尘的淡然与寂寞。爱情之于女子，恐怕只能用"劫"来解释了，得之，我幸；不得，我命。三千情劫，如若能遇上一个人并执子之手，那么此后便是花前月下灿烂满天，一派人间快乐年之景；如若不得，恐怕只能隔岸观花、雾中望月，一片寂寞沙洲冷之感。

她是来向他诀别的，这是卞玉京为自己导演的一出完美落幕。

这是一场为了告别的聚会，这一次，她真的离开他了，从身体，到心灵。我从你的生命中撤退，你的幸福与我无关，我们就这样，成了对方的局外人。

　　席间，卞玉京为吴梅村操琴，低回婉转，空灵隐忍，弹奏了一首又一首曲子，边弹琴边安之若素地道来辛酸前尘，诉说清军破城、南都崩溃之后贵族少女和秦淮佳丽们的悲惨遭遇。天翻地覆，死生契阔，大难之中没有谁可以幸免，那么，我的沦落与磨难，也是命中注定，又能怨恨谁呢？没有眼泪，没有哀怨，一句句淡然的乱世辗转，娓娓道来的气定神闲，忧伤但不哀怨。她于颠沛流离之中独自残喘，胼手胝足，乱世红颜的血泪，化成一枝蜡梅。落落大方，淡定释然，卞玉京用行动证明自己的心意——我曾经爱过你，但那是曾经。七年，足以毁掉一个女人的全部热爱。更何况卞玉京这般决绝的女子，性情本就不肯拖泥带水，而如此拖沓的爱情，她不要便是了。卞玉京是如此骄傲，绝然到始终不肯再回眸凝视，那些辛酸过往、红颜遗事、此去经年。她已厌倦痛彻心扉，厌倦怨尤泣诉。卞玉京的决绝，在吴梅村的眼中，反而演变成一道挥之不去的风骨。男人总是这样，拥有时不肯好好珍惜，非得等到人去楼空朱颜暗换，才去深切缅怀。非要把事情做绝，再想着绝处逢生，到头来，空叹美人佳期俱不再。吴梅村的一生，实在让人嗟叹，硬是让一场情比金坚的美好姻缘，变成段陌路烟尘。

　　在柔柔的侍奉下，卞玉京慢挑琴弦，一弹三叹。她感慨着中山王女的遭遇，"中山好女光徘徊，一时粉黛无人顾""南内方看起桂宫，北兵早报临瓜步"。"可怜俱未识君王，军府抄名被驱遣"。她简述了自己的逃难经历："昨夜城头吹筚篥，教坊也被传呼急。碧玉班中怕点留，乐营门外卢家泣。私更装束出江边，恰遇丹阳下渚船。"

　　这不是一个私密的场合，在座还有不少别的客人，他们都经历过明末那场变故，"月明弦索更无声，山塘寂寞遭兵苦。十年同伴两三人，沙董朱颜尽黄土"，当年的狭邪艳冶里留下了多少人的真情假意，一场战乱，可以铺陈多少意外的结局，又可以埋掉多少故事的尾巴。同是天涯沦落人，相逢何况曾相识？面对一身道袍的卞玉京，满堂宾客为之泣下。

🌸 逢天风，北向惊飞鸣

卞玉京低头抚琴，一开口，"一曲新词酒一杯"的哀怨便令吴梅村滚滚泪下。他明白，此生他负了她，她却并无怨责，只将一切归于命运。她给吴梅村弹奏了一首又一首的曲子，以歌代言，以曲述情，讲述了自己这些年的遭遇。

身世之悲、亡国之痛，还有对昔日恋人不幸遭遇的同情与感慨，一起涌向吴梅村的心头。吴梅村不胜感怀，写了不朽名作《听女道士卞玉京弹琴歌》以赠之。

出身贫寒的吴梅村，在仕途上可谓一帆风顺，从崇祯三年八月到四年三月，连续考中举人和进士，并取得会试头名的好成绩，被授予翰林院编修的官职。会试高中第一名之后，初到京城的他就被动地卷入了朝廷的党争。他因为受到当朝首辅周延儒的青睐而在会试中取得头名，但被与周延儒有矛盾的次辅温体仁指责为舞弊。科场舞弊的罪名如果成立，不仅吴梅村本人的仕途前景会化为泡影，首辅周延儒也脱不了干系。一时不知所措的周延儒干脆把吴梅村的卷子送到皇帝的面前请求圣断。年轻的崇祯帝看了试卷后，对吴梅村颇为赏识，用朱笔批了八个字：正大博雅，足式诡靡。有了皇帝的首肯，其他人也不好再说什么，一场来势凶猛的政治风波顿时无影无踪。吴梅村因为皇帝的褒扬一夜成名，才得以高中一甲第二名（榜眼），授翰林院编修。同年，吴梅村奉旨归娶先室程氏，荣极一时。陈继儒描绘当时盛景说："年少朱衣马上郎，春闱第一姓名香。泥金帖贮黄金屋，种玉人归白堂。"可以说，吴梅村一生都对崇祯这个亡国之君饱含感激和景仰，在他被迫出仕清王朝的时候，也比其他的前明官员多了几分良心上的愧疚，负罪感也更加深重。此时明朝已经不复存在，入关的清政府，"非我族类"，再加上感情上的创伤，此时的吴梅村哀伤至极。就是这样的感伤，他写下了此生重要的名篇《听女道士卞玉京弹琴歌》：

驾鹅逢天风，北向惊飞鸣。

飞鸣入夜急，侧听弹琴声。

借问弹者谁？云是当年卞玉京。

玉京与我南中遇，家近大功坊底路。
小院青楼大道边，对门却是山中住。
中山有女娇无双，清眸皓齿垂明珰。
曾因内宴直歌舞，坐中瞥见涂鸦黄。
问年十六尚未嫁，知音识曲弹清商。
归来女伴洗红妆，枉将绝技矜平康，
如此才足当侯王。

万事仓皇在南渡，大家几日能枝梧。
诏书忽下选蛾眉，细马轻车不知数。
中山好女光徘徊，一时粉黛无人顾。
艳色知为天下传，高门愁被旁人妒。
尽道当前黄屋尊，谁知转盼红颜误。
南内方看起桂宫，北兵早报临瓜步。
闻道君王走玉骢，犊车不用聘昭容。
幸迟身入陈宫里，却早明填代籍中。
依稀记得祁与阮，同时亦中三宫选。
可怜俱未识君王，军府抄名被驱遣。
漫咏临春琼树篇，玉颜零落委花钿。
当时错怨韩擒虎，张孔承恩已十年。
但教一日见天子，玉儿甘为东昏死。
羊车望幸阿谁知？青冢凄凉竟如此！
我向花间拂素琴，一弹三叹为伤心。
暗将别鹄离鸾引，写入悲风怨雨吟。
昨夜城头吹觱篥，教坊也被传呼急。
碧玉班中怕点留，乐营门外卢家泣。
私更装束出江边，恰遇丹阳下渚船。
翦就黄绝贪入道，携来绿绮诉婵娟。
此地繇来盛歌舞，子弟三班十番鼓。
月明弦索更无声，山塘寂寞遭兵苦。

十年同伴两三人，沙董朱颜尽黄土。
贵戚深闺陌上尘，吾辈漂零何足数！
坐客闻言起叹嗟，江山萧瑟隐悲笳。
莫将蔡女边头曲，落尽吴王苑里花。

《听女道士卞玉京弹琴歌》也是卞玉京悲凉命运的写照，记录了一代青楼奇女子卞玉京，从"问年十六尚未嫁，知音识曲弹清商"的青春年华，到"艳色知为天下传，高门愁被旁人妒"的颠峰名声。如此佳人才女，却因种种因缘，只落得"月明弦索更无声，山塘寂寞遭兵苦"的境遇，青楼女子的命运，"细细叙来，悲泣莫诉"。全诗道出了卞玉京在这十年中的情景，点出了清军下江南，卞玉京"弦索冷无声"，一派凄凉的状况。经历了这场"美的毁灭"的悲剧，镜花水月已经淡出了他们的情感世界，长诗《听女道人卞玉京弹琴歌》中更多地流淌着他们的故国之思、黍离之悲，踌躇而迷茫。这首诗表现了对故国的追忆，吴梅村发出一声怅惘的叹息，这叹息里有家国情仇，有前生的种种事迹。

姑苏城外月黄昏

之后，两人各自星散，再未谋面。他们的重逢，没有指责，没有怨怼，似乎一切都在预料之中。尘封的画卷渐渐舒展，梦中早已排演熟稔的戏文，一步步走到终场——每一句对白，每一分沉默，都和想象中一样完整、默契、从容。看古琴前的那个人拂袖离去，只把寸寸相思剪成记忆，点缀在此后无尽孤寂的岁月中，燃尽这落寞的余生。

卞玉京的来访重新唤起了吴梅村对她的爱恋。卞玉京离去的时候，他乘舟相送，一直把她送到一百多里外的苏州横塘。他和她在那叶小小的扁舟上，再次咫尺天涯！她一身道袍，落落风骨，灼伤了他的眼。他爱得如此拖泥带水，这样的爱不要也罢了！她如雪中红梅，带着一身傲骨绽放，成为他再也挥之不去的一道风景。

小舟经过兵火之后的横塘，青草生池塘，故国明月光，风景与旧时没有太多区别，可他们已历经沧桑。此后，千里烟波，无处凝眸。吴梅村为卞玉京写下了缱绻缠绵的《临江仙·逢旧》：

落拓江湖常载酒，十年重见云英。依然绰约掌中轻。灯前才一笑，偷解砑罗裙。

薄幸萧郎憔悴甚，此生终负卿卿。姑苏城外月黄昏。绿窗人去住，红粉泪纵横。

扁舟一叶，重过横塘，这是繁华落尽后，两个失败而柔弱的生命重遇。没有了托付的希求，没有了繁杂的顾虑，他眼中的她不再是艳遇的对象，而是一个同样被失望损害的平等的生命，心中没有了欲望，只有不求索取的同情和理解。不论卞玉京心底是绝然地终结、平和地放弃，还是最后一次婉转地等待，故事的男主角吴梅村说的只有一句：此生终负卿卿。

"薄幸萧郎憔悴甚，此生终负卿卿。"吴梅村终于有机会对卞玉京说出内心的愧疚和悔恨。词风也不再香艳，而是充满了悲苦。

这一次见面，给他们的恋情画上了句号。千帆过尽，横塘重聚，两个人此刻的心境大不一样。整个大明王朝都已塌陷，对于国破兵乱的惨烈记忆，在两个人心中，与男女之情混合，使得这重聚之情变得更加艰难。往昔繁华都作了废墟，过往才名都只是浮云，一切仿佛都成了虚无，对感情的追寻还从何谈起？一句"此生终负卿卿"，到底还是负了她，除了这句轻飘飘的毫无承诺的话，剩下的恐怕都是不快乐。

"薄幸萧郎憔悴甚"，有谁能分清，他是伤悼她，还是伤悼自己？抑或，这种青衫红粉的共鸣，本就是他们间剩下的最真诚的联系。后半生的耻辱挫折和伤痛哀悔，注定她在局外。

桨声依稀，轻舟渐远，就这样为这份被蹉跎、被浪费、被轻置的情感定下了基调。此刻，是最后的结局了。

国破家亡，加上这些年不堪回首的经历，卞玉京已经对俗世的一切心灰意冷，再也不能与吴梅村两情缠绵、儿女情长。结尾处是浅浅的一句：这一生，好像还很长，可是已经结束了。

第四卷·卞玉京：红尘寂寞谁与渡

🌸 乞身下发

两年后，卞玉京找到了一处归宿，嫁给了前明的世家子弟郑建德。关于这次婚姻，所有的资料都寥寥数语，但她是不得意的。卞玉京这样的女子，若遇上良偶佳婿，她会是非常风趣浪漫的妻子；若仓促嫁掉，所托非人，天长日久的，她就会显示出自闭、抑郁的一面，势必如植错了水土的花枝，迟早是要枯萎的。

女人面对一个自己不爱的男人，是连绽放的心情也没有的，更何况是卞玉京这般热烈执着的女子。可以想象，她的不甘和落寞。如若不能最美地绽放，便宁可黯淡地凋零。这是性格使然，也是宿命的安排。

没有爱情的婚姻注定是不长久的，何况她那么骄傲，她不能忍受自己沦落为一个弃妇。在彻底被冷落之前，她先一步向郑建德提出，让自己的侍女柔柔代替自己伺候他，她乞身下发，只求一个自由身。

不是卞玉京不拿柔柔当回事，不适合卞玉京的未必不适合柔柔。柔柔为郑建德生下一个儿子，看上去倒是一桩好姻缘。可惜不久，郑建德去世，柔柔改嫁他人，第二任丈夫又遇难身亡，这个曾被吴梅村特地描叙一笔的温柔弟子，就此下落不明了。

🌸 舌血书经

卞玉京年龄渐老，已经进入中年，在苏州出家做了女道士。心灵尚无可托付之时，身体也越来越坏，和她同时代的张潮说，有些东西，说起来很雅，置身其中却很不堪，比如贫、病。而我再加一条：漂泊。

没有男子可依靠，终究是无根浮萍，何以度日？何以为生？这都是需要解决的现实问题。无法承担自己的时候，女人的目光还是要转向男人，当时，一个老男人收留了卞玉京。

此人便是良医郑保御，七十岁。他医好了卞玉京的病，还专门为她筑别室以居。我愿意相信，是天性中的善良，让他善待这个落魄的女人，给她岁月静好、现实安稳，尽管他生得太早了些。

"君生我未生，我生君已老"，这句话便是卞玉京晚年爱情生活的真实写照。这个七十岁男人的怀抱，便是卞玉京最终的避风之港，是灵魂的终极皈依，是洗净铅华的清冷之地。

她得以安心修行，她内心强烈地感激着，性情的刚烈让她表达感激的方式令人震惊：花三年的时间刺舌血，为他抄一部《法华经》——他是佛教的俗家弟子。不要责怪郑保御残忍麻木，任由她自虐一般地舌血书经。也许他比我们更了解她，知道那肉体的苦痛能换得内心的安宁。

每日晨起，她梳洗完毕，铺开白纸，手拈一根纤纤银针，刺向自己的舌尖，殷红的血珠渗出，如诡异的蓓蕾。立刻便有一种疼痛，在五脏六腑间袅娜地盘桓，渐渐地，变成一种不可言说的快感。然后她用毛笔蘸取这些朱砂，窗下，她一笔一笔，用工整的字迹抄写经典的箴言。她是否会在某一瞬陡然想起，那些曾经在自己手下肆意怒放的兰花。

于静默隐忍之中，抄写完一部洋洋洒洒的《法华经》。那是一种用血、用心、用一生完成的仪式，充满了血腥之美。

卞玉京就是这样，向来爱恨分明、善始善终。她知恩图报，那充满血腥的报恩，让人唏嘘不已。

有专家认为，《红楼梦》中妙玉这个人物，就是以卞玉京为原型来写的。妙玉出身仕宦之家，父母双亡，"模样又极好，文墨又极通，经典又极熟"。她遁入空门，带发修行，依靠贾府度生，因不合时宜，故为世人所不容。在曹雪芹笔下，妙玉是完美的女子形象，她有着妙心、妙口、妙笔、妙人，处于"铁槛外""才华馥比仙"的境界。"岐路焉意径，泉知不问源"——在岐路前不会迷路，我行我素归其本源。这就是曹雪芹借妙玉之口，表达了他坚持的理念，不与世俗苟合的决心。

就这样，卞玉京历两度婚姻之后，长斋绣佛，刺舌血书《法华经》，隐居无锡惠山。又十余年之后，她在忧郁中离开了人世，葬于惠山禾氏陀庵旁，其墓址在今江苏省无锡市。

临终前，她不再勉强，不再等待，不再坚持。曾经那些缠绵的焦灼，孤单的痛楚，未尽的执念，在放手的一刻，都如开过和未开的花朵，随风而落。可是有些事，谁能说得清因，谁能说得清果，谁能真正放下，谁能彻底解脱？"长向东风问画兰，玉人微叹倚阑干"，在生命的最后一刻，伴随她的是平静的释然，还是哀怨的寂寞？沉默是最后的尊严，遗忘是永久的纪念，陌生是一切的终点。

紫台一去魂何在

吴梅村也并不比卞玉京幸运，顺治十年，他在各方的压力和清廷的逼迫下出仕为清臣，那是他生命中最为耻辱的一页。

清廷只是授秘书院侍讲，重修太祖、太宗圣训纂。后来做到国子监祭酒，也不过是从四品的官职，和他在前朝会元榜眼、宫詹学士的身份不能等同，甚至比他在小朝廷时所任的正四品少詹事还低了半级！

吴梅村从顺治十年做到顺治十四年，以亲人生病为由辞官归去。其间不过四年时间，但就是这四年，使他整个余生背上了二臣的良心债。

如果归来之后，能过上安心日子，清风明月、蛙田稻香，如陶渊明之悠然见南山，也略可抚平心中的伤痕。可是，不久后他又卷入一个案件中，被褫夺官职。

吴梅村在受这些窝囊气时，脑中浮现的总是卞玉京那张凄楚而美丽的脸。一边是细致纤巧、晶莹剔透的爱情，一边是粗糙的原生态的现实，人生原来这么多面，站在高一点的地方看过去，让人由不得悲喜交集。

卞玉京死在吴梅村之前，这给了他痛哭一场的机会。

康熙七年（1668年）九月，秋叶漫天飞的某一天，年届六十、垂垂老去的吴梅村踏着萧萧落叶，前往无锡拜谒卞玉京墓，并写下了泣血的《过锦树林玉京道人墓并序》。其中的"紫台一去魂何在，青鸟孤飞信不还。莫唱当时渡江曲，桃根桃叶向谁攀"成了他们爱情的写照。

龙山山下茱萸节，泉响琮琤流不竭。但洗铅华不洗愁，形影空谭照离别。

离别沉吟几回顾，游丝梦断花枝悟。翻笑行人怨落花，从前总被春风误。

金粟堆边乌鹊桥，玉娘湖上蘼芜路。油壁香车此地游，谁知即是西陵墓。
乌柏霜来映夕曛，锦城如锦葬文君。红楼历乱燕支雨，绣岭迷离石镜云。
绛树草埋铜雀砚，绿翅泥涴郁金裙。居然设色迁倪画，点出生香苏小坟。
相逢说尽东风柳，燕子楼高人在否？枉抛心力付蛾眉，身去相随复何有？
独有潇湘九畹兰，幽香妙结同心友。十色笺翻贝叶文，五条弦拂银钩手。
生死旃檀祗树林，青莲舌在知难朽。良常高馆隔云山，记得斑骓嫁阿环。
薄命支应同入道，伤心少妇出萧关。紫台一去魂何在，青鸟独飞信不还。
莫唱当时渡江曲，桃根桃叶向谁攀？

在他心里，她是曾经的绮梦，短暂的风景，是他用来拾捡记忆的一页墨兰书签。苍山日落，万木萧然，往事如潮水般在漫山枫叶的簌动中缓缓升起。爱情，终于在她死后，在他的心中枝繁叶茂。只是她早已烟消云散，成了一抔黄土，独留青冢向黄昏。也许因果循环，他曾经伤害过的，现在都要一一尝遍，爱情的这杯酒早已变得苦涩难耐。

吴梅村终生都对卞玉京抱有愧疚，他的"薄幸"让卞玉京成为秦淮姊妹中命运最苦的一个，重情的吴梅村难以原谅自己。他追忆她的平生并长歌当哭，写下了"油壁香车此地游，谁知即是西陵墓""紫台一去魂何在，青鸟独飞信不还"的凄楚悼词。

在伤心辞句里，应当有对逝者本能怜惜的成分。殊不知，能死得这样平静，已经是一种福分。很多年后，吴梅村进入生命的尾声，仍有许多个心结无从打开。少年时的意气风华，壮年时的那抹无奈，晚年的种种不得意，都在心中一一浮现。他的一生，憾事太多。他不能忘却故国，却不得已在清廷出仕；他亦错失了那个他痴爱一生的女子。而这些年过得快乐与否，只有他自己知道。

吴梅村比卞玉京多活了十余年，临终前写下的绝笔诗《临终诗》，是一种如梗在喉的压抑：

忍死偷生廿载余，而今罪孽怎消除？
受恩欠债应填补，纵比鸿毛也不如。

所有的不甘、悔恨、哀伤都化为了短短几句诗。时人讥刺"钱牧斋、吴梅村、龚芝麓、陈素庵、曹倦圃为江浙五不肖，皆蒙面灌将人也"。耻辱混合着失败，吴梅村的悔恨自责，至死未休。吴梅村的一生，留下的遗憾和"罪孽"太多了。

在弥留之际，他的眼前一定浮现过卞玉京泫然的双眸，那其中有忧伤，有爱恋，也有怨恨。

这一生，什么富贵荣华都只是一场梦，佳人才子都已化为历史的尘烟。江山依旧，他和她早已定格，只有遗恨依然在强烈激荡。美人、名士，秦淮河畔的迷离往事，在岁月的氤氲中酝酿成佳丽黄土的悲凉，让吴梅村一生落空。其实卞玉京的一生都在为自己与吴梅村的爱情做隐晦注脚——亲爱的，这一生我势必与你咫尺天涯。他们的情缘开始于"桃李春风一杯酒"，而中间何止是"江湖夜雨十年灯"。一个明慧而隐忍的女人，一个敏感而游移的男人，应该有很多美妙的瞬间，如他多年后所写的，"却悔石城吹笛夜，青骢容易别卢家""记得横塘秋夜好，玉钗恩重是前生"，美好而含蓄，情意绵绵，写满了微妙与惆怅，期待与错过。其实这样的故事也没有什么稀奇，说到底，他们是文人和娼女，官僚和名妓。他的生命里有君王恩遇、朋党期许、家人厚望，他的声望、前途和考量如此之大，对温情款款的卞玉京，也就是一段风雅的艳遇罢了。薄幸也好，多情也罢，一切本当如此，放在太平年代，也不过他离去，她别嫁，繁华人世，熙熙攘攘，各有各的出路，这点微妙情愫，充其量是人生浩森里的一点胭脂色。可偏偏是乱世，等到风雨骤至，长夜无边，等到残灯飘零，江湖路远，当年的寻常杯酒，也成了他对桃李春风难以释怀的记忆。那样充满气魄的人生，最后一样是渐渐熄灭于疏懒的议论，归入永远的死寂和孤独。也许她早已低了头，认了命，在从容讲述中山王女那一刻，在琵琶别抱那一刻，在祝发入道那一刻。飘零有归，两情相悦，人生静好，她的愿望很简单。朝代更迭也好，亲人离丧也罢，在她的生命里，一切只是契机，只是理由，让久积的疲惫和失落找到出口；然后低头，认命，心甘情愿地步入茫茫人海，慢慢走以后的路。纷纷烟尘，归于泥土，余生平静，一如归宿。

卞玉京和吴梅村的感情纠葛，多情、薄幸、离散、重逢，天涯同沦落，生死永殊途，哀感顽艳的条件一样不少。吴梅村在卞玉京的墓前写出一首千古绝句——《锦树林过玉京道人墓》。写出名重一时的《圆圆曲》的吴梅村，在亡故爱人墓前的"绝句"，按说不知有多么深沉凄艳！开头也不乏沉痛："龙山山下茱萸节，泉响琮琤流不竭，但洗铅华不洗愁，形影空谭照离别"。情意也不是没有："翻笑行人怨落花，从前总被春风误""油壁香车此地游，谁知即是西陵墓"。这风声萧萧的锦树林，本该是两人情浓时画画、写诗、琴瑟相合之所，但而今阴阳相隔。"相逢尽说东风柳，燕子楼高人在否？枉抛心力付蛾眉，身去相随复何有？"此种悲怆之极的回忆，缠绵悲苦的心情，恐怕是吴梅村"抛弃"卞玉京、"薄幸"于她的愧疚之情的真实写照。但是，于此，我看到吴梅村的哀伤里总有一丝不入扣。吴梅村生于明，出名于明，真正成为一代诗人却在清代。令他一生倍感沉痛的家国剧变，难以释怀的一段苦恋，无法抹去的曾经屈节的经历，都在他的心里打上了深深的烙印，也在他的诗里打上了不可磨灭的痕迹。吴梅村与卞玉京的悲剧情缘也凑巧被牵连其中，不可避免地让这段令人唏嘘的风月旧事，有了不同于一般才子佳人恋曲的异常艰辛。

对卞玉京而言，古道繁花簇簇，她独坐古刹一隅。待他略尽世间百媚千红后，为他抚一曲心筋。一语含香一窈窕，一抹红颜一妩媚，用永世的凤醉，换他一滴英雄泪，如斯颠簸亦无悔。一枕黄粱，不着边际，却为梦魇徒留红颜的声声哀叹。叹红尘紫陌，镜花水月；叹黄泉碧落，青灯古佛；叹相顾无言，叹画楼夜阑珊，叹相见恨晚，叹海水尚有涯，相思渺无畔。眼波流转间，簇簇风华，几味相思，而今影只，回首过往，一步一莲开，只是再走不回荒芜了的惊艳脱俗。长街长，锦字陪同，悲恸幽怆，打马观花过，相濡以沫，不如相忘于江湖。檀香沉沉，萦扰纷纷，离殇氤氲，终于隔着烟雾，觅得了一树菩提。让不堪而言的余音残梦幻化成一方青石，让曾经的意乱情迷在拈花一笑间，诉尽离别的情衷，缀了那抹盛世嫣红。执迷着，重逢在灯火阑珊时，在海角，在天涯，缀染半城烟沙。一遝的邂逅，枉自凝眸，用荼蘼的忧伤摹最后一次浅黛微妆。低吟浅唱，翘首凝望。一曲千年的雕花瑶琴，搁浅了芳华里青春的落幕，箜篌铮铮，括染了一世清华，浮沉离乱。你挑灯回看，我把萧再叹，待绝笔墨痕干，叹物是人非，往日不可追。叹相见恨晚，奈何情已远。叹叹叹，待绝笔墨痕干……

第五卷

顾横波:

争议不息，潮起潮落语凄凄

 一寸横波剪秋水

　　光阴的手很柔，随着风的脚步丈量，牵着尘的衣袖，走着走着，将光阴走到了老。

　　旧颜依旧素静，载着梦里的浅叹。端坐是一种姿态，静谧在光阴的背后。顾横波抿一杯茶，想光阴从最初到老去的过程，是不是一缕青丝，从乌黑到微霜的模样。轻捻寂寥的指尖，将自己轻轻埋葬在光阴的怀抱，这一日，还是那一时，没有预约的未来，无法忘记的曾经。

　　知否，往事从不曾如烟，只是好的更生香，坏的就努力遗忘。

　　你能不能许光阴不老？不能，谁也不能。也许光阴本该这样，让陌生的人从陌生到熟稔，让熟稔的人从熟稔又到陌生。

　　光阴是一把锁，锁住了往昔，也许相遇是宿命安排的一个过程，必是此生的经历。也许每个相遇的人回眸一笑，是此生注定的擦肩。龚鼎孳的世界从来都是繁华似锦，顾横波的世界从来都是烟雨朦胧。

不说太多凄凉的话，这是前世早就安排好的缘起缘灭，只要安静地端坐在光阴下，静静地微笑。龚鼎孳来或者不来，顾横波都不曾改变；龚鼎孳在或者不在，顾横波都在光阴深处浅笑、等待。

在明清之交的激荡岁月中，顾横波注定备受争论。她美艳无双，姿容绝佳，精通文史，工于诗画。据清代的余怀（字澹心）在《板桥杂记》中记载，顾横波"庄妍靓雅，风度超群。鬒发如云，桃花满面；弓弯纤小，腰支轻亚"。想当年，秦淮河畔，顾横波鬒发如云，颜色红润若桃花，腰肢轻柔，举手投足间，双目妩媚鬻笑，盈盈眼波中蕴含无限深情。顾横波工于诗画，尤善画兰，个性豪爽不羁。因追随"三朝易帜，两度投降"的龚鼎孳，顾横波在清初受封为朝廷一品诰命夫人，因而备受争议。有人认为她重情重义，品性高洁，诗文俱佳，媚而不俗；但也有人斥责她轻浮势利、水性杨花、风流放荡、丧失民族气节，不应该排在秦淮八艳里。但在余澹心《板桥杂记》记载的秦淮八艳中，却首推了顾横波。

顾横波不能忍受做一品夫人的显赫，更不能忍受眉楼卖笑做妓女的风尘沦落，做人真的很难。

顾横波（1619年—1664年）原名顾媚，又名眉，字眉生，别字后生，号横波，人称"横波夫人"，婚后改名徐善持，应天府上元县（今江苏省南京市）人。与马湘兰、卞玉京、李香君、董小宛、寇白门、柳如是、陈圆圆同称"秦淮八艳"。工诗善画，善音律，尤善画兰，能出己意，所画丛兰笔墨飘洒秀逸。作有《海月楼夜坐》《花深深·闺坐》《虞美人·答远山夫人寄梦》《千秋岁·送远山夫人南归》等诗词，收入所著《柳花阁集》。"秦淮八艳"中，顾横波是地位最显赫的一位，受诰封为"一品夫人"。

秦淮河畔的女子大都容貌姣好，如娇花出水，若新月盈空，顾横波能超脱于众人，是因为她的双眼。顾横波本名顾媚，然而她嫌"媚"字太过艳俗，便改名为顾眉，号智珠、善才君、梅生，又因为她那双剪水秋瞳，便以"横波"为号。横波在古时用以形容女子眼波流转，唐代韦庄有诗"一寸横波剪秋水"，宋欧阳修词中亦有"脉脉横波珠泪满"之句，因此单是"顾横波"一名就已让她这个人摇曳生姿，美丽迷人了。

字眉生，号横波。"水是眼波横，山是眉峰聚。欲问行人去那边，眉眼盈盈处。"仿佛这字、这号、这首《王观》诗，都是为她量身打造的，这一切再贴切不过。她的眉眼迷离，剪水双瞳，眼波流转，宛如秋水，盈盈可掬，醉了人的眼，酥了人的心，说不尽的媚惑和情意，迷倒了秦淮河两岸的学子仕人，更迷倒了古往今来多少文人雅士，只因这横波。

顾横波所绘山水，天然秀绝。她尤其善画兰花，十七岁时所绘《兰花图》扇面，今藏于故宫博物院中。十八岁与李香君、王月等人一同参加扬州名士郑元勋在南京结社的"兰社"，时人以其画风媲美马湘兰（秦淮八艳之一，明代知名女画家，尤善画兰），而姿容胜之，推其为南曲第一。南曲，泛指卖艺不卖身的江南名妓。顾横波精通音律，和董小宛私交甚好，曾多次反串小生与其合演《西楼记》《教子》。

江南名妓无一不具有绝世容姿，因外貌美所产生的愉悦感当然是吸引众多男性文人前往的原因，因为体态的美丽本身就是男女相爱的因素之一。除此外在的美，这些名妓的"才"也大大提高了她们的身价。才子们对名妓的爱慕、追求，已不仅仅是因为她们有惊人之貌，更重要的是她们有超人之才。具体说来，名士们如能得到名妓的青睐，则可显示其风流倜傥；而一个青楼女子能否成名，则要名士来捧，有名士的题名。名士与名妓这两个不同的文化圈在逐渐交融，二者互为点缀，互为依托张扬，形成一种文化现象与社会风气。柳如是与陈子龙、钱谦益的唱和是一段佳话；顾媚"通文史，善画兰"，时人推为南曲第一；董小宛"针神曲圣、食谱茶经，莫不精晓"。这些名士与名妓的交往在明末家国覆亡的现实中更显其特殊性。是秦淮河畔美丽的女人缓解了男性文人焦虑、疲惫的身心，慰藉他们的精神需求，从中感受生命舒展的美丽。文人们的失意和牢骚，在这里得到善解人意的女人们的迎合，慰抚了受创的心灵。如果说侯方域、陈贞慧、陈子龙、方密之"四公子"是明末思想解放，党派政治的文化背景下产生的江南名士的代表，那么李香君、柳如是、卞玉京、顾横波"秦淮四姬"，则是晚明青楼文化的艺术典型。

🌸 眉眼盈盈居迷楼

在金粉流腻的秦淮河畔，顾横波可谓独树一帜，这是因为她拥有自己的独立资产——一座铺陈精致的眉楼。桃叶渡是秦淮河上一个古渡诗意的名字，位于秦淮河与古青溪水道合流处附近，南起贡院街东，北至建康路淮清桥西，又名南浦渡。从六朝到明清，这里一直是重要的渡口，周围商铺林立，往来河船运输繁忙，灯船萧鼓，是自古的繁华之地。渡口有一座精致的眉楼，眉楼的主人公正是顾横波。

顾横波居于隋炀帝时建于扬州的别院——眉楼。眉楼巧夺天工，"绮窗绣帘，牙签玉轴，堆列几案；瑶琴锦瑟，陈设左右，香烟缭绕，檐马丁当"，匠心独具，观之如仙境，时人戏称"迷楼"。有人说迷楼系指顾横波风流迷人，访者无不神魂颠倒，实属望文生义。迷楼本系隋炀帝时建于扬州的别院，因该处"曲折幽深，阁楼错落，轩帘掩映，互相连属，如仙人游"，故名"迷楼"。以迷楼戏称眉楼，始作俑者余怀系江南才士，当时又对横波一往情深，所言当为褒意，指眉楼建筑巧夺天工，布置匠心独具，观之仿同仙境。此誉一出，便不胫而走，广为延用。顾横波聘请了南京城最好的厨师，将眉楼的饮食打造得精巧奢靡，以至于官宦子弟、江南名士都以到眉楼摆宴会客为风尚。加上主人名声在外，又有"南曲第一"之称，自然广受风流名士的青睐，以至眉楼门庭若市，几乎宴无虚日。常得眉楼邀宴者谓"眉楼客"，俨然成为一种风雅的标志。而江南诸多文宴，亦每以顾横波缺席为憾。当时江南四大公子之一的冒辟疆组织同人社，经常召朋友相聚眉楼，一时间名士红粉、辉映倾城。

顾横波和其他七艳不同，她并非卖身青楼，她有自由。她从小便深得鸨母欢心，许其自立门户。她的眉楼，吃、喝、玩，一应俱全，不单有青楼文化，更将饮食文化发扬广大。

顾横波虽为柔弱女子，却个性豪爽，颇有男儿之风。柳如是常自称为"弟",一方面是谦谨之意,另一方面也表露出想向主流取向靠拢的趋势;而顾横波,时人常以"眉兄"呼之。这则比柳如是多了一份任性妄为。少了几分谦虚,多了几分不羁之色,难怪后来会与龚鼎孳不顾世俗,相知相守半生。

相传黄道周秉承理学思想,常常自诩"目中有妓,心中无妓"。然而东林诸生闲得无聊,想挑战一下权威,便趁黄道周酒醉之际,请顾横波解衣共枕,以验证其是否真的是柳下惠再世。

唐有李季兰诱皎然和尚,却被皎然和尚所拒;宋有琴操诱佛印,却被佛印所点化;朝鲜有黄真伊诱欲成活佛的天马山知足庵知足禅师,禅师破戒。而对于顾横波色诱后来抗清殉节于江西的黄道周,却不知结果如何。是大儒破了戒,抑或是顾横波白忙活一场,都没了下文,空成为流传于坊间的轶事一桩。

不过从这件事中也足以看出顾横波敢冒天下之大不韪,故而迷楼中更是每日高朋满座。而她一以贯之,不以世俗礼教为意,我行我素,毫不在乎世人眼光。

这些风尘女子是代表才性、智慧和侠义的典型人物,甚至是有高尚道德和峻洁品格的人物。她们证明了女性有才有德,即具有高度文化、知识素养才是真正的美。女性有才方能在精神上与男性平等交往,进而真诚地相识相爱,而非仅仅以色事男。名妓是一个与文人士大夫共生的群体。从某种意义上讲,她们的才性、文化、技艺是适应文人士大夫的需要而培养出来的。她们身上固然有处在社会底层、身份卑贱的压抑,但她们又有相当自由地与异性知识分子交往、相爱的时间与空间,并从中体现抛弃虚伪心性的真诚。除了这种文化情感上的交流外,因名士们还多置身于晚明党派政治斗争之中,在他们身上,政治活动、清流道义与风流放诞的生活是紧密结合在一起的,所以也深深地影响了名妓们的政治倾向。名妓在与名士的交往中,有参与政治、参与国事的强烈愿望;名妓嫁与名士后,为妻为妾也少不了面对这种政治斗争的境况。婚恋与政治、个人与国家的兴亡由此而唇齿相依。可以说,名妓们的诗性与血性,正是时代风云塑造出来的。

❀ 何时拂叶穿花一处飞

顾横波的身后有一座豪华精致的眉楼。眉楼的舒适，增加了她的自信和坦然，体现在她善长的诗词和绘画里，便有了清新纯真的诗情、精雅艳丽的画意，堪称当时秦淮河一绝。家底的殷实，增进了她的优裕和从容，产生了最具魅力的气质，那就是从内到外的轻盈。她轻盈盈地从男人的生命里飘过，放大在他们的瞳孔里，融化在他们的血液里，深入到他们的骨髓里。

越是绮靡浓艳，越易伤春悲秋。但是她永远不会孤芳自赏、曲高和寡，更不会"春蚕到死""蜡炬成灰"。她有一种本能的化解功能，可以狂歌醉舞，可以打情骂俏，而无丝毫的恨嫁之心。男子没了被讹的后顾之忧，便趋之若鹜。于是眉楼门庭若市，日夜车马盈门，几乎宴无虚日。

身在勾栏瓦肆，顾横波不愧是风月佳人，长袖善舞，姿态横生，烟视媚行，欲拒还迎，手里抓着一大把男朋友。男朋友多是名门望族、才子文士，比如陈则梁、张公亮、冒辟疆、余怀和刘芳。

此时的顾横波虽然只有二十出头，但深知眼前一切不过是弹指繁华、渺若云烟。她十四岁时曾作《自题桃花杨柳图》述怀：

郎道花红如妾面，妾言柳绿似郎衣。

何时得化鹣鹣鸟，拂叶穿花一处飞。

"鹣鹣"是中国古代神话中的比翼鸟，《尔雅·释鸟》中说："南方有比翼鸟焉，不比不飞，其名谓之鹣鹣"。正如张华《博物志》中所写："崇武之山有鸟，一足一翼一目，相得而飞，名曰鹣鹣。"后世多以此鸟比喻恩爱夫妻。可知早在少女时代，顾横波就已有得遇良缘、脱离乐籍的心思，只是天意弄人，她心心念念的那个人一直没有出现，便一年年蹉跎下来。她有时会想，此人究竟在何处？或者说，究竟有没有这么一个人？白日里繁华热闹，然而深夜里独自思量。寻常百姓家的夫妻和睦，如翠鸟翔于天际，如凤凰嬉戏于草地，望着铜镜中的自己，眼波灵动，却孤单一人，何时才能对影成双？

精明的顾横波早已看破，众星捧月乃逢场作戏，繁华似锦乃过眼云烟，终有人老珠黄、灯火阑珊的时候。哪个青楼女子不想趁着年轻貌美，找个如意郎君嫁出去，以求得后半生的依靠？但是，毕竟出身低微，多数姐妹只能嫁给人做侍妾，最终不是受到正房的排挤，别馆独居，就是遭到丈夫的遗弃，悒郁而终。她由人度己，暗自思量，一定要睁大眼睛，看个清楚，这是一把关乎身家性命的豪赌。

✿ 风流官司

顾横波名动秦淮河畔，为她神魂颠倒者不计其数。每日里，眉楼中觥筹交错，丝竹管弦声不绝，然而令顾横波万万没有料到的是，她竟然会因为争风吃醋而惹上官司，这或可称作风流官司。

当时有一名伧父（粗人），和一名词人为了顾横波争风吃醋，估计是觉得顾横波偏心，于是怀恨在心，与另一人勾结起来喝酒生事，最后不得已还打起了官司，诬告顾横波藏匿金犀酒器，想借官府之手羞辱她一番。

幸好当时的文人余怀为她鸣不平，写了一篇檄文激烈声讨。而那个粗人面、恶人心的伧父的叔父是南少司马，即南京当时的兵部右侍郎。他读罢檄文，一方面愤恨侄子不争气，丢了自己的脸面，另一方面则觉得侄子为歌伎争风吃醋而惹上官司不值。如若让人抓住小辫子，对自己的仕途也不利，故而便怒骂了伧父，斥责让他回乡，顾横波这才算免了这场是非。

文人与名妓的关系，首先是一种文化与情感的交流，文人的创作多了一些灵感，文学史上增添了许多吟风弄月之句、花前月下之篇，同时也促进了名妓文化素养和层次的提高。《板桥杂记》载，李十娘"性嗜洁，能鼓琴清歌，略涉文墨，爱文人才士"。"余每有同人诗文之会，必至其家，……暮则合乐酒宴，尽欢而散。然宾主秩然，不及于乱。"在交游中，文人们尊重名妓的人格，承认她们的地位，邀请她们参加文人的聚会，也真心地对名妓进行保护。

经由此事，顾横波对余怀自然是青眼相加，甚至为了余怀曾略微远离风月。余怀生日之时，顾横波还专门为他公开演出祝寿。余怀写檄文救顾眉，是出于义气；顾眉为余怀祝寿，则是出于感激。

然而，余怀虽与她交好，却不是上好的从良人选。

余怀有唐传奇义士许俊的豪气，但又有杜牧、柳永"赢得青楼薄幸名"的作为。他本是福建莆田人，字澹心，但长期寓居南京，当时在金陵颇负文名，是秦淮河上的常客。他的所作所为，是以白衣卿相柳三变为目标的。

文采一流的他，不同于当时的明末四公子，他和李渔、张岱等人倒有共通之处，皆是吃喝玩乐样样精通，不问世事，文采风流。他与长板桥的诸多名妓都有往来，连吴伟业也在《满江红·赠南中余澹心》中说："此少俊、风流如画。尽行乐……"

故而这样一个人才能写出名动天下的《板桥杂记》，连鲁迅也不得不承认说："唐人登科之后，多作冶游，习俗相沿，以为佳话……自明至清，作者尤伙，清余怀之《板桥杂记》尤有名。"换言之，《板桥杂记》其实就是余怀自己的亲身经历，故而研究"秦淮八艳"，余公子这本册子的史料价值是不容忽视的。

风流潇洒、文采俊秀的余公子，是做情人的好人选，却不是做夫君的理解选择。否则，只怕会任他明月下西楼，每日思君念君泪悠悠。

🌸 刘芳负情致寒盟

伧父的闹事，更是加剧了顾横波从良的念头。看秦淮美景，迷楼中丝竹管弦之盛，酒席间觥筹交错的惬意，可这繁华转瞬成空，良辰美景，终究只是渺渺云烟。

经历风波之后的眉楼，仍然是日日顾客盈门，社会名流流连忘返，夜夜笙歌。在迎来送往中，顾横波经营着自己的人生。顾横波的盈盈浅笑，一汪秋水般的媚眼，像一抹流云，又像高挂在天上的淡月，来客们看得见，却摸不着，又放不下。几个能和顾横波走得近的，她又拿捏得很好，有点儿暧昧，有点儿迷离，又有点儿距离，像哥们儿，又像蓝颜知己，让他们在想入非非的同时又心甘情愿在这座眉楼里一掷千金。在风月场上，顾横波左右逢源，如鱼得水。所以不论是作为生意人还是青楼女子，顾横波都算得上一个成功的人。

就在这时，顾横波认识了一个叫刘芳的公子，据说刘芳是南京城名门之后，有显赫的家世与背景。他倾慕顾横波的气韵和才华，顾横波也好像对他情有独钟，接下来的故事就有点儿老套了，两人你情我愿，在你侬我爱地温存之后，不单海誓山盟，还要朝朝暮暮地相守。

他们的亲密关系维持了三年，这时顾横波已二十岁了，按当时的社会环境，早过了出嫁的年龄。她多次向刘芳表示想结束这种迎来送往的生活，嫁入刘家。像所有在风月场上习惯逢场作戏的男人一样，真要动真格担当起责任时，刘芳却支支吾吾，一拖再拖。原来，要娶名妓回家遭到了家人的坚决反对，他也决不可能为这份感情抛开家庭。刘芳矛盾得很，当顾横波终于有了自己的归宿，就要皆大欢喜地收尾时，不想原先拒绝她的刘芳，接受不了伊人远去的事实，选择了最为绝决、激烈的告别方式——殉情而死。在那个年代，顾横波一下子被推上了诽议的浪尖，人们纷纷指责是顾横波的寒盟导致了刘芳的殉情，说她是红颜祸水，害人性命。一时间，顾横波成了众矢之的，被千夫所指。

自然，顾横波是委屈的。

我想当时，顾横波一定是血脉贲张。首先，是刘芳拒绝了顾横波，顾横波才选择了龚鼎孳，如果这也是寒盟，那么不寒盟又是什么？是像马湘兰那样终生去祭奠一份永无结局的爱情，还是像寇白门那样离开恶夫后重新拾起老本行，徒添街头巷尾的笑料？顾横波待价而沽，瞄上了龚鼎孳，只为了追求个人的幸福和自由，又没有招谁惹谁，伤害谁，和他人有什么关系？难道在世俗的眼里，只有怒沉宝箱的杜十娘，才算得上好女子？但顾横波没有却步，她用爱情赎身，并最终风光无限。

佳人倚栏：绣帘开处一书生

当年，在被刘芳辜负以后，顾横波为遇人不淑而痛苦之时，正自叹身世飘零、二十七岁的新中进士龚鼎孳来到了南京。

崇祯十五年（1642 年）春天，一位风流才子造访了眉楼，他就是后来与钱谦益、吴伟业并称"江左三大家"的龚鼎孳。

龚鼎孳，字孝升、号芝麓，祖籍合肥，在江西临川（今抚州）长大，少年早慧，十二三岁时即能做八股文，亦擅长诗赋古文。他年长顾横波四岁，视金玉如粪土，豪雄之誉远播。不同于冒公子的一再落第，他十九岁就高中了进士，外放做县令，任湖北蕲水知县。又因政绩突出，奉上召赴京任职谏官兵科给事中，可谓意气风发、青年才俊。

才子多风流，那年他从湖北赴京任职，途经金陵，去秦淮河狎妓，经人介绍，上得眉楼，与顾横波相遇。

他原本只是想一睹名姝，消遣寂寞旅途。不曾想逢场作戏的两人竟一见钟情，龚鼎孳在《白门柳·登楼曲》中写到了这场命中注定的人生初见：

晓窗染研注花名，淡扫胭脂玉案清。

画黛练裙都不屑，绣帘开处一书生。

一见到明眸如水、眉目含情的顾横波，龚鼎孳立刻为之倾倒。而顾横波见来客气度儒雅、谈吐不俗，也一见倾心。在对的时间遇见对的人，才子与佳人相见恨晚，两人当即对坐窗前，各捧香茗，谈诗论画，竟十分投缘。龚鼎孳欣赏了顾媚的兰花闲作，大概是想在佳人面前表现一下，便提出为她画一幅小像。顾横波欣然应允，当即凭栏而立，龚鼎孳调墨弄彩，很快就画成了一幅"佳人倚栏图"，还自作主张地题了一首诗：

腰妒垂杨发妒云，断魂莺语夜深闻；

秦楼应被东风误，未遣罗敷嫁使君。

诗句中不但溢满了怜爱，也准确无误地表达了相求之意。像顾横波这等聪明的人，哪会不明白年轻进士的心意？但在欢场上，这样的喜欢与心动只怕日日上演，她自然不会轻易相信一位陌生客人的许诺，所以含羞不语。龚鼎孳似乎也看透了她的心意，便不作强求，只说明日再来拜会。

龚鼎孳往京城打报告说有事耽搁，便在南京盘桓了整整一个月。一个月里，他日日来到眉楼，或邀顾媚同游金陵山水，或两人静坐楼中吟诗作画，或饮酒弹唱，或细品香茗，相处十分愉快，情意十分融洽。

逗留了一个月以后，两人已如胶似漆，共同沦陷在无边的温柔乡里。两人从相知、相恋到难舍难分，爱得情意浓浓，可龚鼎孳毕竟还要上京赴任。

临行前，他提出带顾横波同往京城赴任，顾横波思索再三，终究没有同意，只是取下一支金钗作信物，约定等龚鼎孳再来南京时相会。

他旋即北上，二人依依惜别。从此，两人便开始了两地鱼雁往来的相处方式。

🌸 妆台独坐伤离情

奈何，别后的顾横波发现，原来自己早已暗暗认定，龚鼎孳就是共度一生的人。从十四岁就悄然萌生的恨嫁之心，在二十三岁的时候终有所属，其间已近十年时光。在龚鼎孳走后，她写下一首《忆秦娥》以寄相思：

> 花飘零，帘前暮雨风声声。
> 风声声，不知侬恨，强要侬听。
> 妆台独坐伤离情，愁容夜夜羞银灯；
> 羞银灯，腰肢瘦损，影亦伶仃。

不同于董小宛的单方面付出，龚鼎孳此刻对顾横波也是情根深种，离开后频频在诗作中表达对顾横波的思念之情：

才解春衫浣客尘，柳花如雪扑纶巾。
闲情愿趁双飞蝶，一报朱楼梦里人。

——《长安寄怀》

这首《长安寄怀》就是他初到京师时，因日夜想念顾横波而作的。

别袂惊持人各天，春愁相订梦中缘。
缕金鞋怯长安路，许梦频来桃叶边。

——《江南忆》之三

两地相隔，相思磨人，《江南忆》四首写得情意绵绵。

在《邸怀》七首之五中，他这样写道：

送眼落霞边。
只愁深阁里、误芳年。
载花那得木兰船。
桃叶路，风雨接幽燕。

这两首诗中的"桃叶"是指晋代王献之妾桃叶，她与王献之每次短暂的相聚以后，都在南京清溪渡口告别，后来，人们将清溪渡改名为桃叶渡，并成为情人依依惜别处的代称。龚鼎孳期望二人能早一天重聚，只是京城和秦淮，南北遥望、千里关山，团圆重聚谈何容易，纵使情深，奈何缘浅。

弓弯纤小跋涉苦，狼烟四起千里路

然而，顾横波却不是那么认命之人，她觉得龚鼎孳便是自己一直等待的、值得托付终身的那个人，故而决定抛下秦淮河畔的丝竹美酒，跋涉千里去追寻龚鼎孳。

当时的中原，数路狼烟，遍地烽火，昔日的帝京俨然一座危城。然而，顾横波不怕，执着北上，原因很简单：心上人在那里。是的，只因他在那里，她什么都不顾了。

顾横波就这样不管不顾，一路向北。《板桥杂记》中说她"弓弯纤小"，然而就是这样一个纤纤细足的小女子，为了心中的信念，甘愿跋涉千里。

就在这年的中秋，她启程北上。一个"弓弯纤小"从没出过远门的江南女子，一路辛苦劳顿可想而知。

好不容易还算顺利地走出了山东，但行至河北沧州，却无法再前行了。因为当时兵祸连年，狼烟四起，当地完全是兵燹纵横，道路阻绝。

取道艰难，顾横波被迫转回江苏与安徽交界的淮河沿岸，在清江浦避祸，辗转徙倚，四处流寓。第二年春，她才又渡江返泊于京口，这一年多的辗转流离、颠沛困顿，岂是一个艰难困苦能言尽？

一直到第二年入秋后，战事稍停，顾横波才重又北上，二人终于相聚，有情人终成眷属，总没枉顾横波一年的颠沛流离。她到达北京时又恰逢中秋，在团圆节里，为龚鼎孳在北国的秋季，带去了江南的满眼春光。

他见到风尘仆仆赶到他身边来的她，那曾经在笔墨间无限思念的那个人突然出现在眼前，他不能不怀疑是在梦中。"尽畴昔、罗裙画簟，无数销魂，见面都已"。

❀ 双宿双飞，神仙眷侣

龚鼎孳此时算是顺风顺水，而他的妻子也不在身边，且两人的夫妻情意也淡薄，故而顾横波和龚鼎孳京城相聚无疑是一出佳话。

彼时龚鼎孳在北京任兵部给事中，公务并不繁忙。夫妻俩双宿双飞，浓情蜜意，犹如神仙眷侣。

他知她待他的情意，为他受的苦楚，然而他已有正妻，故而只能将她纳入姜氏。不过，顾横波此番情深意笃，龚鼎孳岂能辜负？他不仅帮顾横波脱了籍，还以正妻之礼待她。京城常常能见到两人携手言欢的场面，他不顾流言蜚语，要带着她逛遍京城的繁华富丽，让她不留下遗憾。他虽未给她正妻的名分，却是以正妻的礼仪对待她。

且不说以正妻之礼对待她多么不可思议，单单是纳一个青楼女子为妾便会引起巨大非议，更何况他现在正是前途一片大好之际。然而，在他心中，随性而至便是最大的准则。她待他情深，他同样要以意重来回报。帝都喧闹的夜市，京城的各色小吃、玩艺儿，古城墙的各种遗迹，他与她乘风而行，她是他的人间四月天。他们言笑晏晏，并肩相伴出游。

她彻底地爱上了，改头换面，不但洗净铅华，摒除了昔日的浓妆艳抹，还改名换姓，为自己取了似乎更适合她"进士夫人"身份的名字——徐善持。表明从今以后过上幸福的新生活，跟着这位江左三大家之一的龚鼎孳情牵一世。

这样的结果传到了秦淮，众多姐妹自然是羡慕祝福，而一大帮文人才子只得暗自嗟叹。连余怀也只能写下"书生薄幸，空写断肠句"来暗自伤感。

🌀 患难见真情：料地老天荒永难别

本以为可以就这样相知相守直到永远，然而时代的大局却容不得人做选择。

顾横波成为龚鼎孳明媒正娶的爱妾之后，也成为他的政治知音。

此时的京城早已不是当初的繁华烟云之地。明军在与清军以及各方面的农民起义军的交锋中均处劣势，当时已是"九埏烽火正仓皇"的危急关头，明廷岌岌可危。龚鼎孳身为谏官，又年轻气盛，以挽回国事为己任，本着为国为民的想法，在顾横波到来之际，一个月内上疏十七次，弹劾权贵，慷慨激昂。红袖添香夜读书，在他写这些疏奏时，顾横波总在身边焚膏相助，以示支持。由此可见，此时两人的相知程度。

在龚鼎孳所作的《念奴娇·花下小饮，时方上书有所论列，八月二十五日也，用东坡赤壁韵》中也有提及："蒭豹天关，搏鲸地轴，只字飞霜雪。焚膏相助，壮哉儿女人杰"，佳人在怀，然而他依然不畏权贵，直言上书，一无所惧。

在当时的情况下，龚鼎孳一个资历尚浅的年轻官员，不知轻重地一再弹劾崇祯的亲信重臣，终于触怒了他。不久，龚鼎孳因连参陈新甲、吕大器、周延儒等权臣，被崇祯皇帝以"冒昧无当"之名下狱，生死难卜。

龚鼎孳入狱时，距顾横波入京不过五十多天。人地两疏，无依无靠的顾横波没有退避，她既已横心来到这里，也就横心等下去。正值十冬腊月，她料想牢狱阴暗寒冷，就做了一床厚厚的被子辗转送到牢中。龚鼎孳抱着被子感动不已，虽然见不到顾横波的面，但这被子已足够温暖他的心。这一夜，龚鼎孳辗转难眠，口占《寒甚，善持君送被，夜卧不成寐》：

> 霜落并州金剪刀，美人深夜玉纤劳。
> 停针莫怨珠帘月，正为羁臣照二毛。
> 金猊深拥绣床寒，银剪频催夜色残。
> 百和自将罗袖倚，余香常绕玉阑干。

唐代李德裕诗说"愿作鸳鸯被，长覆有情人"，宋代朱淑珍词说"辗转衾绸空懊恼，天易见，见伊难"。累顾横波千里迢迢而来，不仅没过几天好日子，还每天担惊受怕，他深觉愧疚。或许在这一夜，龚鼎孳开始变得惜生。

她一直在等着他，不离不弃。

他感激她的情意，狱中的诗句处处有她的影子：

> 一林绛雪照琼枝，天册云霞冠黛眉。
> 玉蕊珠丛难位置，吾家闺阁是男儿。
> 星高鱼钥一灯寒，贯索乌啼夜未阑。
> 敢望金鸡天际下，妆楼小帖暂平安。

一年以后，崇祯十七年二月，龚鼎孳终于获释。与顾横波重逢之际，他难以抑制地写下"料地老天荒，比翼难别"这句，已不仅仅是才子佳人花前月下的甜言蜜语，更是生死相许、患难真情的名句。本以为此去经年，生死相别，没承想，一番苦楚之后，终得团聚，否极泰来。

🌸 三朝易帜，两度投降

经此患难，方知安稳的难觅。《史记》中记载的李斯，从仓库和厕所的老鼠处得到启发，"人之贤不肖譬如鼠矣，在所自处耳"，自此踏上了谋求功名利禄之路，最终只落得"阳市中叹黄犬，何如月下倾金罍"。而龚鼎孳经过此番患难，那颗热血的心也开始变得冰封起来，活下去，安稳生活，成为他人生最基本的追求。

正如李斯一样，随着一腔热血的冷却，龚鼎孳的心境也发生了微妙的变化。

此时局势可谓瞬息万变，龚鼎孳获释一个月后，闯王攻陷京城，忧患一生的崇祯皇帝自尽于煤山。又过了一个多月，吴三桂引清军入关，北京城再次改朝换代。公元1644年的三个月间，北京城换了三个国号。

龚鼎孳的才华让众多当权者想将其收为己用，于是便出现了"三朝易帜，两度投降"之事。

闯王进京之后，龚鼎孳投降了大顺军。又一个月之后，吴三桂引清军入关，龚鼎孳又降了清朝。也许，经由牢狱之灾一事，他的热血都被锻造成了软骨头。

龚鼎孳降于李自成，被封直指使，类似于御史，受命巡视北城。对于被人视为不忠之耻的投降，龚鼎孳以"吾愿欲死，奈小妾不肯何"为自己"开脱"。这借口有点熟悉，也许钱谦益的心理带有一定的典型性吧。但在当时，顾横波可不像柳如是那样，她不仅没有劝夫君自杀殉国，相反，一向务实的她反认为，龚鼎孳因李自成进京而自杀是不值得的。

关于龚鼎孳在李自成大顺政权时的表现，流传有不同的版本。《菽园赘谈》："事急，顾谓龚若能死，己请就缢。龚不能用，有愧此女也。"《绅志略》："龚以兵科给事中降闯贼，每谓人曰'我原欲死，奈小妾不肯何？'小妾者，顾媚也。"

由此，顾横波备受争议。加上那位与她私订终身的才子由于她的背盟殉情而死，顾横波俨然红颜祸水，不是害人性命就是毁人名节，与多数人印象中"秦淮八艳"的侠骨柔肠、深明大义迥然有异。著名史家孟森先生作《横波夫人考》一文，对龚顾之人品大大不以为然，认为夫妇二人皆是势利无耻之徒，利欲熏心之辈。

《大宗伯龚端毅公传》记载："寇陷都城，公阖门投井，为居民救苏。寇胁从不屈，夹拷惨毒，胫骨俱折，未遂南归。"这些笔记的作者既有亲者，也有仇者，但龚鼎孳是否投井、是否受夹拷都不能改变一个事实，就是龚鼎孳真的投降李自成了，"旋受直指使之职，巡视北城"。

而李自成兵败，清人入关，龚鼎孳与顾横波又再度降清，这也成为后人褒扬欲以身殉国的柳如是，而指责顾横波不知忠义气节、势利轻浮的重要原因之一。

清军入关后，多尔衮以原官职任命龚鼎孳。龚鼎孳作《上摄政王衰病残躯不能供职乞恩放行启》请辞，但没被批准，并在不久后被升职为礼科都给事中。

龚鼎孳一生历任三朝，为时人讥弹。当时传言，有江南文人为龚鼎孳与顾横波并作挽联挽诗以讥讽。龚鼎孳闻后，故《丹阳舟中值顾赤方，是夜复别去，记赠四首》中有"多难感君期我死"之句。在怅然凄凉的《赠歌者南归》中，也可见龚鼎孳内心的煎熬：

长恨飘零入洛身，相看憔悴掩罗巾。
后庭花落肠应断，也是陈宫失路人。

古代中国历来推崇"忠君"，辛弃疾有词"了却君王天下事，赢得身前身后名，可怜白发生"；袁枚有诗"男儿为报君恩重，死到沙场是善终"。当初不避威权、不惮凶险的一片热忱，却招来天子震怒，关入大牢，也许让龚鼎孳倍感心寒齿冷，日后降闯、降清，或有李陵《答苏武书》中"此功臣义士所以负戟长叹者也……陵虽孤恩、汉亦负德"的痛苦复杂心理。

龚鼎孳、顾横波恩爱缠绵无断绝，而两人的骂名也自始至终未曾断绝。面对舆论压力，龚鼎孳居然抬出这样一条理由："吾愿欲死，奈小妾不肯何。"

这借口之无品，和同样身为江左三大家之一的钱谦益，被柳如是拉着投江时说的"水太冷，还是先别跳了"有得一比。

然而随着对这两个人的了解，世人渐渐发现，龚鼎孳这话不过是掩人耳目罢了。他俩均是任性妄为之人，不想死罢了。世人一定要个解释，就给个荒唐的解释好了。

龚鼎孳还曾说，明亡之际，自己曾携顾眉投井殉国，奈何被大顺军发现，最后只能投降了李自成。他甚至还写了文，煞有介事地纪念：

弱羽填潮，愁鹃带血，凝望宫槐烟暮。

并命鸳鸯，谁倩藕丝留住。

搴杜药，正则怀湘；

珥瑶碧，宓妃横浦。

误承受、司命多情，一双唤转断肠路。

——《绮罗香 同起自井中赋记》

国破之日携手以从巫咸，誓化井泥，招魂复出。

——《题画赠道公》

殉国是假是真，暂不追究，单单看这文字，十足地将自己比作屈原，将顾横波比作宓妃，真真是往自己脸上贴金。纵然有殉国之迹，也因此而打了折扣。

有人曾为龚鼎孳辩解，说龚鼎孳确实有殉国之举，然而没有死成。世界上最可怕的事不是殉国或者殉难，可怕的是没有殉成，残存的生命供他人做茶余饭后的谈资，日日夜夜受流言蜚语、唾沫星子的招待。

从龚鼎孳的诗文来看，恐怕他这个投井殉国只是权宜之计罢了。兵荒马乱，城破之时，他不过是学一下陈后主，携了妖媚如张丽华的顾横波藏匿井中而已。

求生本能，毋庸批判。龚鼎孳求生没有错，如若躲过了李自成的搜查，那么之后他带着顾横波，两人学冒辟疆和董小宛，隐于民间，相知相伴，也是不错的选择，不致坏了名声。结果，他偏偏被乱军发现了，而那颗热血的心早已不复存在，故而骨头一软，便投降了李自成。

面对荒唐的自己，龚鼎孳只能给出荒唐的答案，余生都是荒唐。既然投降一次是无节文人，那么两次也是一样。故而第二次，没有悬念，他又投降了清朝。

历史仿佛就此将他遗忘，他的才名在后世也鲜有人记得，他仅仅是靠着那句"小妾不肯"而成名。此外便只剩下顺治皇帝金口玉言地赞了一声"龚某真才子也"，再无下文。

✿ 侠骨芳心

因为降清一事，龚鼎孳彻底将自己的名声置之不顾，但他又不同于其他降清的明朝旧士。仔细看来，龚鼎孳是个无节却有品之人，不完全等同于《清史稿》中那班"贰臣"们。那些投降了清朝的明代官员往往面临着两种情况：一者，不能直面铺天盖地而来的舆论压力和数不尽的责骂，只能躲起来默默饮泪；二者，自以为可以在清朝受到重用，此前在明朝所受的忽视都可以一笔抹尽，此后便可名垂天下，位极人臣，然而结果却是又一轮的轻视。他们不过是清朝收复天下、粉饰太平的工具，还被轻蔑地写进了《贰臣传》，故而悔不当初，纷纷在诗词文集中表示忏悔。

龚鼎孳不同，抑或是由他向来不拘于俗的性格所决定。一方面他与顾横波恩爱如昨，一方面又多次上书，公然为汉人争取权益，一再触怒满清贵族，自然不减昔年上书崇祯皇帝的勇气。他暗中保护了不少明朝的遗民志士，如抗清名士傅山、史可法参谋阎尔梅、晚明思想家黄宗羲等。

傅山在明亡后，以入道为名拒不剃发易服，且着朱衣以示不忘前朝，并长期从事抗清活动。顺治十一年，傅山因和南明总兵宋谦策划起义而被抓捕，史称朱衣道人案。狱中，傅山父子均受到了严刑拷问，却均拒不招认。最后幸得龚鼎孳从中多次周旋才获救开释。而出狱后的傅山又表示义不仕清，更多次违抗康熙的圣旨，最终被强行授职，带到午门谢恩。而傅山则仰卧于地，坚决不叩头谢恩领旨。傅山的做法甚至超过了皇族后裔石涛，毕竟石涛后来还曾两次恭迎圣驾，而傅山对于清廷，是完全地不理不睬，恐怕连受封于首阳山的伯夷、叔齐都比不上。

然而，这当中如若没有龚鼎孳的多次周旋，恐怕傅山的社会影响力再大，也难保久活。傅山的耿介，也许也是龚鼎孳的成全。《清史稿·列传》中记载："尝两殿会试，汲引英隽如不及。朱彝尊、陈维崧游京师，贫甚，资给之。傅山、阎尔梅陷狱，皆赖其力得免。"傅山、阎尔梅都是当时著名的抗清志士，此外黄宗羲、丁耀亢、纪映钟、杜濬、陶汝鼐等都得到过龚鼎孳与顾横波不遗余力、不计个人安危的帮助，顾横波还因此被人称为"侠骨芳心"。

另一位抗清志士阎尔梅，军事谋略第一，曾多次向史可法建议，利用清军内部不稳且正在与李自成主力周旋，而北方抗清势头正旺时出兵收复失地，而不是退守扬州。只可惜这番建议未能被史可法采用，最后只能兵败扬州，遗下憾事。明亡后史可法更是左右奔走中原各省招募有志之士，以图反清复明，然而不幸被捕，全家殉难，而阎尔梅也只能亡命天涯十年，等到龚鼎孳升任刑部尚书才了结此案。

对于龚鼎孳的义举，钱谦益曾赞颂说："长安三布衣，累得合肥几死。"而邓之诚也说："艰难之际，善类或多赖其力。"

无论是做明朝的七品县令，还是清朝的一品大员，龚鼎孳始终为民请命、直言进谏、不畏权贵。《板桥杂记》中说："龚尚书豪雄盖代、视金玉如泥沙粪土。"

此外，龚鼎孳礼贤下士，对于有才之人更是倾囊相助。譬如后来与纳兰性德交情深厚的陈维崧、朱彝尊等人，当初穷困潦倒之际都曾受到过龚鼎孳的帮助。"康熙初，士人挟诗文游京师，必谒龚端毅公"。乃至后来朱彝尊在诗作中一再表达对龚鼎孳的追念之情，而陈维崧也在自己的词作中情真意切地写道："四十诸生，落拓长安，公乎念之！正戟门开日，呼余惊座；烛花灭处，目我于思。古说感恩，不如知己，卮酒为公安足辞？"意思是说，虽后来自己和朱彝尊都被誉为是清初词家三绝之一，但当初自己年过不惑却仍是不名一文的小秀才，在人人看重名气的京城，没有见过多少笑脸，唯独芝麓先生（即龚鼎孳）给过他甚高的待遇。打开正门迎他入门，将他隆重介绍给满座宾客，此后更是不惜灭却灯烛，遣散宾客，方便留下他这个小辈。古人说感恩，不愿落入俗套，不如以知己来称呼。为了回报芝麓先生的深情厚意，一定要和他不醉不归！由此可见，龚鼎孳的这番礼贤下士并非做做样子，和春秋时期的孟尝君一样，仅仅是摆个姿态而已，对于那些文人才子，龚鼎孳不仅关怀备至，甚至是倾囊相助，乃至最后自己的家底也不宽裕，死后家中连为其刻书的钱都没有。

清代的陈康琪在《郎潜纪闻》中提到："合肥龚尚书，怜才下士，嘉惠孤寒，海内文流，延致门下，每岁暮，各赠炭资，至称贷以结客。"

只有真正为这些士子着想之人，才会念及他们在冬天无取暖之资，才会专程请他们到自己家赠以炭资。故而他的知交好友遍布天下，且不分阶层，《桃花扇》以及《柳敬亭传》中提到的说书先生柳敬亭都是他的至交好友。

对于龚鼎孳的这些行为，顾横波是百分之百支持，甚至还如同柳如是那般，亲身参与其中。在阎尔梅四处奔逃之际，顾横波还敢将其藏于自家园中，沉着镇静，丝毫未曾露出马脚。而此刻的龚鼎孳，并非那个在朝廷上能说得了话的尚书大人，而是一位被罢黜而赋闲在家的政治失意者。但顾眉却依然大胆地将一个被朝廷追捕之人藏匿于自家，不怕引来家中诸人的猜忌和朝廷的迫害。故而在顾横波死后，袁枚曾以"礼贤爱士，侠骨棱嶒"八字并称她与柳如是。

顾横波也确实担得起此名，龚鼎孳的轻财好士，都是在顾眉的协助下完成的，"得眉娘佐之，名誉盛于往时"。而那些慕名前来求龚鼎孳字画的，常常是由顾横波代笔，"画款所书横波夫人者也"，故而横波夫人这名流传甚广。《秋灯丛话》中也记载："国初宏奖风流，不特名公巨卿为然，即闺中好尚亦尔。"

顾横波死后，除了龚鼎孳对她的怀念之情不断，连那些曾受过他们夫妻二人资助之人，也纷纷念叨顾眉的好处：

伤心青眼絮巾者，不见吾曹击筑歌。

追忆善持君，每佐余急朋友之难，今不可复见矣。

不同于侯方域后来作《壮悔堂文集》以示自己对仕清这一决定的悔不当初，龚鼎孳的诗词中少了这样的忏悔，更多的是对世事的评论，对故国的思念。如"揭竿扶杖皆赤子，休兵薄敛恩须终"，其实是用前朝的例子警示今朝政府要以民心为本，懂得关心民间疾苦，这样才不会水以覆舟。

"龚芝麓拜御史大夫，抗疏每奏时政得失。殆决狱，日必平反数十事。事虽奏当，有毫发疑，必推驳至尽，致辗匕箸，展转含毫，获有生机而后已"。连吴伟业也只能说龚鼎孳此番为官，"唯尽心于所事，庶援手乎斯民"。所以，在嬉笑怒骂、不羁于世的外壳下，龚鼎孳其实有着一颗哭泣的心。因而，他荒唐不堪地以"小妾不肯"作为殉国不成的理由，义正词严地请封妓女出身的小妾为一品夫人，他还在金陵摆下酒席邀请四方文人雅士，只为小妾过个生日，这就是龚鼎孳。名誉坏了不能补救，而世间的苦难却不能袖手旁观，这也是龚鼎孳。

❀ 一品诰命：横波夫人

顺治三年，龚鼎孳以父亲过世为由，归江南丁忧，而京中政敌趁机翻出他昔日"降闯""千金购妓"的旧账，连同他在丁忧期间行止不检点一并清算，降二级录用。龚鼎孳贬官外放散职，又回到了秦淮河畔，顾横波也随之前往。

舟过燕子矶头，江风殊劲，闺人遂拈弄笔墨以敌其势。蓬窗相对，客心悲未央时也，他对她好，她看得见，故而天涯海角随君往，直到山无棱天地合，乃敢与君绝，最终夫妻双双回到了秦淮河畔。

恩爱缠绵无衰绝，令世间女子无不艳羡。但顾横波的婚姻也不圆满，她不幸应验了钱钟书在小说《猫》中所说的绝代佳人的讥讽——没有为龚鼎孳诞下一子。她曾为龚鼎孳生下一个女儿，然而没过几个月，这个粉雕玉琢的小女婴便夭折了。

龚鼎孳这一归籍就未再召还，赋闲在家到顺治八年才回京。"龚某真才子也"，顺治欣赏像龚鼎孳这样敢于当面触怒多尔衮、不事阿谀满族权贵又才名远播的汉族才子。

被召还以后，龚鼎孳青云直上。顺治十年（1653年），龚鼎孳升吏部右侍郎，为一品大员。这个职位官员的妻子应封为诰命夫人。

许多人以龚鼎孳元配童氏拒绝进京、拒受诰封之大仪来讥讽龚顾二人。其实童氏不肯进京，并非始于龚鼎孳降清。龚鼎孳虽爱顾横波，但断无理由拒绝元配随侍京城。然而童夫人却以一纸"我经两受明封，以后本朝恩典，让顾太太可也"的决绝信，给了龚鼎孳一个难堪。只是这份充满酸意的家书并非正气凛然，童氏只是想，龚鼎孳是断断不敢为一个妓女请封的，他只能转头向自己道歉求饶。不料，她的一句激将之言被龚鼎孳顺水推舟，干脆直接向满清朝廷请封顾横波为诰命夫人。

行事特立独行的顾横波亦不推却，坦然受之。顾横波堂而皇之地接受诰命，封为一品夫人，让她完成了从一个风尘女子到一品诰命夫人的传奇历程。

🌸 死别：君归黄土我归沙

顺治十四年，龚鼎孳带顾横波重游南京，住在隐园的林中堂。恰好赶上顾横波生日，金陵城内有顾横波的诸多熟人，故龚鼎孳又是一番铺陈，摆下筵席大邀四方名流、官宦世家，甚至还有顾横波昔日交好的南曲姐妹。那一天，顾横波垂下珠帘，邀请往日姐妹们一起饮酒唱和。而龚鼎孳的弟子也前来祝寿，甚至几位翰林学士还亲自上台客串，出演《王母宴瑶池》。一时间盛况空前，顾横波的风头可谓是无人能胜。

那时的顾横波是知足的，从情感到外在的一切，都让她知足。视线游离处，屋内的雕花铜镜，每日有龚鼎孳为她浅笑画眉；而匣中的明珠，是生辰之时他为她的号"智珠"而特地购来；那悬挂的佳人倚栏图，上面的题诗见证着他们当年初次相识的情景。这么多年来，一直有他陪伴在她身边，经历了那么多事，他们相濡以沫，那些温暖，真真如桐花万里路，夜夜语不息。漫长的时光里，有他在身边，爱着她，宠着她，他们不顾流言蜚语，相知相爱，昼夜相守，不离不弃，仿佛一世的恩爱怎生得够，缠绵的情话怎说得尽，他的不羁，她的灵动，这么多年也未曾改变。

这次来南京，犹如新婚燕尔，他拉着她的手，在石头城夜路上避开行人，一路疾驰，无限欢笑如那空谷银铃洒遍夜空。漫天的星星是他们情事的点缀，满城通明的灯火，是他们相爱的见证。这张扬的爱情，仿佛和苏小小的"郎骑青骢马，妾乘油壁车。何处结同心，西陵松坡下"类似。

康熙三年（1664 年），四十六岁的顾横波病逝于北京铁狮子胡同家中。她终于是早他而去，为这样一段爱情传奇画上了句号。

龚鼎孳举家上下皆悲痛流泪。悼者车数百乘，备极哀荣。与此同时，远在江南的阎尔梅、柳敬亭、余怀等亦在当地开吊设祭，江南一带前往凭祭者络绎不绝。龚鼎孳特向朝廷告假，扶灵返回江南，将顾横波的遗骨归葬家乡。返京途中，追忆二十年夫妻情，他写下四首诗，其一道：

朔风蓬转正天涯，云断香山暮岭斜。

万事吞声成死别，君归黄土我归沙。

爱得彻底，爱得善始善终，真是不简单。她再风光无限，再光彩照人，终究只是个女子，英雄末路，美人迟暮，这是谁也不愿意遇见的，还好，她遇到了他，在最美的年华遇到了对的人，度过了平静安好的一生。外界说她的种种，于她而言，不过是云烟一般。"识尽飘零苦，而今始得家；灯蕊知妾喜，转看两头花。"正是因识尽飘零苦，今得家后才喜上心头。我想，她一定不在乎一品夫人的头衔，她在乎的不过是一个温暖的怀抱。

龚鼎孳于北京长椿寺为顾横波起妙光阁，于顾横波逝后的每岁冥寿，他都到阁下礼诵佛经，直到他于康熙十二年逝世而终止。龚鼎孳生前著有《白门柳》词集，据余怀说，实乃为顾横波所作传奇。这部词集，当可视为记载二人相恋历程的一部情史。

🌀 争议不息，潮起潮落语凄凄

著名史学家孟森先生，指责夫妇二人皆是没有骨气的势利小人。龚鼎孳死后，也被清朝视为"贰臣"。

崇祯十六年，李自成领导的大顺军攻陷北京，崇祯帝吊死在景山上，明朝的官员无非三种选择：逃跑、投降或者殉国。龚鼎孳选择了投井，只不过那是一口枯井，他带着顾横波躲在里面避祸，而不是殉国。

从井里面出来后，龚鼎孳投降了大顺军。不久，大顺政权失败，龚鼎孳又投降了清朝。他为人狂放不羁，言行常常出人意表，因此得不到皇帝的赏识和同僚的认可，多次遭到弹劾和降级贬职。直到康熙三年，他才因才名为世所重，被提拔为刑部尚书。

龚鼎孳因失节丧操，不仅为明人所不齿，也为清人所蔑视。人家是再作冯妇，他则在极短的时间里做了三朝之臣，他给人解释说：我愿意死，奈小妾不肯何。这一招实在太绝了，既可以推脱自己气节沦丧的恶名，又能让人知晓他和顾横波的郎情妾意，她不愿意他死，他只能听她的。他一定没有恶意，但经他这样不断解说，顾横波又成了备受争议的女子。她的贪生怕死、坏人名节与秦淮诸艳的侠骨柔肠、深明大义格格不入。在清军兵临南京城下时，苦劝其夫钱谦益一起投水殉国的柳如是，当然具有强烈的民族气节；为了抗清复明不惜赴汤蹈火、奔命呼号的李香君，当然也具有伟大的爱国精神。与她们比较，说顾横波贪生怕死也可以，但我总是于心不忍。在大清的滚滚铁骑踏遍中原的时候，生命已是马蹄下的小草、漩涡边的泡沫，多少七尺男儿都因无力抵抗而闻风而逃，像她这样的"小草"能绊倒"马蹄"吗？像她这样的"泡沫"能席卷"漩涡"吗？或许只有死亡方可感天动地，只有壮烈才能可歌可泣，但是凭什么非要顾横波成为伟人呢？

对于龚顾这段情缘，时人大抵是或瞠目，或艳羡，或祝福，并无什么不平之鸣。

可是到了乾嘉年间，文人吴德旋《见闻录》记钱湘灵的事迹中，突然指责顾横波原与钱湘灵之友刘芳约为夫妇，后背盟嫁龚鼎孳，以致"芳以情死"，后事为湘灵经办。正是"刘芳遭弃殉情"事件令顾横波背负了背约弃盟、水性杨花的恶名。然而，当时另一位江南名士余怀的《板桥杂记》中断然否定了这一说法。由于曾替顾横波斥走仗势欺人的浪荡子弟，余怀颇得顾横波信任。按当时说法，余怀是龚鼎孳出现前，与顾横波交往最深的人，而余怀在书中否定了他与龚鼎孳之间还有一个刘芳的存在。不少研究学者指出，明末清初，名妓与才子骚客间的往来多为文人津津乐道，几乎到了一言一行无不留吟咏为证的地步。而顾横波与刘芳，不要说"约为夫妇，刘芳殉情"这么大的事，就连彼此相交的经过，在当时江南文人留下的浩如烟海的诗文韵事中竟无一人一语提及，可见刘芳一说实为杜撰。

而顾横波嫁龚鼎孳为其钱财则更说不过去。有史学家指出，在当时，愿意为秦淮八艳赎身的名士显贵不计其数。逢场作戏，争相捧场者，肯花千金买美人一笑者更是数不胜数。以顾横波当时的处境，根本不需要用以身许人的伎俩招揽生意——她一幅兰花图卖的钱就够平常人过一辈子了。所以，顾横波辗转千里入京嫁给龚鼎孳，其背后是一介弱女子对真爱真情的坚持与追求，理应让人感慨叹服。

坊间对顾横波的评说尤为荒诞离奇，称其身为妓女，又兼鸨母，更称她千挑万选，嫁得三朝易帜、两度投降的如意郎君龚鼎孳，甚至传出了对个人名节极为珍视的顾横波，在清军攻占北京，龚鼎孳再降后，竟与旧友吴崖子南游私奔这样的非议。对于受封诰命夫人的事情则变成了欣然受封变节诰命夫人……种种奇谈怪论全然无视史料史实之存在，权当市井茶余饭后的谈资罢了。

大史学家孟森先生在《横波夫人考》中批曰"以身许人，青楼惯技"，大国学家钱钟书也对孟先生这八字考语加批了一句"极煞风景而极入情理"。但近年来，有潜心读史者撰文，认为二位大家之批语仅仅是对顾横波对龚鼎孳情愫暗生，以至以身相许的就事论事之言，并不是对顾横波这一奇女子的历史定论。诸多历史资料证明，坊间关乎顾横波的奇谈怪论大多是杜撰的。而现存的历史资料中，对于顾横波的记载亦是有褒有贬，素存争议。如何为这位性格鲜明、无视封建礼教、颇有争议的历史传奇女子正名，公正地还原她在特定历史条件下的是非对错，成为一个急待解决的问题。

顾横波与心上人相爱相守这一生，相对于她那些命运跌宕起伏的秦淮姐妹，已算得是花好月圆了。花好月圆的人生虽然为人所向往，诉诸于史料，却显得波澜不惊，没有矛盾冲突，缺少故事情节。顾横波的一生，没有荡气回肠，没有感天动地，在她身上，人们只看到一种最平常的心态和最寻常的生态。以平常心做普通人，是最有滋味的人生。顾横波不是李香君，为了崇高的理想可以抛头颅洒热血；她也不是董小宛，忍辱负重，只为了过上她所追求的婚姻家庭生活；她更不是柳如是，苦心孤诣，敢作敢为，只是为了融入主流社会。横波夫人是个现实的女人，她所做的一切，都是为了让自己能幸福安稳地过一生罢了。顾横波这个简单的小女人，她只知道，如若没有依靠之人，那么便会时常遭受伧父这样的人的骚扰，真真是叫苦不迭；如若不早早为自己打算，那么等到红颜老去之时，门前冷落鞍马稀，岂不是要面临和马湘兰当初一样的命运？理想很伟大，可现实很骨感，犯不着为了所谓的理想牺牲殉道，还不如留下点力气多做些实事。这就是美艳不可方物、个性独特、令人回味无穷的顾横波，一枝篱下，晚含香，沉醉倚三郎，识尽飘零苦，终得家。

世事沧桑，顾横波不去问，冬，为何没有雪花？梅，今生的归宿在哪里？顾横波不去看身边的世态是否涌动着暗潮，也不去管喧嚣如何演变成苍凉。

看，那一幕的繁华又要落幕，那一瓢浮生又成过往。谁在红尘没有梦，梦里谁又没有清香的爱去留恋？光阴老了，梦也会变老，那么，是不是该让自己更恬淡，还原初始的自己，便是简单静好，在光阴里看一轮又一轮的生生不息。听，光阴的弦，又在弹拨，乐音何以跌落成凉薄？

顾横波捻一缕秋色，写下流年里的素素心念。光阴深处，纯静的花在绽放。人的心总要学会让阳光照耀，总要让明媚散发清香。细雨下，用纯净赏读每一滴雨的前世，是哪一片云忍着疼痛变成了雨，让这个世界更清亮；飘雪时，用清眼观望每一片雪花的曾经，是哪一枚泪化成了这片雪，让心在六菱的花瓣里更生香。第一缕晨风在摇曳，是曾经的笑带来了花的颤动，还是梦里那枚花瓣托着一帘幽梦徘徊在心楣？最后一束斜阳在踌躇，是曾经的往事，带着心的悸动，追着温暖在心底延展。如是，人生甚好。

一朝春尽——当极美诗词邂逅红尘佳丽

第六卷

陈圆圆：

美人不曾误江山

此生红尘怨，秋雨如烟。萧瑟秋风凉、霜色侵衣。曾几何时，凤鸾侬语软。

流觞别怨几悲催，更漏嘤嘤红尘梦，春归何处。何年再会，应是来生期。花开彼岸，花落黄泉。西窗落日结暮愁，萧条深林，黄叶正惧秋。最怜霜月不眠夜，圆圆泪下独倚楼。

❀ 身世堪哀

她本是芳菲年华的纯情少女，有着寥落脱俗的万千风情。有些人来到世间，注定是火焰朝天的一次历劫，本就没有一丝生还的机会。她就是这样的。

她不同于以往的"秦淮八艳"，更不是那些普通的红尘凋落的青楼歌妓。她曾经被认为改变了历史，以致于背上红颜祸水的骂名。那么，围绕她的是非几许，要如何讲述呢？带着一份情愫，我试着融合到她短暂人生涉步而过的缕缕悲伤中，一探始末。

　　陈圆圆（1623 年—1695 年），原姓邢，名沅，字畹芬，又字畹芳。"沅有芷兮澧有兰""岸芷汀兰"，倒是和周芷若的"芷若"，李沅芷的"沅芷"相似，都是蕴含着香草美人的韵味。比起她后来的名字陈圆圆，我爱极了邢畹芬这样温软自如的名字，仿若每每轻声道出，便能滴出清露，滋润女儿芳泽。陈圆圆于明末清初时生于江苏武进（今江苏常州），居苏州桃花坞，隶籍梨园，为吴中名优。由于她色艺超群，更与重大历史事件相联，所以清人将她列入"秦淮八艳"中，并说她是前朝金陵娼家女。

　　清代汤成烈等纂修《光绪武进阳湖县志》记载说，陈圆圆出身低微且极度贫穷，她的父亲是个走街串巷的货郎，人称"邢货郎"。据说陈圆圆嫁吴三桂后，吴三桂曾一再叩问其父姓名，陈圆圆在虚荣心的驱使下，羞于说实话。后来，终于知道实情的吴三桂将邢货郎召入王府，"三桂觞之曲房，（邢货郎）持玉杯，战栗坠地。圆圆内惭，厚其赐归之。"
　　陈圆圆的母亲早亡，她是在经商的姨夫家长大的，因此跟从姨父而改姓"陈"。
　　她自幼冰雪聪明，诗词歌赋，一点就通。且美貌出众，少女时便艳惊乡里。
　　时逢江南年谷不登，重利轻义的姨夫，将陈圆圆卖给了苏州梨园。

🌸 花明雪艳，观者魂断

　　陈圆圆最初为苏州地区梨园戏班歌妓，善演弋阳腔戏剧。一出道，陈圆圆便以色艺双绝，而名动江左。陈圆圆容辞闲雅、额秀颐丰，有名士大家风度。陈圆圆每一次登场演出，都是明艳出众，独绝于世，观者为之魂断，连戏曲家尤西堂少时也曾"犹及见之"。

陈圆圆的梨园名动，康熙年间，吴江邹枢所著的《十美词纪》中说道："陈圆者，女优也。少聪慧，色娟秀，好梳倭堕髻，纤柔婉转，就之如啼。演《西厢》，扮贴旦红娘脚色，体态倾靡，说白便巧，曲尽萧寺当年情绪，常在予家演剧，留连不去。"说的是她容貌娟秀，初登歌台，出演《西厢记》，扮那乖巧的红娘角色，体态倾靡，唱念做打，功夫到家。加上人丽如花，似云出岫，莺声呖呖，六马仰秣，常常让台下看客皆凝神屏气，入迷着魔，而流恋忘返。

陈圆圆居江苏桃花坞，这里便是吟着"桃花仙人种桃树，又摘桃花换酒钱"的唐伯虎所居之处。世间皆流传着唐伯虎三笑点秋香的故事，然而历史上的唐寅却一生郁郁不得志。年少成名，然而因为科考身陷舞弊一案，最终潦倒终生，乃至看破世事，留下《桃花庵歌》遣怀：

> 桃花坞里桃花庵，桃花庵下桃花仙；
> 桃花仙人种桃树，又摘桃花换酒钱。
> 酒醒只在花前坐，酒醉还来花下眠；
> 半醒半醉日复日，花落花开年复年。"

由此可见，这里的人文环境为陈圆圆营造了一种良好的文化氛围，陈其年的《妇人集》形容她"蕙心纨质，淡秀天然"。陈圆圆天生是个美人胚子，而且从小饱读诗书，又兼工音律，其传世之作有《畹芬集》《舞余词》，凄切委婉、韵味悠长，为后人称道。下面这首《转运曲·送人南还》据说是其少女时代所填：

> 堤柳，堤柳，不系东行马首，
> 空余千缕秋霜，凝泪思君断肠。
> 肠断，肠断，又听催归声唤。

这首词写怀春少女的离愁别绪，周旋于勾栏之间的少女日日思念意中人，凝泪肠断，离情悠悠，别恨依依。

陈圆圆还有一首《丑奴儿令》：

满溪绿涨春将去，马踏星沙，雨打梨花，又有香风透碧纱。

声声羌笛吹杨柳，月映官衙，懒赋梅花，帘里人儿学唤茶。

这词虽不是作于少女时代，却是缅怀少年事。

那时，她听着远处寒山寺的钟声凄清寥落，身不由己地被摆布上场，她的艳帜高张在教坊的门头。每个华灯初上的夜晚，她着上锦绣，裙带边垂下流苏，款客奉宾。他们来听她唱歌，看她舞蹈，红牙板，绿罗裙，浓词丽曲，点缀着人间的富贵荣华。

陈圆圆容貌昳丽、秉性温纯、气质超俗，有绝伦之美艳。而她的歌声更出众，天生一副好嗓子，时人盛赞她"声甲天下之声，色甲天下之色"（陆次云《圆圆传》）。古代人的娱乐手段贫乏，听听琵琶、看看京剧就相当于看大片了，所以陈圆圆的天籁之音使她红遍江南歌坛。

与她曾有过一段萍水之缘的冒辟疆，也说她"擅梨园之胜"，并在《影梅庵忆悟》里回忆陈圆圆时，对她充满了溢美之词："其人淡而韵，盈盈冉冉，衣椒茧时，背顾湘裙，真如孤鸾之在烟雾。"在冒才子笔下，陈圆圆为人恬淡，却又不乏韵味，盈盈之姿，冉冉容颜，仅仅是一个背影，都好比那孤鸾隐在烟雾中，给人清丽脱俗之感。

而听了陈圆圆"咿呀啁哳之调"，冒才子又说陈圆圆："是曰演弋腔《红梅》，以燕俗之剧，咿呀啁哳之调，乃出之陈姬身口，如云出岫，如珠大盘，令人欲仙欲死。"

陈圆圆梨园名角，声动江南，冒辟疆仰慕其名前来听戏。这日恰巧唱的是《红梅》，明明是燕俗之剧，只有些矫揉的咿呀之调。然而经陈圆圆之口，却唱得如白云出岫，仿佛玉珠落盘，让人欲仙欲死。

此文虽涉暧昧，看着灼眼，但也能感知到陈圆圆当时是怎样的花影扶疏，风华动人。因此，"明末四公子"之一的冒辟疆初见陈圆圆时，便为其姿容所倾倒。

如此集美女、淑女、才女于一身的陈圆圆简直堪称绝代佳人，故而隶属梨园的陈圆圆，一举便成了吴中名优。

陈圆圆极具女性的娇柔妩媚，她步履轻盈，拈花一瞬点红妆，流转在月华如练的夜晚，借着款款深情，万种清韵便如暖风袭来。所以冒辟疆在《影梅庵忆语》中曾这样说："妇人以资质为主，色次之，碌碌双鬟，难其选也。慧心纨质，淡秀天然，平生所见，则独有圆圆尔。"

陈圆圆被劫入京后，改习昆腔，成为田弘遇家乐领班。就这样，色艺冠绝成就了陈圆圆悲剧的一生。陈圆圆作为梨园女妓，注定难以摆脱以色事人的命运。她不同于秦淮八艳中其他七位善长诗词歌赋或者笔墨国画，她只有美色傍身，唱腔作依附。

陈圆圆平常所接触的都是达官贵人、大族权贵。她不同于李香君等人长期与复社公子们接触，深受国家大义所影响，一心向往主流，陈圆圆很大一部分心思只是想嫁入一户好人家，安稳过一生。

可怜的陈圆圆曾属意于吴江邹枢，"常在予家演剧，留连不去"（《十美词纪》）。据记载，当时江阴地方官员贡修龄的儿子贡若甫，在前往金华探望父亲的路上，途经苏州，见到陈圆圆，惊为天人，神魂颠倒。当即用三百两银子为圆圆赎身，打算娶回家做妾。不料，陈圆圆才艺双绝，早已名噪吴中，贡公子为她赎身的消息，早有人报到贡家。花容月貌的小妾大多被视为勾引丈夫的狐狸精而难以见容于正妻与夫家，色艺双绝的圆圆更不例外。据说贡修龄见到圆圆后，非常吃惊，说："此贵人！"当即表示："纵之去，不责赎金。"（李介立《天香阁随笔》）如此一来，贡若甫再怎么不愿意也只能忍痛割爱，陈圆圆也因此重新沦落风尘。

就这样，陈圆圆便与大才子冒辟疆上演了一段情缘。冒辟疆在怀念董小宛的文章《影梅庵忆语》里记述过这段擦肩而过的缘分。他在文中并未直接道出陈圆圆的姓名，称她为"陈姬"。

陈其年《妇人集》中，尚存有冒辟疆赠予陈圆圆的绝句数首。其诗云：

潇湘一幅小庭收，菡萏香余暮色幽。
细细白云生枕簟，梦圆今夜不知秋。

还有一首：

秋水波回春月姿，淡然远岫学双眉。
清微妙气轻嘘吸，谷里幽兰许独知。

崇祯十四年（1641）春，冒辟疆省亲衡岳，道经苏州，经友人引荐，得会陈圆圆。他对这位名满江南的绝丽佳人一见倾心，冒辟疆在《影梅庵忆语》里说他初见陈圆圆时，"其人淡而韵，盈盈冉冉，衣椒茧，时背顾，湘裙，真如孤莺之在烟雾"。当时陈圆圆穿着一套浅黄色的裙子，如暮霭中孤单的黄莺，惹人怜爱，而她咿咿呀呀的唱腔，如珠玉在盘。

才子动心，佳人含情，两人情投意合，话一谈就到了四更时分，忽然风雨骤起，陈圆圆急着要回家，冒辟疆拉着她的衣角相约佳期。陈圆圆说："半个月后，一起到光福看那'冷云万顷'的梅花吧！"冒辟疆说半个月后要去接母亲，于是再次约定，索性等到八月，两人一起到虎丘赏桂。

就这样的一见钟情，却成了陈圆圆多舛一生的起点。

🌸 冒辟疆：负一女子无憾也

他们定好了后会之期，当年八月，冒辟疆移舟苏州再会陈圆圆。这时陈圆圆遭豪家劫夺，幸脱身虎口，遂有许嫁冒辟疆之意，并冒兵火之险，到冒家所栖之舟，拜见了冒辟疆之母。这时两人感情缠绵，不断地盟誓。但此后冒辟疆因丧乱屡失约期，陈圆圆便不幸被外戚田弘遇劫夺入京。

即便是未遭受这样的横祸，敏锐聪捷的她早也懂得为自己谋取生路。她本就不是柔弱无知的少女，用楚楚的姿态博取世人悲怜。她注定要在歌舞炫目中，迷离男人的眼，而不是在角落里顾影自怜。

"四公子"之一的冒辟疆风流潇洒，饱读诗书，而且难能可贵的是他正直不阿，敢于向阉党叫板。那个时代的江南名妓节气颇高，仿佛达成一种共识：都喜欢有才学、有胆识、有正义感的文人。冒辟疆正是这样一个人，据说当时无数女子宁愿给冒辟疆做妾，也不愿做贵人的正妻。

与冒辟疆对她的一见倾心相同，陈圆圆也对冒辟疆这样才华横溢、一表人才的男子青睐有加，初次见面后，就"牵衣订再晤"，冒公子偕她游玩的约定让她高兴，两人约定，或看光福梅花，或观虎丫丛桂，当是时，她一副情窦初开的娇痴样，真是可爱得紧。只是冒辟疆有省觐的大事，不敢迟留，方才作罢。冒辟疆本性软弱，难以担当，没有带她走的心思，却还要去招惹。风月场中摸爬滚打的陈圆圆怎会不明了冒辟疆的心思，只是她仍然决定孤注一掷。在男人们手中不断流转，漂泊无依，人前还要强颜欢笑，她厌倦了这样的生活。

面对冒辟疆的草草收场，这样的无情无义，之于陈圆圆，注定是她一生凌乱际遇的开端。

冒辟疆接母亲回来，路过苏州，本打算再访陈圆圆，却听说"已为窦霍豪家掠去，闻之惨然"。他跟朋友谈起陈圆圆，惋惜自己没艳福，一再叹息佳人难再得。

可谁料，本以为佳人难再得，却是虚惊一场。朋友告诉他一个惊喜：被抢走的是假陈圆圆，真陈圆圆现在所藏的地方离这里很近，他可以带路，陪冒辟疆去看她。

原来，陈圆圆事先得到好心人通报，所以被抢去的是一个假的陈圆圆。

于是在朋友的引荐下，冒辟疆复见陈圆圆。这个时候，按照冒辟疆的叙述，陈圆圆见到故人后十分惊喜。她刚刚逃脱虎口，惊魂未定，寂寞凄凉。陈圆圆已经预感到危险将至，所以在两人度过缠绵悱恻夜的第二天一早，便淡妆登舟拜诣冒母，随后在月光如水的夜晚，陈圆圆卒然以终身相托，向他表白自己的愿望："余此身脱樊笼，欲择人事之。终身可托者，无出君右。"

冒辟疆大概一时回不过神来，只好尴尬回绝道："两过子，皆路梗中无聊闲步耳。子言突至，余甚讶。"陈圆圆虽艳丽无双，是猎艳的最佳对象，然而要谈婚论嫁，冒辟疆可没有思想准备，于是他煞风景地委婉回绝了，理由是他父亲正陷于起义军包围，他没心思考虑这事。他还说两次找她，只是无聊消遣罢了，她的要求过于唐突，令他惊讶，必须赶快打消念头，以免耽误了她的终身大事。并且当时冒辟疆说，他正苦恼如何处理老父亲的祸事，因不想连累陈圆圆，所以"坚谢"。

话说到这个份儿上，已经是相当不客气了，搁平常的女子身上，会立马掉头就走。然而失望的陈圆圆再三向他约定，说自己可以等，等他处理完老父亲的事后再细细商定。美人无怨无悔的痴情让冒辟疆再也无法拒绝，只能敷衍地顺口答应。陈圆圆就"惊喜申嘱，语絮絮不悉记"，于是冒才子诗兴大发，写了绝句赠给她。

崇祯十五年（1642 年）春，处理完家事的冒辟疆再过苏州，准备践约谢答陈圆圆。不料十天前，陈圆圆已被皇戚田弘遇的门客强行买去，说是买去，其实就是掠去。当然，这次掠去的是真圆圆。人家是皇亲国戚，又是"大言挟诈"，又是"不惜数千金为贿"，所以陈圆圆终被田弘遇强行"采购"，作为"大礼"送至京城。冒辟疆在《影梅庵忆悟》中对于此事的回忆是相当坦然的。这本书是他为纪念亡妻董小宛而写的，所以文中提及陈圆圆，多以"礼"待之，间或夹杂"你有情，我无意"的公子哥的得意。即便是陈圆圆被皇亲掳去，他也只是"怅惘无极"，并且从心理和道义上，他也以为"急严亲患难，负一女子无憾也"。

🌸 命如飘蓬任劫持

崇祯十五年（1642）仲春，陈圆圆被外戚田弘遇劫夺入京。圆圆入京的时间，有崇祯十四年、十五年、十六年三说，其中，胡介祉持十四年说，他在《茨村咏史新乐府》中称："崇祯辛巳年，田贵妃父宏遇进香普陀，道过金阊，渔猎声妓，遂挟沅以归。"而叶梦珠持十六年说，他在《阅世编》中称："十六年春，戚畹田弘遇南游吴阊，闻歌妓陈沅、顾寿。名震一时，宏遇使人购得顾寿，而沅尤靓丽绝世，客有私于宏遇者，以八百金市沅进之，宏遇载以还京。"然而据冒辟疆《影梅庵忆语》载，他与陈圆圆私订盟约在崇祯十四年秋，此后冒辟疆因家事牵累，未能赴陈圆圆约会。其间陈圆圆屡次寄书冒辟疆，促其践约，冒辟疆皆不及回复。崇祯十五年仲春，冒辟疆至苏州会陈圆圆，不意陈圆圆已于十日前被劫入京。由于冒辟疆所记为自己亲历之事，故陈圆圆入京时间当为崇祯十五年的仲春时节。

至于劫夺陈圆圆之人，也是存在争议的，有崇祯帝田妃之父田弘遇、崇祯帝周后之父周奎两说。持前说者以邹枢、刘健、尤侗、李介立、叶梦珠、陆次云等人为代表，由于他们为陈圆圆同时代人，故较可凭信。持后说者仅有姓名难以稽考的"之江抱阳生"之记载及钮琇的转述。之江抱阳生《甲申朝事小纪》称："外戚周嘉定采办江南，闻其美，厚缣得之。携归京师。"孤证单说，似乎不靠谱。

那天，田弘遇到江南游玩，在妓院碰见了正值二八佳龄的歌妓陈圆圆，陈圆圆不但歌舞出色、诗画俱佳，更有一种动人心弦的神韵，绝非一般美女可比。田弘遇当即就半带强迫地把她买了下来。崇祯皇帝是一位极其勤奋的君主，勤奋到了很少有时间和精力亲近女色的地步。不过很少不等于没有，他的宠妃田氏就是一位倾国倾城的大美人，而且极有才华、机警灵巧，是一个薛宝钗式的秀外慧中型女子。一人得道，鸡犬升天，田弘遇的身价随着女儿的得势水涨船高，乌纱帽换了一顶又一顶，一直升到了右都督。据张岱《石匮书后集》的记载，他仰仗女儿得宠，窃弄威权，京城里没人敢得罪他，气焰非常嚣张，人称"田戚畹"。后来，田弘遇那位专宠后宫的贵妃女儿一病不起，靠裙带关系坐享荣华的田弘遇担心人走茶凉，竟打算把陈圆圆作为礼物奉献给崇祯帝以固宠。

在田府小住几日，学习宫里的繁文缛节，陈圆圆知道自己要被送到宫中给崇祯皇帝做妃子。

早已习惯了青楼中昼夜歌舞的日子，陈圆圆仿佛从来没有这番安静过，没有了喧嚣不堪的场面，没有了酒气熏天的应酬。她无力自主命运，一道道无形的枷锁，是无法逃脱的宿命，跟随着她，一路颠簸，一路坎坷。

当时陈圆圆还处在失去冒辟疆的痛苦中不能自拔。命运就像一个恶魔，任她如何努力也无法挣脱，事事由不得自己。此时她已不敢再回首，因为早已物是人非。

时值初秋，微凉来袭，阳光慵懒，陈圆圆得知自己即将被送进皇宫，处之泰然，波澜不惊。

与崇祯皇帝擦肩而过

陈圆圆第一次到广褒无垠的皇宫，望着金龙盘柱、玉石镶边，极尽华丽气派，她感叹皇宫的气势磅礴，到了不可思议的地步。

在宫中和在田府并无太多区别，每日嬷嬷来教授礼仪。她的才艺在这里也技压群芳。陈圆圆天生就是舞台上的焦点，于她而言，在宫中表演，只不过换了看客罢了，她从不忐忑，演绎得十分完美，自然而大方。

日子消逝在无声的时光里。闲散的心情让陈圆圆淡忘了昨日的忧伤，此时的她很享受皇宫自在安逸的生活。陈圆圆只是淡淡地等待着命运的安排，他人的安排、在这个过程中，她仍然只能接受，没有任何权利去抉择。

金秋时节，秋菊满园。柳暗花明处，一双明眸已经注视到了她。他没有叫住她，哪怕这里的一切都由他做主。那个瞬间，是他们第一次简单的相遇。

他，是圣上，是陛下，是君主，外人眼中，他拥有无上的权力，是人间至尊。而在她看来，他不过是一个忧愁满腹的男子，温和、懦弱、忧郁。

在对的时间遇到错的人，在错的时间遇到对的人。上天总是喜欢把痴男怨女玩弄于股掌之间，然后笑着离去。于是有的人苦苦相恋，有的人终究不肯放手，有的人追求一生却无果。

在那一瞬间，陈圆圆自在、欣然的目光也落在一双深邃忧愁的眼睛上。当时崇祯皇帝的心的确被震撼了，后宫佳丽三千，美女如云，身为皇帝，他可以招之即来，挥之即去，但他并未有任何举动。此时此刻，他心里满满地都是摇摇欲坠的大明政权，儿女私情，无暇顾及。

而陈圆圆却对崇祯皇帝那深邃的眼眸久久不能忘记。那眼神有失落，有期待，更有无尽的忧愁。她猜不透他的心思，毕竟他不同于常人。而陈圆圆却分明感到，自己读懂了他的心思，她真有一丝冲动，想与他一同分担这些忧愁，想抚平他心中的无法言说的悲痛。

终于在一个晴朗的午后，嬷嬷告诉陈圆圆，收拾好去见皇帝，并再三嘱咐她平日学习的那些礼节和规矩。陈圆圆轻轻地点了点头，平静而安然，贴身宫女为她精心雕琢了一番。粉红的面颊略施粉黛，翠玉花冠温婉却不失端庄大气之美，一袭浅粉流苏碎花衣裙，让她成了这庄严皇宫的一道靓丽风景。无人不感叹的美，无人不惊叹的艳，陈圆圆所到之处都是这种结果，市井小巷如此，雄伟的皇宫亦是。她的美貌并没有不食人间烟火的距离感，而是像一部经典的文学作品，精彩得让人忍不住读下去。雅俗共赏的美，沁人心扉，芬芳永恒。

但崇祯皇帝对着她，不禁皱起眉头。她缓缓抬起头，又一次与他四目相对。还是那一双饱含令人无法读懂的忧愁的双眼，而他对陈圆圆还是只有几分欣赏。至少初见时，他被她惊艳到了，然而只是一瞬罢了，如同歌里的断章，成不了曲的。其实这样已很好了，说到底，她不过是一枚棋子。姑苏城里名霸一时的红妓，此刻却成了皇宫内闱角力的焦点。有人希望她备受荣宠，以惠泽其家。而她在这场无声的角力中，无须为任何人担待，因而度过了此生最悠闲的韶华。虽然，最终这位忧国忧民的大明皇帝没有给她带来命运的改变。

惊艳了世界，却无奈于他。

时值明朝末年，内有起义军风起云涌，外有满人虎视眈眈，大明政权摇摇欲坠。崇祯皇帝被折腾得焦头烂额，无心欣赏眼前这些莺莺燕燕，对女色根本没有兴趣。此时崇祯急需的不是女色，而是捷报。他对陈圆圆只是欣赏，全没有收纳之意。所以，最终他只是挥一挥衣袖，就算是终结了。

崇祯皇帝将陈圆圆赐还给了田弘遇，说："此女诚佳人。但朕以国家多故，未尝一日开怀，故无及此。国丈老矣，请留殊色以娱暮年，可也。"

陈圆圆与崇祯皇帝注定只是擦肩而过。从崇祯皇帝的眼中，她没有看到怜爱，却读出了一种莫名其妙的默契。她想，如果他肯把自己留在身边，哪怕最终国破家亡，她也愿意陪他一起走到最后。

然而，这场相遇无关风月，这场相识有缘无分。

陈圆圆在宫中盘桓了两三个月，终究没能投入皇帝的怀中。

陈圆圆进宫时满载着希望，如今却一无所成地返回田府。田弘遇对此心中不快，陈圆圆在田府的地位也就一落千丈，她被贬到歌舞班中充当歌舞姬，成为田弘遇的家乐演员。

假若陈圆圆真被崇祯留下了，历史会怎么样呢？她不能改变李自成打进京城来。只是，陈圆圆不会激起吴三桂的怒发冲冠了，更不会因为她而导致满清入主中原。是的，这一切是可以避免的，因为陈圆圆本来有机会成为皇帝新宠的，那样，也就没吴三桂为红颜而怒的事了。但是，如果更深地追究，责任倒应当由田皇亲来承担。如果他不强夺美人进京，陈圆圆就不会认识吴三桂，也就不会有一怒为红颜、引清兵入关的事发生了。

陆次云的《圆圆传》中曾这样描述：崇祯皇帝并不为陈圆圆的绝世美貌所动。陈圆圆因此不得不重新回到田弘遇府为歌姬，尽管心有不甘，但她只能借悠悠高山流水之曲倾诉"明眸皓齿无人惜"的无奈与感伤。在田弘遇府中，陈圆圆常常"度《流水》《高山》之曲以歌之，畹每击节，不知其悼知音之希也"。此时的她根本无法预见未来将有一位奇男子出现在她的生命中，并且因为她影响到历史的进程。这个男子就是吴三桂。

🌸 新贵达官吴总兵

正值陈圆圆失意之际，吴三桂出现了。

随着明廷内忧外患的形势越来越严峻，李自成的势力已越过宁武关、居庸关，直逼京师；满清军队也从东北面发起进攻。危急关头，明朝廷下诏吴三桂以总兵身份，统领大军镇守山海关。

吴三桂是原锦州总兵吴襄的儿子，能骑善射，智勇过人，史料上说吴三桂相貌端庄、智勇双全，是一位远近闻名的美男子。但我感觉曾中过武举的吴三桂，应是粗犷豪放型，而不是那种温婉清秀的美男子。

吴三桂（1612 年 6 月 8 日—1678 年 10 月 2 日），字长伯，一字月所，明朝辽东人，祖籍江南高邮（今江苏高邮），锦州总兵吴襄之子，祖大寿外甥。明末清初著名的政治、军事人物。明崇祯时为辽东总兵，封平西伯，镇守山海关。崇祯皇帝登基，开武科取士，吴三桂夺得武科举人。不久，吴三桂又以父荫为都督指挥。

当年，吴襄耳闻目睹了明朝在天启二年（1622 年）如何丢失广宁，辽东经略熊廷弼如何被传首九边，辽东巡抚王化贞如何下狱而死。

吴襄奉旨调进北京，娶了祖大寿的妹妹为妻。祖大寿是世居辽西的望族，吴襄成为祖大寿的妹夫，吴三桂成了祖大寿的外甥。祖、吴两家的联姻，使吴襄、吴三桂父子找到了坚实的靠山，也使祖氏家族的势力更加壮大。吴三桂在吴襄和祖大寿等人的教诲和影响下，既学文又学武，不到二十岁就考中武举，从此跟随吴襄和祖大寿，开始了他的军旅生涯。

崇祯二年（1629 年），皇太极亲率五六万大军，避开明朝构筑的宁锦防线，绕道蒙古直趋北京。崇祯帝中皇太极的反间计，将袁崇焕逮捕入狱。祖大寿惊恐万状，携吴襄父子及辽兵一万五千人自北京仓皇撤军。急返宁远，以图自保。这一年吴三桂十七岁。

崇祯四年（1631 年）的大凌河之战中，团练总兵吴襄率马步四万余往援大凌河祖大寿，结果吴襄临阵逃脱，被削职。

崇祯五年（1632 年）六月，为平息山东登州参将孔有德等兵变，吴襄随副将祖大弼出征山东。最后孔有德从登州乘船渡海，投奔后金，而吴襄恢复了总兵职务。随着吴襄官复原职，吴三桂也在当年任游击，时年二十岁。

崇祯八年（1635 年），吴三桂被擢为前锋右营参将，时年二十三岁。

崇祯十一年（1638 年）九月，任前锋右营副将，相当于副总兵，时年二十六岁。

崇祯十二年（1639 年），蓟辽总督洪承畴、辽东巡抚方一藻、总督关宁两镇御马监太监高起潜，报请朝廷批准，吴三桂被擢为宁远团练总兵，时年二十七岁。

清兵进攻宁远时来势凶猛，明朝的军队软弱懈用，致使宁远失守，吴三桂因之被连降三级。吴三桂痛定思痛，加紧操练兵马，使他的部下成为一支劲旅。

崇祯十三年（1640年），明军与清军在杏山（今辽宁锦县杏山）附近的夹马山一带发生了一场遭遇战。吴三桂在这场战斗中表现出了其高超的战斗技能，他拼命冲杀，与清军血战，但因清军勇猛异常，最终以双方互有伤亡收场。

崇祯十四年（1641年）初，清军逐渐形成对锦州的包围之势。蓟辽总督洪承畴与辽东巡抚丘民仰、吴三桂等再三商酌，决定冒险向锦州、松山、杏山三城运米。

同年，关外清军节节胜利，松锦之战让明军惨败，洪承畴、祖大寿等大将都投降了后金，仅剩吴三桂在宁远、山海关一带苦撑，这也为其加官晋爵赢得了筹码。

崇祯十六年（1643年）正月，已投降的祖大寿在盛京收到吴三桂的来信，祖大寿将来信转交皇太极，皇太极回信道："尔遣使遗尔舅祖总兵书，朕已洞悉。将军之心，犹豫未决。朕恐将军失次机会，殊可惜耳。"吴三桂在动摇中虽然没有降清，但是已经给自己留出了降清的后路。

崇祯十六年（1643年）春天，吴三桂奉命入关，驰援京师，抵御第五次迂道入塞的清军。行军迟缓，到达时清军已退，但是崇祯皇帝还是很器重他，感谢他来北京勤王。

五月十五日，崇祯帝在武英殿宴请来勤王的吴三桂等，赐吴三桂尚方宝剑。三十二岁的吴三桂被破格擢升为辽东提督，总领关外事务，从此开始了他镇守辽东的生涯。

此次崇祯皇帝召吴三桂全家进京，他的这次北京之行使他抱得美人归。

国难当头，急需将才，所以朝廷又提拔吴三桂镇守国门，还连带起用他父亲吴襄为京营提督。一时间，吴家父子兵权在握，成了京城里炙手可热、朝野瞩目的大红人。达官贵人争相与之结交，田弘遇自然也不例外。乱世之时，谁都想得到军队的庇护，所以吴三桂离京赴任时，京城里的达官显贵纷纷设宴为他饯行，想为自己今后找下个靠山。

田弘遇因贵妃去世，日渐失势，为了巩固自己的地位以及在乱世中找到倚靠，有意结交当时声望甚隆且握有重兵的吴三桂。

九月，清军绕过宁远，打下后所、前屯卫、中前所，前后七八天，三座城池全部失陷，吴三桂的宁远成为山海关外一座孤城，已经失去战略意义。

❀ 风雨飘摇中的一夜情

田弘遇曾盛邀吴三桂赴其家宴，他在府中摆下珍肴美酒款待吴总兵。这一天，除了数不清的山珍海味呈列在吴三桂面前外，还有田府绝色的歌舞姬陈圆圆在席前奉歌献舞。

"出群姬调丝竹，皆殊秀。一淡妆者，统诸美而先众音，情艳意娇。"

一阵悠扬清新的丝竹声后，陈圆圆身披白纱舞衣从重重帘幕中缓缓飘出，好像一朵白云飘到了大厅之中。她细移莲步，轻款而出，向吴三桂深深一躬。吴三桂一面举手相让，一面移过身来看陈圆圆，但见她眼如秋水一泓，淡扫蛾眉，轻点朱唇，淡雅中露出一种超尘脱俗的气韵。面不脂而桃花飞，腰不弯而杨柳舞。低垂粉颈，羞态翩翩；乍启珠唇，娇声滴滴。

她轻舒长袖，明眸含笑，像烟雾笼罩着的牡丹花，朦胧而诱人心醉。一段轻舞后，陈圆圆在厅中站定，随着动人心弦的乐器声唱起了小调。那声音仿佛从遥远的天际飘来，轻悠悠地荡入听者的心底，宛如清泉浇身般的清爽。

吴三桂惊诧于陈圆圆的美艳，"不觉其神移心荡也"（陆次云《圆圆传》）。这舞这歌，把上座的吴三桂迷得欲醉欲仙，捧着酒杯，痴迷地盯着陈圆圆，好半天忘了喝酒，也不知搁下酒杯。

无论别人怎样看待功过参半的吴三桂，在我眼中，总觉得他是一个性情中人。当吴三桂初见陈圆圆时，怎一句惊艳了得？明末第一美人陈圆圆，到底芳华几许？能被人们百年以来认为祸水，这不仅仅是一句虚无缥缈的闭月羞花就能详尽。娴静犹如潭花照水，行动好比弱柳扶风。只有弱水三千、温情细语的江南，才能养出这样似月凝雪的佳人。只可惜，女人的容颜和男人说的话一样，总会随着岁月不断变更。有时甚至是转瞬的光景，就失却刚刚吐露的芳华。陈圆圆也随着岁月，美丽一点点消逝，终至无存。

世人皆赞她翩然若仙，颂扬她才艺绝佳，然而她却仿佛是那月宫仙子，只能守着清冷独自寂寞。她的情意无人愿意承接，她的归宿无人可以应允，她精致的容颜不免让她有些心力交瘁。原来她不过是件精美的瓷器，谁人喜欢便可以讨要了去，她的价值可以等同于权势、金钱、人情。关于她的记载中甚少有过她的话语，或者说没有人在意她的话，因为收藏品是不需要说话的。

世事本无常。人生就像一场戏，台上流年似水，台下日月如梭。在水袖空舞的转瞬，掩盖了此去经年。当她还在风情万种地继续风尘生涯时，却不知命运早已突然转向，她注定是一颗红尘世俗的种子，在清高的净土中生不了根。这样的芳华女子，总免不了与生命中相遇的男子纠缠不休，并被赋予传奇的色彩。在人们回首曾经的朱颜碧落生辉时，无不重提当初为她倾心的吴三桂。

陈圆圆歌罢，奉田弘遇之命捧了银壶为吴总兵斟酒。吴三桂心荡神移地接了酒，一饮而尽。陈圆圆曳着长裙飘然入内，吴三桂的目光随之而去，良久都不曾收回。

宴散前，吴三桂终于按捺不住，悄悄对田弘遇说："倘以圆圆送我，战乱之时，我会先保贵府，再保大明江山！"田弘遇会心地点了点头。

第二天，吴三桂派人带了千两黄金作聘礼，到田府求婚。田弘遇便因吴三桂之请，早已准备好丰盛的嫁奁，当天就亲自把陈圆圆送到了吴家。

这是一场蓄谋已久的安排，这些美人作为丰厚的礼物，只等转让出手，寻求下一位买家。

吴三桂适时登场，一场奢华迷醉的酒宴，开始了倾心已久的眷恋。

这是一场缘分注定的相逢，夹带着难以言喻的感动。陈圆圆看准时机，秋波涟涟，为眼前这个可以带她逃离苦海的男人。

此时边关战事告急，清兵入侵宁远边关，崇祯皇帝急催吴三桂回山海关御敌。吴三桂王命在身，可他还是挤出时间举办了隆重的纳妾之礼，只等享受了洞房花烛夜，再启程赴任。

这一夜，新郎新娘早早入了洞房，只为良宵苦短。

无奈好梦易醒，两人兴犹未尽时，屋外已响起大军开拔的号角。吴三桂揽衣推枕，匆匆梳洗完毕，门外已传来禀报："鞍马已备好。"这时，陈圆圆面带红晕地倦倚床头，钗横鬓乱，泪光莹莹。吴三桂看着她，怎么也挪动不了脚步，回过身来拥抱着她，怎奈门外又响起催报声，他不得不一步三回头地走出了房门。

在风雨飘摇的年代，承载的是一个王朝的兴衰变迁，个人的立场便会无限地被缩小，以至于爱情这个梦幻又不切实际的东西，就更加登不了台面。没有安稳世态保证的感情，就是风雨中摇曳的蒲公英，还没等到轻盈地飞散，就已零落成泥。

❀ 时局动荡瞬息变

与陈圆圆依依不舍地分别后，吴三桂率部奔赴山海关，此时关外已经是后金的天下，满洲铁骑在广袤的东北平原纵横驰骋。其时，吴三桂的恩师洪承畴、舅舅祖大寿以及众多兄弟、同僚（像吴三凤、祖可法、张存仁等）均已降清。镇守宁远的吴三桂自然成了关键人物，皇太极向其展开了强大的招降攻势，不仅亲自写信招降，还令祖大寿等人致书相劝，许诺如果率众投降，定有分茅裂土之封。

崇祯十六年（1643年）十一月，李自成率大军一举攻克了西安，建立了大顺政权，改元永昌。次年二月，义军迅速渡过黄河，进军山西，先攻下汾州，循河曲、静乐，直取太原。接着又挥师北上，攻克忻州、代州，然后挥师向东。崇祯十七年（1644年）三月初一，大同失守，李自成的起义军由柳沟向居庸关逼近，眼看就要兵临城下，北京危在旦夕。

面临覆亡有命运，明朝廷便把赌注押在了关外拥有重兵的吴三桂身上。

不少朝臣，如王永吉、吴麟征等先后上疏，要求撤宁远之师以入卫京城。大顺军直指京师，崇祯诏征天下兵勤王。

事态紧急，崇祯皇帝顾不了宁远兵咽喉要塞之地的屏障作用，三月五日，紧急加封吴三桂为平西伯，命吴三桂火速率部千里勤王，入卫北京。

吴三桂整饬部队后进京勤王，并一起带上了宁远几十万的百姓，这么庞大的队伍自然只能龟速前进。虽是冷兵器时代，但战场容不得观望逗留，时间就是生命。

动荡的时局瞬息万变，1644 年三月，李自成农民军以摧枯拉朽之势攻陷北京，崇祯帝以悬挂在半空的姿态，命结煤山（今北京景山）。

崇祯皇帝在自缢前，曾手刃子女及皇后，长叹："愿汝等生生世世，勿生帝王之家。"同时，他对满朝文武颇有怨言："朕非亡国之君，臣是亡国之臣……皆诸臣误朕。"崇祯皇帝自杀时，身边只有一个小太监相随。其尸骨被几位当地士绅从煤山的"罪槐"树上解下，装在凑钱买的廉价柳木棺里运至昌平，草草葬于早夭的贵妃田氏墓地。

赫赫扬扬近三百载的大明王朝，落幕很是凄惨。

就这样，闯王李自成不仅率大军攻入了北京，还建立了大顺王朝，开始了他在北京短暂的统治。

三月十九日，吴三桂率军到达山海关，继而率兵西进京畿。二十二日，吴三桂兵至玉田一带，这时前方传来李自成攻克北京和崇祯皇帝自缢于煤山的消息。进退维谷之间，吴三桂只得退守山海关，并不断派人潜入北京打听消息。

李自成农民军攻占北京后，陈圆圆被刘宗敏所夺。

> 初，三桂奉诏入援至山海关，京师陷，犹豫不进。自成劫其父襄，作书招之，三桂欲降，至滦州，闻爱姬陈沅被刘宗敏掠去，愤甚，疾归山海，袭破贼将。自成怒，亲部贼十余万，执吴襄于军，东攻山海关，以别将从一片石越关外。三桂惧，乞降于我。
>
> ——《清史·流寇》

四月二十九日，李自成在紫禁城即帝位。大顺政权一时间气势昂扬。

李自成进入北京后，当时的情形是怎样的呢？

第六卷·陈圆圆：美人不曾误江山

关于这段历史，各种书籍里留下了很多记载。有人说李自成的军纪很严明，也有人说他的军队在城市里做了许多违法乱纪的事情。当时很多明朝官员对此也有记载，后人可以从中找到一些客观的事例。

进入北京城之前，李自成曾和他的大顺军约法三章：军人入城，有敢伤人者，斩以为令。进城当天又张榜：大军进城秋毫无犯，敢有抢掠百姓财物的，立即处死！百姓欢呼雀跃，以为迎来个清明君主，随即恢复正常的生活秩序。

史料记载，有的明朝官员说，李自成的军队在最初进城时，纪律是非常严明的，有些人想要打劫城市里的商户，很快就被处决了，并公告给其他士兵，如果你们敢破坏城市规范，将会得到和这一样的下场。但这种秩序并没有持续多久，过了没多长时间，城市里就进入了比较混乱的状态。

事实证明，李自成不如朱元璋，他并不具备一个封建改朝换代者的眼光和胸襟，自己率先笑纳了崇祯皇帝的三千粉黛，坐拥声色美姬不亦乐乎。上梁不正下梁歪，仅仅数天，大顺官兵就被胜利冲昏头脑，贪婪的本性暴露无遗，急不可耐地"追赃助饷"，烧杀抢掠，骚扰百姓，之前的约法三章成为一纸空文。

据记载说，李自成的军队进城后，对于三品以下的小官并没怎么动，但对于三品以上的大官，就把他们羁押起来，要求他们交出家里的财物。这种做法肯定是为了扩充军饷。通过这种做法，他们得到了很多军饷，扩充了军队物品补给，但也给京城里的秩序造成了很大影响。

不少明朝官员被抄得倾家荡产，有的化装潜逃，有的则在投降后复萌叛志，一时间北京城人心惶惶、乌烟瘴气。

当时城中旧臣遗老全部遭到了搜捕、关押，吴襄及全家也在其列。而陈圆圆的美貌被闯王的心腹大将刘宗敏（一说是闯王本人）看中，于是被夺为侍妾。

这对于陈圆圆来说，不过从一个男人手里又到了另一个人男人手里罢了，仿佛那古董于市面上辗转倒卖，纵使炒到天价，那于其本身有何关系？陈圆圆没那么高的使命感，她最大的愿望不过是盼个安稳日子罢了。而这份辗转流离，与最初的"愿得一心人，白首不相离"

早已无任何关系。

❀ 怒发冲冠只为红颜

李自成的军队如果还想维持刚进城时规范的秩序，已经是不可能了，这种局面很容易变得越来越混乱，而比较典型的就是刘宗敏住进了铁狮子胡同。他们本来准备和吴三桂联合，一起建立一个新的朝代，但悍将刘宗敏在抢占了吴三桂府的同时，也抢占了天下第一美女陈圆圆。

明朝的灭亡使吴三桂失去倚靠，为了寻找新主，此后一个多月，吴三桂在各种政治势力间进行投机活动。

李自成原本有意争取吴三桂，多次招降，曾派使臣携带四万两白银前往山海关，犒赏已经十四个月没有军饷的吴三桂大军，并许以封侯之赏。在满清与李自成之间，吴三桂再三犹豫，但他倾向于投降李自成。据时人记载，吴三桂本已经把山海关交给唐通带领的大顺农民军，并踏上西进之路。在听闻探马来报，说吴府被闯将刘宗敏抄了，老太爷及家中三十余口尽被刘宗敏关押后，吴三桂还自我安慰"吾至当自还（家产）也""李害父陷于不知，不必仇""吾至当即释（吴襄）也"。

但刘宗敏事件是铁血的残酷！刘宗敏进入北京城以后，住进了铁狮子胡同的天春园。而曾经与他们合作过的吴三桂的家人就被他们扣押了，同时，刘宗敏又抢占了陈圆圆。

更为过分的是，《吴三桂演义》里说，李自成见玉肌花貌的陈圆圆虽在悲苦之中，但仍不失妖娆之态，不禁动了将之充作押寨夫人的念头："吾阅女子多矣！未见有如此妍丽者！此楚庄王所谓世间之尤物乎！吾若得此人，以充妃嫔，平生之愿足矣！"仿佛他闯进京城来，只是为了遭遇这倾城的佳人。

一旁的军师李岩相劝："大王之言差矣。自来美女，一笑倾城，再笑倾国。愿大王勿萌此心，以国事为重。方不负臣等跋涉相从之意。今为大王计，宜将吴襄、陈圆圆及其家属人等送还吴三桂，则三桂之

第六卷·陈圆圆：美人不曾误江山

感大王深矣。那时不患三桂不为我用也。"

但李自成不采纳李岩之计谋，只顾跟美女陈圆圆套近乎："吾闻汝从三桂为慕其英雄也。今国破家亡，三桂未能以一矢相援救，吾独能踏平陕晋，扫净燕云，唾气而取北京，我之英雄较三桂若何？汝若舍三桂而从我，当不失妃嫔之贵。"

陈圆圆的答复很精彩："大王此举如志在与朱明共争江山，自应以仁义之师，救涂炭之苦，若以一时声势，夺人之爱，而损人之节，固失人心，又误大事，愿大王勿为之。"说罢唯俯首不仰视，巧妙地泼了李自成一盆冷水。

因其言既合情又在理，李自成倒也无话可说。但他仍然舍不得释放陈圆圆。他既爱江山又爱美人，什么都要，最终什么都要不到。

因此，表面上看，陈圆圆是明清交替那段历史的大花瓶，被你争我抢多时，代替了那若隐若现的鼎，成为舞台中央的道具。其实她并不是花瓶式的女人，她很有主见，也不乏计谋。

"大顺帝"李自成逼迫吴襄写信给吴三桂，劝他来京受降，封其为侯，否则要他全家性命。

专使将信送到了山海关吴三桂手中，见信后，吴三桂动了心，他深知大明皇朝已无重兴的可能，不如干脆顺应时势，归附了李自成，也好保全家人的性命。这时他突然想起了陈圆圆，在他的想象中，圆圆应和家人一同在押，可他还是不放心，便随口问了一句"陈夫人现在何处"。来使觉得陈夫人不过是一小妾，情况无碍大局，便如实相告："陈夫人已被刘宗敏将军收入府中。"

这突如其来的噩耗瞬息转变局势，吴三桂顿时火冒三丈，真是气愤到了"发冲冠"，怒吼道："大丈夫不能自保其室，何生为？"

岂有此理！大丈夫不能保一女子，有何面目见人！

"时方食，抵几于地，须发奋张"，吴三桂硬是把吃饭的桌子劈成了两半。随即抽出佩剑，一剑砍下来使的头颅，他的打算也随之彻底改变了。

吴府被刘宗敏抄家，更重要的是陈圆圆被其掳走。这是一个针对男人底线的挑战，每出一招，并非致命，却羞辱难当。恼羞成怒的吴三桂愤然率军直扑山海关，向唐通所部发动突然袭击。唐通等人还未反应过来，便被吴三桂"袭其守关兵殆尽，贼帅负伤遁归"，山海关重新被吴三桂所占领。

与李自成撕破了脸，吴三桂当然清楚大战在所难免，但就当时的军事实力而言，吴三桂自忖，与闯王交战难操胜券，于是派副将杨坤持书到满清大营。他准备好好地惩罚一下李自成的大顺王朝，以泄痛失陈圆圆之恨。

通过祖大寿的疏通，吴三桂写信向多尔衮借兵，乞求清军直入中协、西协，三桂自率所部，合兵以抵部门，并许以事后"裂地以酬"。吴三桂最初的盘算是借清军之力剿灭李自成，再拥立崇祯皇帝的第三子朱慈炯继位。

如此一来，他是准备以父母妻子的性命作代价的，还装模作样地致书父亲，说："父既不能为忠臣，儿亦安能为孝子乎？儿与父诀，不早图，贼虽置父鼎俎旁以诱三桂，不顾也！"堂而皇之地以尽忠大明皇朝为借口，并赔上全家的性命，全不管请清兵灭大顺国，背叛民族的利益，引狼入室，只为了心爱的陈圆圆。家人也好，民族也罢，吴三桂已顾不了那么多了！这冠冕堂皇的理由被吴梅村在《圆圆曲》中一语道破："恸哭六军俱缟素，冲冠一怒为红颜。"

吴三桂打开山海关，引清兵通往北京，正合多尔衮的心意。然而，摸清了吴三桂的实情之后，多尔衮改变了初衷，要求吴三桂必须剃发以降方出兵相助。与大顺军交战在即，别无选择的吴三桂果然亲往清营，剃发跪拜。如此这般，多尔衮立即发兵入关。

至此，山海关一开，清军长驱直入，形势已不容吴三桂掌控，借清兵复明自然无望。但吴三桂报复李自成的目的达到了。在清军和吴三桂的双面夹击之下，大顺军节节败退。

李自成为挽回局势，曾意图重新拉拢吴三桂，他特地设宴款待吴襄，并让吴襄写信劝说吴三桂投降。但为时已晚，当李自成侦知清兵逼近的消息，亲自率领二十万大军向东迎去，同时带上了吴襄作为人质。

由于清军与吴三桂的兵马并肩作战，致李自成大败。李自成一怒之下，马前斩杀了吴襄，并将他的首级挂在高竿上，悬于城楼示众。

回师京城后，李自成又杀了吴家老少共三十八口，唯独放过了陈圆圆。

　　吴三桂是一个处于政治热点中的人物，当时他手握重兵，究竟是和关外的清军联合，还是和在北京城的李自成军联合，这是牵扯到他本人政治前途的问题。在这种情况下，他必然要对双方的诚意、自己的实力和自己的发展前途做一个全面的考虑。陈圆圆事件在整个事件中扮演的是不是导火索角色，这并不重要，重要的是结果。吴三桂最终选择不和李自成合作，而是和关外的清军合作，这是改变历史进程的一个重要选择。如果当时吴三桂不和清军合作，依照清军当时的战斗力，他们也很有可能在不久之后就打进山海关。但既然吴三桂和清军合作了，就促进了这一历史事件的发生，同时让清军进关，大大加快了清军占领天下的速度。换言之，不是李自成和大明打消耗战，满清哪能那么容易称王，毕竟当时两方实力悬殊。陈圆圆倾倒了吴三桂，倾倒了刘宗敏和李自成，倾倒了大顺王朝，也倾倒了许多年后的无数男人。即便李自成不敌悍满，但吴三桂若不投降多尔衮，满人最少要晚入关几十年。所以说，陈圆圆以她的个人魅力改变了历史。

　　李自成在听到吴三桂准备和清军合作的消息以后，非常愤怒，很快就率领军队准备去山海关和吴三桂决战，只在北京城驻留一万多人守护。但我们都知道，清军战斗力非常强，而且他们和吴三桂合作以后，很快就把来到山海关附近的李自成军队打得大败。

　　李自成这次的失败，很有可能和他们在北京城里的混乱秩序有很大关系。经过这些天的混乱，在士兵们只想在城里多劫留一些财物，将领们只想着为自己多谋利益的情况下，李自成的军队已经失去了纪律和战斗力。

　　李自成的军队被吴三桂大败，于是他重新回到北京城，举行了简短的仪式，声称自己是实至名归的皇帝，然后就带着他的军队和从北京城截取到的金银财宝，一路回了陕西。

　　这里有一个历史插曲。在李自成进入北京城的前几年，北京城西南的宛平城曾经进行了一次筑城行动。当时宛平城被修成了两个门，东西各一个，一个叫顺治门，另一个叫永昌门。有意思的是，李自成给自己定的年号是永昌，而当清朝军队进入北京城以后，那个皇帝的年号叫顺治。也就是说，宛平城的两个城门，后来就成了结束明王朝的两个历史年号，这究竟是巧合还是有其他原因，现在看来已成为历史烟云中的笑谈了。

❀ 妙计脱身

在吴三桂所部和清军的连续夹击下，李自成农民军遭受重创。李自成眼看大势已去，只好带上京城的金银财宝撤回陕西故地。当时他们是仓皇逃离北京的，尽弃所掠辎重、妇女于道。

临走时，李自成本想带着陈圆圆，为掩饰私情，他还跟部下说这是可胁迫吴三桂的人质，即现今所谓的人体盾牌。

陈圆圆却煞有介事地劝告说："妾身若随大王西行，只怕吴将军为了妾身而穷追不舍。不如将妾身留在京师，还可作为缓兵之计！"李自成听了以为颇有道理，就留下了陈圆圆。

周旋于几个举足轻重的男人之间，却游刃有余，把自己保护得好好的，这是一种生存的智慧。

当吴三桂冲冠一怒为红颜，借清兵入关，把李自成围困在北京城里，李自成在城楼上把吴三桂家属三十余口斩杀，却手下留情，单单留下陈圆圆。吴三桂回京后逐一查验城头上掷下的亲友首级，独不见陈圆圆，便猜测到李自成将她据为己有。

聪明的陈圆圆想出脱身之计，就诱导李自成说了那番话。李自成急于脱身，一面许诺日后转败为胜再续前缘，必立陈圆圆为后，一面留给她一支令箭，说自己的部下见此物必不敢加害。

陈圆圆藏进一户农家，将李自成令箭挂在门外。果然，直到兵马过尽，也无人擅自闯入骚扰。陈圆圆就这样等到了追赶不迭的吴三桂。

开始吴三桂并不知道陈圆圆留在京城，为报杀父夺妻之仇，挥师昼夜追杀李自成的残部，一心要夺回心爱的女人。

吴三桂一直追到山西绛州，忽然京师有人来报，说是已在京城寻

第六卷 · 陈圆圆：美人不曾误江山

获了陈圆圆。吴三桂喜不自胜，立刻停兵绛州，速派人前去接陈夫人来绛州相会。

陈圆圆来到绛州时，吴三桂命手下的人在大营前搭起了五彩楼牌，旌旗箫鼓整整排列了三十里地。吴三桂穿着整齐的戎装亲自骑马出迎，其仪式之隆重决不亚于迎接圣驾降临。

见面后，陈圆圆先大哭，然后且诉且泣："妾忍辱负重，为了能再见将军一面。今天见到，可以无憾地死了。"然后她拔出剪刀假装要自刎，弄得吴三桂心都要碎了，连忙夺刀，并把泪流满面的陈圆圆抱住，连连安慰说："不怪你。"

得而复失，失而复得，吴三桂对陈圆圆的感情更深了。陈圆圆既摆脱了李自成的侵害，又没有失去吴三桂的欢爱，在兵荒马乱之中，能如此保全自己，真是既有勇气，又有智慧。

这一夜，重会之欢胜似当初洞房新婚，营帐中点起了红烛，挂起了芙蓉帐，喝过重逢喜酒的吴三桂紧紧搂住失而复得的陈圆圆。陈圆圆经历了劫难，又受奔波之苦，神色带有几分倦态，却更加显得娇憨妩媚，让吴三桂怜爱得心尖发痛。全家三十九人惨死的悲痛被他抛诸脑后，一心一意地享受着陈圆圆的魅力，任李自成残部渡过黄河回了陕西。

此后陈圆圆一直跟随吴三桂辗转征战。她伴着他，风来雨去，暮暮朝朝，在繁华的京都，在馥郁的西南，在一个又一个狂乱而安静的夜。许多次，她劝他复国，劝他光复大明，委婉地，用她所能用到的一切方法，她劝他放弃清廷，重整汉民族的山河。但是，她的劝说是无效的。虽然在吴三桂戎马倥偬的那些年里，陈圆圆紧随其左右，为他消愁增乐，成了他的精神支柱。可是在政途选择上，吴三桂并不听从陈圆圆的劝导，不惜将曾是自己君主的大明皇朝置之死地，使大江南北掀起滚滚硝烟。陈圆圆默默看着这一切，不免黯然神伤。

就在陈圆圆和吴三桂团圆的时候，京城里正热闹着呢。多尔衮组织人马隆重地迎接清世祖顺治帝入关，在北京建立了大清朝廷，准备全盘控制整个汉民族江山。为了表彰吴三桂开关请兵之功，清朝廷册封他为平西王，并赏银万两，吴三桂竟然不假思索地接受了。这样一来，当初请兵相助的初衷完全变了质，吴三桂不折不扣地成为开关迎敌的民族叛徒。

残阳如血，吴三桂的金戈在金晖下大开大合，每一个起落，必定掀起一片血海。吴三桂注定要负尽天下。为了一段绮罗香泽的起承转合，她注定被他以一世宠爱的名字，铸成一段无法剪去的耻辱，写满他仓皇的背影。

有人讽刺说他是因为她负了天下，那城墙烽烟、荒草遍地，都跟这么个小女人脱不了干系，人们把所有的罪名都推给了她。而那个借由别人的天下来保全自己女人的男人，自然也难逃数不清的舆论唾弃。

这尘世容得下万万千千，却容不下一个令英雄折腰的女子，致使陈圆圆负罪千古江山。

❀ 拒受正妃位

崇祯帝自缢殉国后，福王朱由崧在南京建立了南明新朝廷。新朝廷深知吴三桂手握重兵，举足轻重，因而遣特使前往绛州，欲封吴三桂为蓟国公，并从海路运米三十万担、银五万两犒劳吴军。不料吴三桂因已受封于清廷，不肯再接受南明皇朝的这一套，他已经决定彻底归附于满清。虽然陈圆圆苦劝吴三桂弃清返明，以尽忠义之道，可惜吴三桂执迷不悟，一门心思地追随清廷。

在随后的日子里，身负国贼之名的吴三桂继续为异族效忠，大清顺治二年（1645年），吴三桂继续协助清兵西讨，自山西，渡黄河、入潼关，攻克西安，将李自成的主力彻底消灭。

随后，他又风尘仆仆地东征西伐，为清廷统一中国立下了汗马功劳。最后他为清廷拿下了西南一带，将南明小朝廷的最后一个政权——永历皇朝赶往缅甸。于是，清廷诏令他开藩设府，坐镇云南，总管西南军民事宜。"假以便宜，不复中制，用人，吏、兵二部不得掣肘；用财，户部不得稽迟。"其长子吴应熊被招为皇太极的第十四女和硕公主的驸马，称"和硕额驸"，加少保兼太子太保，长留北京。

此时已是顺治十四年（1657 年），吴三桂可以说是功成名就，他将五华山的永历皇宫重加修葺，建成了平西王府，踌躇满志地经略所辖领地，俨然就是西南边地的土皇帝。

　　顺治十八年（1661 年），吴三桂屯兵缅甸边境，迫使缅甸王交出永历帝。康熙元年（1662 年），吴三桂命人勒死了囚于昆明篦子坡头金蝉寺的永历帝父子，并借此晋爵亲王，兼辖贵州。自此，吴三桂正式雄霸大西南。

　　在昆明稳定下来后，吴三桂冠冕堂皇地以王爷自居，陈圆圆进入了吴三桂的平西王府，被称作陈娘娘，一度"宠冠后宫"（《十美词纪》）。安阜园便是吴三桂特地为陈圆圆修建的，楼阁耸峙，名花怪石，珍禽异兽，应有尽有，可谓穷土木之工。园中宝物珍玩琳琅满目，数不胜数。据说，仅一座六公尺高大理石山水画屏，就迫使大理石工匠们花了三年时间，在苍山里采选加工而成。安阜园的中心是一个巨大的莲花池，水波激滟，清澈见底。

　　当年吴三桂大战李自成，为清军立下赫赫战功，被封为亲王。这样的日子是荣耀而辉煌的。一路跋涉而过，之于两人来说实属不易。清廷命令诸王的正室改称王妃。吴三桂打算将陈圆圆立为正妃，即平西王妃，以示对其宠爱有加。

　　不料陈圆圆却不肯接受，一方面，她知足常乐，"回忆当年牵罗幽谷，挟瑟勾栏时，岂复思有此日。"比及在风尘中跌跌撞撞、摸爬滚打这许多年，贵为藩王宠姬的身份已令她无比满足。吴梅村《圆圆曲》中写道："旧巢共是衔泥燕，飞上枝头变凤凰。长向尊前悲老大，有人夫婿擅侯王。"另一方面，她清醒地认知了自己的处境。她将吴三桂的穷奢极欲看得清楚，聪慧如她，更加深谙什么是贵极而险，盛极必衰。

　　陈圆圆此举着实令吴三桂费解，别的女人不惜争风吃醋，为的就是一个名位，她竟然把送上门的恩惠拱手推出。

　　面对吴三桂的不解，她亦只能语重心长地劝慰："妾以章台陋质，谬污琼寝。始于一顾之恩，继以千金之聘。流离契阔，幸得残驱。获与奉匜之役，珠服玉馔，依享殊荣，分已过矣。今我王析珪祚上，威镇南天，正宜续鸾戚里，谐凤侯门，上则立体朝廷，下则重型裨属，稽之大典，斯曰德齐。若欲蒂弱絮于绣。培轻尘于玉几，既蹈非耦之嫌，必贻无仪之刺，是重妾之罪也！其何敢承命。"

聪明的女人，清明取舍，深谙进退。

陈圆圆做出这样不可理喻之事，并于此时写了一阕《丑奴儿令》，从中或可提供一点答案：

> 满溪绿涨春将去，马踏星沙，雨打梨花，又有香风透碧纱。
> 声声羌笛吹杨柳，月映官街，懒赋梅花，帘里人儿学唤茶。

词中所绘并非眼前之景，而是此时之情，满怀落寞消沉，便是陈圆圆这时的心境。经历了十几年的坎坎坷坷，惯看了人世间的沉浮起落，生生死死恍如过眼烟云，她对一切都已看淡。何况她也明白，为了自己，吴三桂不惜引外族入关，毁灭大顺王朝，背弃朝廷及家人，落下了重重罪名，这一切虽然谈不上是她的过错，可毕竟与她有关，让她自感罪孽深重，哪里还有什么心思去做王妃。

旧日繁华事尽删

当然，陈圆圆辞却正妃之位未必真是打算放弃那荣华富贵，聪慧如她，早就知道，吴三桂肯为她背负天下的骂名，那么此后她的一个稍不留神，便会死无葬身之地。就如同三国时期的甄氏，嫁给曹丕后，对待上下诸人无比谦逊有佳，侍奉倡优出身的婆婆卞夫人如同对待亲生母亲，伺候丈夫甚至到了为了固宠，每日苦心编着繁复多变的灵蛇髻。然而，虽是如此，依然抵不过新宠枕边多次谗言，最后只落得个口中塞糠，披发覆面的下场。

于是，吴三桂别娶。不想所娶正妃悍妒绝伦，唯陈圆圆能顺适其意。很多宠姬就曾惨遭正妃的毒手，圆圆遂独居别院。正是这份退让使她避开了王侯之家的争宠角斗，远离了是非的漩涡。在那个时代，明哲保身是一种智慧。

吴三桂独霸云南后，阴怀异志，穷奢侈欲，歌舞征逐。构建安阜园，

"采买吴伶之年十五者，共四十人为一队"（《甲申朝事小纪》），"园囿声伎之盛，僭侈逾禁中"（王澐《漫游纪略》）。

显赫一时的吴三桂不但大肆扩充势力，费尽心机增军屯兵，掠夺资源；而且大兴土木，将五华山的永历皇宫重加修葺，建成平西王府，铺排张扬，穷奢极欲，更购进大批歌妓舞女，花天酒地、寻欢作乐。"无边春色来天地""越女如花看不足"，其中最受宠爱的是年轻貌美的"八面观音"和"四面观音"两人。

当初的明艳佳人如今已为囊中之物，就失却了当初拱手河山讨卿欢的深情。感情这个东西的保质期实在是太短，短到一旦拥有就已变质的地步。这样的速度令任何一人都哑然不已。

不过纵是花容月貌、芳华绝代，也难逃红颜易老、美人迟暮。吴三桂不是普通的男人，他不会倾尽一生只为一人。在他眼中，能够做到这样已然是天大的恩情，更没有一生一世把她一人捧在手心，百般呵护的理由。

陈圆圆因年老色衰，加之与吴三桂正妻不谐，且吴三桂另有宠姬数人，于是日渐失宠。

此时，对吴三桂野心日益膨胀而忧心忡忡的人不只康熙，日渐失宠的陈圆圆也是其中之一。据说她屡劝未果，悲怨地写道：

旧日繁华事尽删，春秋愁锁两眉弯。

珠襦已分藏棺底，金碗尤能出世间。

离合惊心悲画角，兴亡遗恨记红颜。

看他跋扈终何益？宝殿飘零翠瓦斑。

顺治十八年（1661年），吴三桂以兵势从缅甸索回了永历皇帝，陈圆圆认为这是拥明复清的好时机，连忙力劝吴三桂趁此机会推出永历帝，对清廷反戈一击。她深切地说："如此可成不世之功！"然而吴三桂却不想放弃到手的权位，重新立马横刀，居然将永历帝绞杀了。

天下人为之大失所望，陈圆圆更是心灰意冷，深感已到万劫难复的地步。扬州十日，嘉定三屠，皆是因吴三桂引清军入关的后果，当初繁华江南的血染秦淮、白骨遍地，究其原因竟然是吴三桂轻飘飘的一句为了爱妾。陈圆圆却在这轻飘飘的借口之下，备受良心的谴责，毕竟那是因她而犯下的罪孽，她成了罪人。当汉民族的血脉在那日被外族断裂时，人们把所有的怨恨都迁怒于她。她命运的城外有千夫指唾，他们的愤怒诟病了她的一生。而她宿命的悬崖边，是一座枯萎的空城，城中长满荒草，曾经富足与文明的明王朝，在她的脚下碎裂成云烟。她感到脸上的泪痕，风干成一片冰冷。她一直活着，苟且地活，偷安地活。当她以绝世的美艳陪伴在他的身边时，有许多次，她问自己，为什么不去死？也许她是贪生的吧，舍不下这一副色相皮囊，又也许，她只是不想让他孤单，不想让他独自承受这一切。既然他为她负尽天下，那么就让她为他负尽自己的一生吧。那些所谓的红颜祸水、祸国殃民，所有国破家亡、骨肉疏散的痛苦和罪名，都倾注到了这个可怜的女子身上。王朝坍塌的碎瓦，无奈地砸破了一个女子的青春年华；历史颠覆的战车，无情地碾碎她柔弱的希望。

这时候亦该是陈圆圆落寞退场的时候了，她鄙弃了这样纸醉金迷的生活。其实，亦是深深厌倦了这个女人堆里翻滚的男人。

与其看着堵心的场景，不如选择青灯常伴的生活。即便是无法放弃凡事的种种纠缠，也无非是清冷地看待一生繁华落尽的场面。只有历经无数绽放与凋零的人，才有资格和资本去享有这一瞬的寂灭。不辗转其中，体会烟花一世的人，根本无所知晓，什么才是真正地看厌繁华，花期落尽。

康熙十二年（1673年），陈圆圆上书吴三桂，欲出家到洪觉寺削发为尼，恳请吴三桂允许她出家。"妾闻知足不辱，知止不殆，长此奢华，恐遭天忌，愿王爷赐一净室，妾茹素修斋以求夫君长幸……"吴三桂试图以封为正妃阻止她，然陈圆圆再次婉拒，终脱下华服霞帔。吴三桂再三劝说也没用，只得顺了她的意，并专为陈圆圆修了一座寺庙，赐名金蝉寺。

陈圆圆由玉林国师赐名寂静，号玉庵，在金蝉寺带发修行。日夜与古经为伴，不再为凡尘世事而烦心。"布衣蔬食，礼佛以毕此生"（《天香阁随笔》）。一代红妆从此豪华落尽，归于寂寞。

曾经天荒地老的承诺都不过是一场梦幻，最后只成了一纸空白。

原来，从来就没有爱情童话，游荡在男人身边的陈圆圆自小便懂得。从小到大，她所要做的只是讨好男人，取悦男人，从而换得生存而已。生存远比爱情来得重要。世事不容人选择，更不由人随心所欲，她懂得这些道理，故而为了生存，她一次又一次地游荡在那些男人身边。在秦淮八艳中，她是难得理智的一个，卞玉京的不撞南墙不回头，寇白门的一次又一次所托非人，马湘兰的痴心枉付，都在情爱的迷宫中找不到出路。

她是清醒的一个，其实一开始，她的目的也很简单，只是像董小宛那样找户好人家，哪怕是孤注一掷也要从良，然后相夫教子，安稳一生。她没那么多的理想，像李香君那样保持骨子里的清白，坚守着崇高的道义，历经岁月毫不更改；或者像柳如是那样踏入社会舆论主流，成为引导一方言论的人物。她要的很简单，仅仅是温暖富足，安稳一生。然而世事不由人，世间最难懂的是人心，最想懂的也是人心。吴三桂曾为她不惜触怒天下，此后更是以正妃之礼待她，却最终恩爱转成仇。因为他的心不复从前，而她亦然。背负着红颜祸水的骂名，再加上这个唯一能依附的男人的绝情，陈圆圆心灰意冷，削发为尼，从此粗茶淡食，常伴青灯木鱼声。

这位所谓的红颜祸水之人，国亡之后，也只能每日空对着这寂静莲花池，常伴青灯古佛旁。

🌸 兴亡遗恨记红颜

吴三桂、耿精忠、尚可喜三藩盘踞，独霸一方，从来都是清廷的心腹之患。他们的一举一动都逃不过清廷的眼线，不久，削藩终被康熙提上议事日程。

吴三桂表面迎合朝廷的削藩之举，内心却是百般不愿意。更何况独享云南的生活根本满足不了这个内心燃着熊熊烈火的男人，如果可以安安分分地守着一方寸土，便也不是当初冲冠一怒的吴三桂。他做出一个荒唐的抉择：在云南独立，做自己心中真正的君主。

康熙十二年（1673年）十一月二十一日清晨，吴三桂铤而走险，借召集清廷驻云南各官员赴王府会议之机，大肆捕杀，并自称周王天下都招讨兵马大元帅，令部下蓄发，易衣冠，改穿明服，扯旗造反了。吴三桂以第二年为周王元年，分封百官；后又发布檄文，指责清朝"窃我先朝神器，变我中国冠裳"，并声称要共举大明之文物，悉还中夏之乾坤。

在矢忠新朝三十年后，吴三桂竟又扯起了复明的旗号。

吴三桂出征后的第六年，即康熙十八年（1678年）三月初一日，在湖南衡阳草草称帝，国号周，改元昭武，以衡州为定天府，封妻子张氏为皇后。不料，吴三桂在称帝之日便感染了风寒，竟一病不起，五个月后一命呜呼，死于衡州。

吴三桂这样的举动激怒了康熙帝，他出兵云南。康熙十八年（1679年），吴三桂十四万兵马先后被清廷歼灭殆尽，其孙吴世藩败退云南顽抗。清军很快消灭了吴军，向昆明全境进击，吴世藩自杀，自此吴三桂残余势力全被剿灭。清军将吴三桂全家抄斩。陈圆圆因已出家，不在抄斩之列。吴三桂死后，其灵柩被运到成都安葬。清军抵成都后，竟掘墓起棺，把吴三桂尸体剁成肉泥焚毁。

那一天，陈圆圆站在长满荒草的井边，有风冷冷穿过。一滴凄清的泪，悬挂在美人薄暮的腮边。四周是一片亘古的沉寂，那是一块容易伤感的地方。她抬起头，落日的余晖铺满城楼，仿佛她凌波一舞时披在身上的那层红绫。书上说，那一日残阳如血。陈圆圆之于吴三桂的恨意，是夹杂着爱恋成分的，并且这份情感深入骨髓，在无眠深夜，陈圆圆鞭笞着自己一颗难以解脱的心。所以，当听闻吴三桂命丧衡州的时候，陈圆圆亦是瞬间枯萎，凋谢了心底固执的芳华一寸。陈圆圆估计早就料到了如斯结局，因而纵使她留下，也不过要么和其他家眷一起被抄斩，要么没入贱籍，充军他处。

她面临这样的生死别离，并没有惊慌失措，她似是一瞬解脱与释然，选择用死来回报他的死。用离别祭奠情爱，以死亡埋葬真心，故而多年后，她着素衣，面容沉静，没有任何慌乱和遗憾，跃入莲花池中。一代传奇，自沉于此，为她的传说画上了句号。

第六卷·陈圆圆：美人不曾误江山

我想，她的自沉未必是所谓的殉情，或许说是为了寻个解脱反而更为恰当。倘若她顺利活下来，那么面临的不过又是一轮被人如同挑选货物一样品鉴，然后再被当做货物一样转来送去。

陈圆圆决绝地自沉于荷花盛开的寺外莲花池中，死后葬于池侧。直至清末，寺中还藏有陈圆圆画像，池畔留有石刻诗。《圆圆曲》诗云：

前身合是采莲人，门前一片横塘水。
横塘双桨去如飞，何处豪家强载归？
此际岂知非薄命，此时唯有泪沾衣。

云南的天蓝，云南的云白，山水碧绿，盈盈美景，对陈圆圆而言，这是一种幸福的施舍。而吴三桂进爵平西王，夫荣妻贵，且他不顾她多次被人虏获的事实，宠她爱她。万千荣宠还不够，乃至想立她为正妃，这恐怕是所有青楼女子最好的归宿了。当所有人都以为她并不圆满的人生就要修成正果之时，她却借故推辞。陈圆圆经历诸多世事，见惯生死，见惯离别，见惯人心，她早已心如死灰。乐昌公主能破镜重圆，柳氏能与韩翃相叙旧情，然而在吴三桂和陈圆圆身上未必就有如斯童话实现。她的眼中迸出一行泪水，她做了他一夜的妾、一时的妻，却终是一世的陌路。

吴三桂当初的冲冠一怒，何尝是单单为了她？如若仅仅是为了她而颠覆了别人的江山，那么何苦等到那么多年后他才欺清朝廷主少母衰，再度掀起兵戈，一片丽色的云南瞬间成了血腥之地。腥风血雨间，他的所作所为不过是为了自己的一番功名利禄。

偏安云南，吴三桂不甘远离京都繁华，耐不住对至高权势追逐的野心，于是，这次连身边美人这个用来当做借口的幌子都不用了，直接起兵造反。

陈圆圆看破红尘，只是想吴三桂虽然野心天下，但终究曾因为她而背负了骂名。因果循环，他兵败之日，也是她自沉莲花池之时。

她的倾国倾城，为那透澈池水所吞噬，如花红颜就此沉寂。其实，此时的她和他中间不单是横隔着无限的权势与金钱，连两个人的心都早已疏远。他人为她鸣不平，如吴梅村，提笔写下自己的绝世佳作——

《圆圆曲》，言及她明眸皓齿，将她和那位同样对命运有着无法选择的西施相比，说她"前身合是采莲人，门前一片横塘水"。

她的一生是可怜的，撞见冒辟疆，她只是想迅速觅得一个安稳之处，故而对他是三番四次柔情无限。田国丈前来选美，她不愿做那笼中之鸟，一次又一次地想逃走。为了生存，纵使心有愤懑，她也只能从皇宫回来待在田府。渴望安全，故而即使是被当作货物送给吴三桂，她也未曾表露任何不满。看破世事，因此被刘宗敏所虏也只能忍气吞声。她的一生仿佛一直在男人们身边游荡，其实她从未挣脱过自己渴望脱离的牢笼，也未曾像柳如是那样，热情洋溢地投入到每一份感情中。她就好像一个漂亮的花瓶，在不同的手之间转换。世人都知她的倾国倾城，然而却未曾有人想过这倾国倾城给她带来的究竟是怎样一种悲哀。

长长《圆圆曲》：江山美人两相误

初读"冲冠一怒为红颜"时，顿感热血沸腾，似乎听到了金戈铁马驰骋疆场的厮杀声。明军、大顺军、清军赤膊上阵激烈厮杀的场面，只为了一位绝代歌妓陈圆圆。

陈圆圆实在是个悲剧人物，她何尝想卷入汹涌的时代潮流，过着那不安宁的生活？只是因为貌美艺绝，声甲天下之声，色甲天下之色。天生的尤物，是众多有权有势的男人争夺的猎物。不公平的命运摆布着她，裹胁着她，她身不由己，随波逐流，终于走上一条不归路。

自古红颜多薄命，就让我们在吴梅村的《圆圆曲》中再去缅怀那个孱弱的背影吧——

> 鼎湖当日弃人间，破敌收京下玉关。
> 恸哭六军俱缟素，冲冠一怒为红颜。
> 红颜流落非吾恋，逆贼天亡自荒宴。
> 电扫黄巾定黑山，哭罢君亲再相见。
> 相见初经田窦家，侯门歌舞出如花。

许将戚里箜篌伎，等取将军油壁车。
家本姑苏浣花里，圆圆小字娇罗绮。
梦向夫差苑里游，宫娥拥入君王起。
前身合是采莲人，门前一片横塘水。
横塘双桨去如飞，何处豪家强载归。
此际岂知非薄命，此时唯有泪沾衣。
熏天意气连宫掖，明眸皓齿无人惜。
夺归永巷闭良家，教就新声倾坐客。
坐客飞觞红日暮，一曲哀弦向谁诉？
白皙通侯最少年，拣取花枝屡回顾。
早携娇鸟出樊笼，待得银河几时渡？
恨杀军书抵死催，苦留后约将人误。
相约恩深相见难，一朝蚁贼满长安。
可怜思妇楼头柳，认作天边粉絮看。
便索绿珠围内第，强呼绛树出雕阑。
若非将士全师胜，争得蛾眉匹马还？
蛾眉马上传呼进，云鬟不整惊魂定。
蜡炬迎来在战场，啼妆满面残红印。
专征萧鼓向秦川，金牛道上车千乘。
斜谷云深起画楼，散关月落开妆镜。
传来消息满红乡，乌桕红经十度霜。
都曲伎师怜尚在，浣沙女伴忆同行。
旧巢共是衔泥燕，飞上枝头变凤凰。
长向尊前悲老大，有人夫婿擅侯王。
当时只受声名累，贵戚名豪竞延致。
一斛明珠万斛愁，关山漂泊腰肢细。
错怨狂风飏落花，无边春色来天地。
尝闻倾国与倾城，翻使周郎受重名。
妻子岂应关大计，英雄无奈是多情。
全家白骨成灰土，一代红妆照汗青。

君不见，馆娃初起鸳鸯宿，越女如花看不足。

香径尘生乌自啼，屧廊人去苔空绿。

换羽移宫万里愁，珠歌翠舞古梁州。

为君别唱吴宫曲，汉水东南日夜流！

最美丽的文字，并非华丽的词藻堆积，而是用手写心，抵达人间最曼妙的节点。

人们常以吴三桂冲冠一怒为红颜的例子，来证明红颜祸水论，证明美女有害，不仅倾国倾城，还可能祸国。

我很反对这种以偏概全的历史观。崇祯皇帝拒绝陈圆圆入宫，不也没保住江山社稷吗？明朝的覆灭都是各路男人们相互争斗而造成的，是男人们闹的乱子，为何最后要让一个弱女子来买单？

如果没有陈圆圆的因素，我不相信吴三桂就不会投靠多尔衮了。旧主子倒台了，像他这样待价而沽的一方诸侯，必定要寻找新主子。在李自成与多尔衮之间，他自然要选择一个过硬的靠山。

经过审时度势，几经犹豫，最终把宝押在了多尔衮一方。报复李自成夺爱之仇，不过是挂在嘴上的理由，以掩盖自己引狼入室的滔天大罪。

而陈圆圆其实是无辜的。她本是个小女人，只想依靠着如意郎君，风花雪月或是柴米油盐地安度一生。树欲静而风不止，她被抛到了风口浪尖，一举手一投足，都可能影响到历史天平的倾斜度。她哪能担得起这么重的责任？她爱吴三桂，这有错吗？她爱的时候，吴三桂还是大明王朝的顶梁柱呢。谁料到这根柱子会变形、扭曲？因为这一点，她就成为替男人背黑锅的女人。不仅替吴三桂的降清背黑锅，还要替明朝的覆灭背黑锅。

"恸哭六军俱缟素，冲冠一怒为红颜"是吴梅村通过《圆圆曲》而贴在陈圆圆头上最抢眼的标签。吴梅村是秦淮八艳之一卞玉京的情人。卞玉京与陈圆圆曾同住横塘，有交往，用当代话来说即闺蜜。晚明风月场的流行语："酒泸寻卞赛（卞玉京原名），花底出圆圆"，说明卞玉京与陈圆圆是秦淮风月场上的姐妹花，旗鼓相当。

第六卷 · 陈圆圆：美人不曾误江山

陈圆圆名气太大，这首《圆圆曲》一经写出，即被天南海北广为传抄，有洛阳纸贵之势。云南府同知刘昆之子刘健在《庭闻录》中记载："当日梅村诗出，三桂大惭，厚贿求毁板，梅村不许。三桂虽横，卒无如何也。"那时不兴打名誉权官司，吴三桂也拿诗人没办法。在古代，诗人是无冕之王，比当今的娱记还厉害。加上诗中所写情况大抵属实，吴三桂知道自己要遗臭万年了。当时陈圆圆还活着，估计这首流行诗，也没少给她心理上带来压力。难怪她一直愁容满面，直到临死前唠叨，还觉得委屈呢。

其实，陈圆圆比吴三桂识大体，重气节。她阻拦吴三桂追剿李自成，劝他立马赶回北京，以防建州九王（多尔衮）乘虚而入，定鼎北京。在《吴三桂演义》中，陈圆圆几番提醒吴三桂不要让建州九王渔翁得利："恐将军统兵西行，而九王已是定鼎北京矣……若不幸为妾所料，是将军虽破逆闯而负罪多矣。今乘逆闯穷促之计，实无劳将军虎威，方今为大局计，将军宜迅回北京，以看九王动静，或者九王以将军兵威尚盛，将有戒心。不然中国已绝望矣。"吴三桂听从陈圆圆之计，传令回军，刚走到河北，便听说多尔衮已定鼎北京，自为摄政王并候建州主前来即位。吴三桂也就断了恢复明室的念头，死心塌地为外族效劳。

不久，吴三桂接受赐封，为平西王。按道理，陈圆圆也顺理成章地升为平西王妃，可她一点也不开心。当吴三桂奉命挈眷同赴滇中镇守，只有陈圆圆一人不愿同行："妾昔年被陷，致系囚于闯贼之手，即欲一死，惧无以自明。今幸自成已殒，王爷又已成名。请王爷体谅妾心，恩准妾束发修行，以终余年，得日坐蒲团，忏悔前过，实妾之幸也。"吴三桂哪里舍得她离去，执意邀请她共享荣华宝贵。

陈圆圆急了，说："妾非不知王爷爱妾之心，但王爷若不俯从妾愿，妾将臭名万载，不可复为人矣！"她见吴三桂很吃惊，又耐心解释："妾身在玉峰为歌伎，乃田藩府以千金购妾而归，又不能托田府以终身，随献与大明先帝。先帝以国事忧劳，故弗能纳。后乃得侍王爷，惜王爷当日以奉命出镇宁远，使妾不能随侍左右，致李闯入京，被掳于贼中，复千谋百计，始得再与王爷相见。数年以来，东西南北，无所适从，任人迁徙，既不能从一而终，后世将妾失身于贼，无复郝然人世，何以自明？故妾非舍大王而去，实不得已耳！"

这就是颠沛流离中的陈圆圆。从中我们能看出，陈圆圆很注重名誉，至少比吴三桂之流更在乎当世的评价与后人的看法。乱世佳人似乎比乱世英雄更有定力，也更爱干净。

李自成、吴三桂等男人，要么今朝有酒今朝醉，要么有奶便是娘，哪管别人雪上加霜，哪管身后洪水滔天。他们真该在李香君、陈圆圆之类女流面前脸红。

《吴三桂演义》写到吴三桂在陈圆圆面前的惭愧："吴三桂听到这里，心上更不自在。因陈圆圆是一个妇人，尚知从一而终之义，自己今日实难以自问，更无话可答。"他还一声长叹："今吾羞见此红粉女儿也。"

《圆圆曲》获得成功，吴梅村又再写两首讽刺吴三桂的诗，继续痛打落水狗：

其一

武安席上见双鬟，血泪青娥陷贼还。
只为君亲来故国，不因女子下雄关。
取兵辽海哥舒翰，得妇江南谢阿蛮。
快马健儿无限恨，天教红粉定燕山。

其二

巴山千丈擘云根，节使征西入剑门。
蜀相军营犹石壁，汉高原庙自江村。
全家故国空从难，异姓真王独拜恩。
回首十年成败事，笛声哀愁起黄昏。

世人说我是一只狐，最是善于迷人，
可是，亲爱的，今生我只是来感恩，
今生为你而变。
我变为陈圆圆，世人把我当作红颜祸水的代名词。
可是我此番投生而来，只是为了爱，

一旦当日神灵抛弃了那些人，

帝京被攻破，万民遭涂炭。

你率六军动地来，冲冠一怒为红颜。

那个精灵柔柔地扯动了你的心，

注定了你的生命里不能没有我。

红颜薄命古今同，这是我千年不变的命运。

红颜流落何所依？没有人愿意向我伸一援手。

自知薄命时，只有泪沾衣。

🌸 一个美丽女人的悲剧：红颜祸水是不能承受的累

陈圆圆的心态自是凄楚而难平的。在她漂泊的岁月中，不断在男人身边辗转。说甚倾城倾国，无非薄命红颜。一身无主几时欢。方才为破涕，又作泪涟涟。铁马金戈天下，改朝换代江山。成王败寇尽儿男。因何将祸水，长与女儿担？

在这场大戏中，有人被成就，有人被摧毁。于是，在男人光芒万丈的背后，就有这样的女子，默默承受注定的凄怜。每一个骄奢淫逸的男人背后，人们都习惯性地赋予他一位绝世红颜，为其背负千古骂名。之于一座王朝的毁灭，人们习惯用睥睨神色回望如花美眷。世事总以为，是她们扰乱了君主心底的无限圣明。于是，红颜祸水这样美丽的词语便氤氲而生，带着缅怀的华美，又不失斥责的滋味。

在不容解脱的世俗眼中，陈圆圆是一个不可饶恕的罪人。在汹涌的长河中，她注定了被拍击，如何评说都已轻若鸿毛。这样的言语太过轻佻，根本承载不了心中万丈悲愤。这是凡尘中已定的宿命。

秦淮河桨声灯影，红尘梦依旧。悠悠桨声，涟涟波纹，尽染在百年渡口。迷离灯影氤氲起一片烟霭，倒影出千年金粉。风花雪月定格在梦醒时分，陈圆圆在摇曳的水波中，流泻丝丝缕缕缱绻的情愫。陈圆圆歌缠绵，情旖旎，与君握别，泪滴末路，陈圆圆如花落，飘零在晚风里。

谁记得水上那一曲凄婉的断弦？且歌且舞，且醉且酣，陈圆圆宛若翩翩在红尘渡口的蝴蝶，秦淮河的水却尽是这样冷冷地绿着。任你人影的憧憧，歌声的扰扰，总像隔着一层薄薄的绿纱面幂似的；它尽日是这样静静的，冷冷的绿着。

这样的句子清冷而凄婉，"在夕阳已去，皎月方来的时候，便下了船。于是桨声汩——汩，我们开始领略那晃荡着蔷薇色的历史的秦淮河的滋味了。"（朱自清语）

轻轻掀起陈圆圆神秘的面纱，我看到一个梦中的陈圆圆，羞羞答答一个迷，寻寻觅觅一段情，蒙蒙烟雨中的秦淮是一个大舞台，舞台中央的正是陈圆圆。惊艳的陈圆圆其实是浓浓淡淡一幅画，朦朦胧胧一首诗。

第七卷

董小宛：
花开花落任飘零

　　董小宛犹如一缕暗香，当年，她在小园香径独徘徊，几多余情，化作枕上泪纷飞。谁人将华章，在暗香散尽后，盛开成纸上的伤。

　　董小宛的一季花开，转作陌上香；董小宛的一季悲怨，化为枕上伤。黄昏夕拾，凄然几人懂。那一襟幽怨，又将要向何处寄。看云、听水，谁将又在诗笺的文字中流浪，谁将又在诗行里放牧着思想。水墨写意的宣纸上，又是谁人的妙笔描下了伊人的红妆。是的，他是冒才子，一个爱到不能爱的时候才知道爱、才想要爱的人。清风吹醒了眉梢上沉睡的惆怅，转眼又是一年春之伤，看柳絮漫天飞扬，轻盈若蝶，转瞬便随着时光匆匆地消亡，剩下黄叶拂风，一片相思，一寸柔肠，任它花开花谢，片片皆成了伤。

　　暗香浮动，恍如梦。一曲梅梢月上，唱绝了谁人指上的忧伤？卷帘西风，吹醒了谁人午夜漫延的思绪？

　　自古江南多红颜，晚明之际的才女董小宛，随着才子冒辟疆的《梅影庵忆语》而流芳百世。更演绎了她进宫为董鄂妃、顺治皇帝三千宠爱集一身的动人传说。

董小宛一生阅尽人间的悲欢冷暖，年仅二十八岁（虚岁），即名花凋零。

她有着超然脱俗的清秀与灵气，她窈窕灵秀、神姿艳发，为秦淮旧院第一流人物；她聪慧绝伦、才艺超群，位列中国古代十大名厨；她重情有义、度尽劫波，终得与如意郎君长相厮守；她气节凛然，助夫婿奔走民族大业。

董小宛（公元 1624 年—1651 年），名白，字小宛，号青莲，江苏苏州人。因家道中落生活贫困而沦落青楼，名隶南京教坊司乐籍，与柳如是、陈圆圆、李香君等同为"秦淮八艳"。1639 年，董小宛结识复社名士冒辟疆，后嫁冒为妾。明之后，小宛随冒家逃难，此后与冒辟疆同甘共苦，直至去世。

🌸 锦绣世家横遭不测

苏州城外有条半塘河，河水清澈且悠缓，两岸风景秀丽宜人。出城不远的河畔有一座不知名的小山，山上竹林幽幽，静如世外桃源。山边原本没有人家，只有三两座简易的亭子，供来此散心的游人休息。后来这里筑起了一座小楼，楼虽不大，却修得别致典雅，楼中住着一对母女和几个侍婢。母女俩日子过得十分悠闲，每日沉醉于山水间，看片石孤云，流水落花，累了便在院中花亭里弹琴吟诗，品茗对弈，完全不为生计所累。

原来，她们是苏州城内董家绣庄的女主人和千金小姐董小宛。

董家绣庄是苏州小有名气的一家苏绣绣庄，因活计做得精细，所以生意一直兴隆。董家是苏绣世家，到这一代已有两百多年的历史了。别看刺绣属于工艺制造行业，可十分接近于绘画艺术，所以董家还颇有几分书香气息。

董小宛的母亲白氏夫人是一个老秀才的独生女儿，老秀才平生不得志，把满腹经纶传给了女儿。白氏为董家生了个千金，就是董小宛。小宛不但模样俊秀，且十分灵慧，父母爱如至宝，悉心教她诗文书画、针线女红，把董小宛调教成了一个才德具全的姑娘。

这本是个美满幸福的家庭，不料天有不测风云。董小宛十三岁那年，父亲在暑天患上了暴痢，药不奏效，不久便撒手人寰。这突如其来的变故，将董小宛母女打击得心神憔悴。料理完丈夫的后事，白氏不愿在城中的旧宅中继续住下去，因为睹物思人，倍感悲伤，于是花了一笔钱，在半塘河滨筑下了幽室，带着女儿隐居其中，过一种与世相隔的恬淡生活，绣庄的事则全委托伙计去掌管。

两年时光在不知不觉中流走，此时已是明朝末年。朝廷腐败，枭雄四起，天下陷入战乱之中。到了崇祯九年（1636年），乱象已迫近苏州，人们不由得惶惶不安，白氏也打算关闭绣庄的生意，收回资金以备随时逃难。谁知绣庄伙计一算账，不但没有银两剩余，反而欠下上千两银子的外债。这分明是伙计们从中捣鬼，奈何白氏根本无力惩办解决，又气又急，便病倒在床。母亲倒下，绣庄破产，债务压头，生活的重担猛地压到了十五岁的董小宛身上。她一下子从云端跌入了冰窖，一时间不知所措。

庞大的债务能拖则拖，母亲的医药费用却迫在眉睫。从小随母亲隐居世外的董小宛已养成一副孤高自傲的性格，哪里肯低三下四地向人借贷。一急之下使出下策，答应了别人的引荐，来到南京秦淮河畔的画舫中卖艺，就是所谓的艺妓，卖笑不卖身，并改名小宛（原名董白）。

❀ 安能摧眉折腰事权贵

董小宛秀丽的容貌、超尘脱俗的气质，使她很快就在秦淮河出了名。董小宛的名与字均与李白相同，她名白，号青莲，这或许是一种默契。但也可以看出小宛性情如同李太白一样："安能摧眉折腰事权贵，使我不得开心颜？"虽然为生活所迫，她不得不屈意卖笑，但她的清高时不时地得罪一些庸俗的客人，却也赢得了一些高洁之士的欣赏。董小宛孤芳自赏，自怜自爱，决不肯任凭客人摆布。如此一来，影响了鸨母的进账，鸨母自然对她冷嘲热讽。董小宛郁怒之下，一跺脚离开南京，回到了苏州。可家中母亲依然躺在病床上，离不开请医吃药。一些债主听说董小宛回了家，也纷纷上门催债。董小宛无力应付，只好重操旧业，索性将自己卖到半塘的妓院，卖笑、陪酒、陪客人出游。

在半塘，董小宛依然抱定不卖身的初衷，但为了生存，她不得不压抑自己的那份清高，把一份毫无实际内容的媚笑卖给客人。

董小宛才艺出众，加上清高自洁的清丽气质，让这份超尘脱俗颇得文人雅士赏识。他们中有人，既有闲情、闲暇，又有足够的财力，便能带上个中意的青楼女子游山逛水，享受大自然的风情。但多半是上了年纪的人，时局动荡，过着半官半隐的生活；家底颇丰，文采风流，故而喜欢学谢安携妓出游以增添红袖添香之感；不贪肉欲之欢，仅是喜欢归于山水放飞心灵。因而董小宛是欣然接受的。

她本性好清静，每到幽林远壑，就眷恋不舍，因而厌弃喧闹奢靡，独居苏州半塘达六年之久。此时，虽说能有此雅举的多是年长之人，可那时的董小宛醉心于山水之间，觉得白发雅士也很可爱。在旖旎风光的衬托下，她也容易涌动柔情，真心真意地给客人以娇媚笑颜。因此，她三番五次地受客人之邀，游太湖、登黄山、泛舟西湖，一去就是十天半月。

清代诗人、画家吴梅村题董白小像诗，对她游历黄山作了描述：

钿毂春浇斗画裙，卷帘都道不如君。
白门移得丝丝柳，黄海归来步步云。

就在董小宛离开秦淮河不久，有一位大名鼎鼎的公子慕名前来寻访她而不得，那位公子就是冒辟疆。

❀ 冷美人结缘才子

1639 年，董小宛与复社名士冒辟疆结识。

冒辟疆最早是从方以智那里听说，秦淮佳丽之中有位才色双绝的董小宛的。"近有双成，年甚绮，才色为一时之冠"，吴应箕、侯方域也都向冒辟疆啧啧称道小宛。而小宛也时时在名流宴席间，听人讲说冒辟疆，知道复社中有这样一位极具气节而又风流文雅的大才子。

冒襄，字辟疆，号巢民，南直隶扬州府泰州如皋县人，生于明万历三十九年（公元 1611 年）三月十五。明清时期，如皋城里的冒氏家族人才辈出，是当地的名门望族，也是一个书香世家。祖父和父亲都是进士出身，父亲冒起宗也是一代名臣。

冒襄从小就聪明机智，才能过人，被称为"神童"。因为他是长房长孙，祖父十分宠爱。万历四十年（1612 年），两岁时冒襄从如皋被接到江西会昌，跟随祖父学习经史子集，十一岁又随祖父至四川酆都。十三岁时，祖父辞官回乡，冒襄也随同回到如皋，在香俪园中读书学习。十四岁刊刻诗集《香俪园偶存》，当时的文坛巨擘董其昌亲自为此书作序，并刊印发行，更把他比作初唐的王勃，期望他"点缀盛明一代诗文之景运"。十六七岁时，冒襄参加了一系列县试、府试、院试，总是名列前茅。天启七年（1627 年），他以第一名补博士弟子员，取得乡试资格。冒襄不仅才华横溢、文采出众，而且仪表堂堂、风流倜傥，时人称赞他为"一时瑜亮"。

冒辟疆出身于官宦之家，虽无功名，却也胸怀大志，富有正义。天启年间，阉党魏忠贤阴谋弄权，惑乱朝纲，冒辟疆联合一批有志之士结社金陵，伸张正义，无奈终因势弱力薄，不但未成气候，还惨遭阉党摧折。冒辟疆虽免于难，但前途深受影响。

这批有志之士中较有名的是"四公子"，他们分别是陈贞慧、方密之、侯方域、冒辟疆，皆年少有才之士。"四公子"年龄相仿，意气相投，或结伴同游，或诗酒唱和，或抨击阉党，或议论朝政，文采风流，冠绝一时。冒襄一生著述很多，仅诗集就有十一种之多，传世的有《先世前征录》《朴巢诗文集》《水绘园诗文集》《影梅庵忆语》《寒碧孤吟》和《六十年师友诗文同仁集》等。

当时的明王朝已成溃乱之势，东北在清兵的铁蹄之下，川陕湖广则是流寇驰骋的战场，而江浙一带的士大夫依然过着宴安鸩毒、骄奢淫逸的生活。秦淮河畔，妓家开宴迎宾，樽酒不空，歌姬的翡翠鸳鸯与书生的乌巾紫裘相交错，文采风流，盛于一时。

冒辟疆也沾染了一般豪贵子弟的浪漫风习。一方面，他年少气盛，顾盼自雄，主持清议，矫激抗俗，喜谈经世大务，怀抱着报效国家的壮志；另一方面，又留恋青溪白石之胜，名姬骏马之游，过着脑满肠肥的公子哥儿的生活。

这年秋天，二十九岁的冒辟疆来南京参加乡试。说起乡试，冒辟疆已参加过三次，凭他的才学早该中举，可在应试作文中，本应循规蹈矩、就经解经，他却要联系时势，针砭政局，自然违背了主考官的要求，所以屡试屡败。此次应试他也并不打算改变自己的风格，只看能否遇上个有眼力的主考官，否则就任其落第。与冒辟疆抱着同样心情来应试的还有他的好友方密之，两人全不把考试放在心上，见考前有点空暇，便相约前往秦淮河去散心。

方密之早听人说起秦淮河来了个冰清玉洁的冷美人董小宛，在青楼女子中别树一格，正合方密之等人的口味。因而与冒辟疆两人特意前往造访，不料董小宛已离开了秦淮河。

第二年春天，乡试落第的冒辟疆再访董小宛，却又听说她陪钱谦益游览西湖去了，而且准备游完西湖再转道黄山观赏奇峰苍松，不知何时方能归来。冒辟疆只好悻悻地回去。转眼又是春江水暖的季节，冒辟疆奉母命往襄阳探望在那里做官的父亲，经过苏州，又禁不住往半塘寻访董小宛。这次小宛又陪客人远游黄山去了，冒辟疆失望之极，自叹："竟是如此无缘！"

苏州歌姬沙九畹、杨漪焰名气与小宛相当，冒辟疆便每天来往于沙、杨之间。

在离开苏州前，冒辟疆没抱多大希望地来到半塘，却终于得以与董小宛相晤。其时，董小宛醉卧在家，她与辟疆相会于曲栏花下。

这次会面，她醉意朦胧、慵懒散漫；他却惊为天人。

这是一个深秋的寒夜，董小宛刚刚参加酒宴归来，正微带醉意斜倚在床头。见来了客人，她想挣扎着起身，无奈酒力未散，坐起来都有些摇晃。

冒辟疆见状忙劝她不必多礼，让侍婢在董小宛床头摆了个坐凳，在她身边坐了下来。

冒辟疆见董小宛秋波流转、神韵天然，只是薄醉未消，举手投足都是一派慵懒之气，不由得称赞道："香姿玉色，神韵天然！"

在冒辟疆自我介绍后，董小宛称赞说："早闻'四公子'大名，心中倾慕已久！"脸上露出欣喜的神色。冒辟疆没想到一个风尘女子竟然对他们这助扶正义的行为大感兴趣，不由得对她肃然起敬。细打量董小宛，素衣淡妆、眉清目爽，果然与一般欢场女子大相径庭，此时虽醉意朦胧、娇弱不堪，却依然思路清晰、谈吐不俗，纵谈时局，颇有见地。

怜惜伊人酒后神倦，冒辟疆坐了不到半个时辰就匆匆离去了。就是这半个时辰的交谈，已使他对董小宛留下了深刻的印象。

这时冒辟疆已出游日久，囊中羞涩，不得不按原计划离开苏州回家乡如皋去。

1641 年，冒辟疆又结识了当地名妓陈圆圆。圆圆者，正是导致吴三桂冲冠一怒为红颜、大开关门引清军入关者也！千古名姬，自然姿色倾城倾国，令冒辟疆一见之下同样惊为天人。陈维崧曾在《妇人集》里说："姑苏女子圆圆，戚家女子也，色艺擅一时。如皋冒先生常言妇人以姿致为主，色次之。碌碌双鬟，难其选也。惠心纨质，澹秀天然，生平所觏，则独有圆圆耳。"而那位曾经惊为天人的董小宛，早被他抛到了九霄云外。

而陈圆圆对冒辟疆也是一见钟情，无奈冒辟疆家中临时急事，急于回去处理，但他们在行前定下婚约，依依作别。

未料此别便是二人之永别，1642 年，田国丈强买陈圆圆，挟持北上，从此风云际会，演尽悲歌。冒辟疆归金陵后遍寻陈圆圆不着，心情抑郁，怅惘无及。

烟花三月重相逢

崇祯十五年春，董小宛从黄山归来，母亲去世，自己又受到田弘遇抢夺佳丽的惊吓，患了重病，闭门不出。冒辟疆到时，小宛已奄奄一息。

那天，冒辟疆与朋友驾小舟沿着半塘河缓缓而行，漫无目的地欣赏着两岸的风景。行至途中，小舟穿过一座青石小桥，眼前一片绿意融融的柳树林，抬眼望去，柳丝深处竟隐隐约约透出一幢小楼的檐角，在青山绿树的映衬下，如诗如画。

冒辟疆不禁好奇地问："这是谁的居所？"却听得有人报出了一个极为意外的名字：双成馆，也就是董小宛所居之处。

冒辟疆一阵狂喜，数年后，他在文章中毫不客气地写道"三年积念"，而那位他所谓的订立了婚盟、生死未知的陈圆圆估计又不知道被他抛到了何处。说不一定，如若此刻陈圆圆突然出现在眼前，冒才子的回忆录又得改写了。

冒辟疆数度造访不得见，今朝不期在眼前，真真是"众里寻他千百度，那人却在灯火阑珊处"。他当即便欲停舟上岸相访，却被友人泼了冷水："之前董小宛为势家所惊扰，危病缠身多日，如今她母亲又死了，已经是闭门不见客。"

冒辟疆不听，一定要去。叩门再三，门终于开了。

只见屋内灯火熄灭。冒辟疆转身登楼，在楼上，却见茶几上、床榻上随处都放着药饵。本应是香粉弥漫的双成馆，此刻却飘荡着苦涩的中药味，那帘幕下的董小宛境况着实有些窘迫。

董小宛当年只是醉中见了一次冒辟疆，已记不清眼前是何人。所以，小宛沉吟半晌，问及客人从何而来。

冒辟疆答曰，乃是当年曲栏薄醉相会之人。

董小宛想起来了："以前你多次来看我，虽只见一面，但我的母亲一直称赞你奇秀，也一直为我没能与君一起盘桓而可惜。现在都已三年了，我的母亲刚刚过世，看见你想起我的母亲，言犹在耳。"

那一刻正是董小宛生命中最凄凉的时候，母逝已病，奄奄一息。

忽然来了冒辟疆，便如黑暗中一抹亮光，她看到了爱与希望——他曾数次寻她。他是名重当世的"四公子"之一，她的母亲一直称赞他的好。他在她绝境时忽然出现在面前，成为她救赎的力量。她对冒辟疆说："我这些日子寝食俱废，沉沉若梦，惊魂不安，今日一见君，便觉神怡气爽。"

冒辟疆之神姿竟达药石所不及效，实乃匪夷所思。小宛痴情之下的感慨，千古知己之言，叹为观止！

她命人摆酒，二人榻前对饮，冒辟疆屡次告别都被她留下。想来董小宛真是一个果敢、刚毅而又有决心的女子，当她知道自己要做的事情后，就义无反顾、百折不回地前行。于是，董小宛开始了她这一场无怨无悔的爱的追逐。

就在冒辟疆慕名敲开董小宛的家门那一刻，爱情就深种到了心间。

那正是烟花三月，一个凄绝唯美的季节。

柳絮轻飘，桃李初艳，爱情根种于一座别致的庭院。那一刻，在暖暖的清风中，董小宛长长的睫毛下，闪现出眼中的一缕伤痛。一身素色的衣裙，在暗红的雕花小楼里定格。

那一刻，双成馆里，绣楼前满池春水，任凭风轻轻地拂过粉墙黛瓦，送来了江南的清秀和妩媚。

那一刻，烟雨里有着凄迷的味道。

那一刻，他们听见了彼此心跳的声音。

两人直谈到深夜才分手。翌日，冒辟疆忍不住又雇舟来到小宛家，两人并没有约定，小宛却笑盈盈地站在门外相迎，一夜之间病竟好了大半，也似乎料定冒辟疆今天会来。小宛将冒辟疆迎进了屋，奉上茶，牵着他的手说："此番公子前来，妾身的病竟然不药而愈，看来与公子定有宿缘，万望公子不弃！"她吩咐家人置办酒菜，与冒辟疆在床前对饮。

冒辟疆此行还需到南京参加乡试后再回家乡，他与董小宛约好，一等乡试结束，就马上返回苏州为她赎身，再相伴回到如皋。

对终于完成的与痴情董小宛的告别，冒辟疆仅用了一句话形容："余虽怜姬，然得轻身归，如释重负。"小宛母亲去世后，与冒辟疆的恋爱嫁娶中，董小宛处处主动，焕发出向往自由、寻觅真情的个性光彩。而冒辟疆事事举步踌躇，显露出了一个大家公子以自我为中心的人格弱点。

🌸 病眼看花愁思深

冒辟疆走前，董小宛送他到河边，誓言要等他回来。冒辟疆没有给她明确的回答，只是久久抱着董小宛，不舍得松手。

> 病眼看花愁思深，幽窗独坐抚瑶琴。
> 黄鹂亦似知人意，柳外时时弄好音。

——董小宛《绿窗偶成》

这是董小宛在分别的日子里写成的一首闺怨诗。诗的首句"病眼看花愁思深"点明了董小宛的心情，身体正处在不是太好的状态，只能依靠着窗台看春，与题意相吻合，虚此实彼。诗明写自己在窗前看到的景色，暗抒等待知己之意。"看花愁思深"，暗示这愁是相思。但是没有明确地指出，只是"幽窗独坐抚瑶琴"，借助弹奏瑶琴来发泄自己内心的寂寞和孤独，希望心上人早日到来。通过写"黄鹂亦似知人意"，借助黄鹂来说明自己很孤独，身边只有一只小小的黄鹂陪伴，诗无刻意写怨愁，但忧怨已经在景色里暴露无疑，这是弦外有音的手法。

爱，总是缠缠绵绵，剪不断，理还乱，冒公子一别之后再无音讯。董小宛苦苦期待，这样的等待转眼就是一年，人世间多了一个痴情女子的传说，多了一份红尘寂寞。董小宛用指尖蘸染着胭脂，写上一行行婉约的诗词，然后让风去翻阅那些断句残章。

董小宛开始了一场动人的相思。想念袭来，董小宛会独自立在窗边，希望飘舞的花瓣，能用她的相思染红冒公子的一帘幽梦，燃烧他的相思。董小宛的脚下是一地的思念，缓缓浸染了她的岁月，飘至天涯，伴随冒公子日月前行。

第七卷 · 董小宛：花开花落任飘零

董小宛的诗，只看一字，只读一句，一腔柔情就在眼前。或许温热了很多人苍凉的心，却也让人更多地体会到痴情人的孤单。

❀ 悯姬之诚

等冒辟疆六月抵家的时候，他的妻子对他说："董小宛令人到这里来，说她回吴门后，茹素不出，只翘首等待金陵偕行之约。我给了来人十金，说：我已爱怜小宛的心意，愿意答应这件事，只是请她静静等候相公科考完毕，那也未尝不可。"都说女人才是最了解女人的，冒辟疆的夫人充分发挥了李之问妻迎接聂胜琼的大度之心。

冒辟疆感激妻子的贤良，却没有践金陵偕行之约，他直接考试去了。

董小宛等不到冒辟疆，这个有决断的女子，当下孤身一人，带一小奴，买舟向金陵行去。

在爱中，董小宛一路前行。好像只有武侠里才有这样的女子，说去哪里就去哪里，那时的女子大都只能凭栏落泪、灯下相思、无奈数更声，等到极至的便寒窑十八年，守到云开见月明。但是董小宛并不肯被动地等，或是她知道冒辟疆承诺的脆弱，她什么也不顾，只是无畏地去追寻。

路遇强盗，藏到芦苇中躲过，舵坏了，船走不了，断炊三日。好不容易到了金陵，又怕扰了冒辟疆文思，挨过两天，等冒辟疆考完了才见他。这个痴情女，为了与自己的心上人相聚付出了多少努力，经历了多少艰险，还处处为心上人考虑得极周全！

当她流着泪诉说这些经历的时候，冒辟疆身边的朋友们都被感动了。"高姬之识，悯姬之诚"，纷纷作诗作画极尽赞赏，以打动和坚定冒辟疆的情怀。

其时，冒辟疆踌躇满志，以为自己必定能考上，然后就料理董小宛的事，以报其志。是的，他只是被感动，还远不是爱。

忽然听到父亲自兵火中生还的消息，冒辟疆喜出望外，马上乘舟去銮江见父亲，连董小宛的去留都不管了。

董小宛便发舟追他，一路追到銮江。其间，她的船遇到风，差点翻船死掉。想那茫茫的青色江面上，这个孤单美貌的女子乘一叶小舟，追着她心仪的公子，一程又一程，风急浪高，发丝飞拂，她紧抿着唇，目光里满是一往无前的孤勇与坚持。

然而冒辟疆没考中，他没有心情处理董小宛的事了，董小宛痛哭相随，不肯离开。

这时候偏偏小宛的债主前来追债，冒辟疆于是趁机板起面孔，赶她走，说是先断了那些追债者的念头，以后再说吧。

就这样，他冷面冷心地与她决别。到这一步似乎已回天乏力，董小宛也该灰心了。

这天，冒辟疆与朋友们饮酒，董小宛的小奴来报说：董小宛不脱去时衣，如果冒辟疆不速图之，她甘愿冻死。

朋友们看不下去了，劝说："辟疆，你夙称风义，怎么这样辜负一个女子呢？"冒辟疆却说："她的事，我无能为力。"朋友们说："不就是欠债吗？我们凑一下钱，帮忙把这事解决了。"

朋友们借贷凑钱，自告奋勇去吴门解决董小宛的债务问题。结果没调解成，众哗决裂，董小宛逃去吴江。冒辟疆依然自顾回家了，对此事全不理会。好一个风流公子冒辟疆！

事至此，董小宛已至绝境，孤身维谷，难以收拾。

❀ 恭顺忠贞贤淑成就的幸福

好在山回路转，冒辟疆来了，他带着小宛回苏州赎身，不料又遇上了麻烦。因董小宛在半塘名气太大，不论出多少银子，鸨母都不想放走这棵摇钱树。就在他们一筹莫展之际，钱谦益偕同柳如是来游苏州。柳如是是董小宛当初卖笑秦淮河时的好姐妹，钱谦益也曾与她有过颇深的交情，他如今虽然免官闲居，但在江南一带名望甚高。经他出面调解，董小宛赎身之事迎刃而解。他又买舟，将董小宛送到冒辟疆家门，其后吴门琐细事也皆由朋友们帮忙办了。因为他们都被董小宛这一场爱的追逐感动了，所以纷纷成全这一段佳话。

那一天，董小宛穿着薄如蝉纱的艳红轻衫，与冒辟疆偕登金山。

那一刻，心愿终得遂，她该是怎样悲喜交集的欢欣？

这时已是崇祯十五年（1642年）隆冬季节，冒辟疆与董小宛顶风冒雪赶往如皋。一路上他们不愿意放弃观光赏景的好机会，走走停停，寻幽访胜，直到第二年初春，才到达如皋的冒家。

1643年，二十岁的董小宛进入了冒辟疆家。爱的生活刚刚开始。

董小宛的心路历程分为两个部分：前半程是辛酸倒追，后半程则是如何在日常柴米油盐中实现自己的价值。

冒家十分通情达理，顺利地接受了董小宛这位青楼出身的侍妾。于是，恭敬顺从的董小宛以无比的热情、勤谨和诚挚贤淑开始了居家生活。

小宛嫁入冒氏之门后，与冒家上下相处极其和谐。马恭人（辟疆母）和苏元芳（辟疆妻）特别喜欢小宛，她们一见董小宛的面，就"异而爱之"，待她非常好。幼姑长姊也都珍重相亲，说她德行举止均非常人。

这时冒辟疆的父亲已从襄阳辞官归家，一家人欢聚一堂，共享天伦之乐。

从此，秦淮河畔孤高傲气的董白消失不见，取而代之的是如皋唯唯诺诺宛如婢女的董小宛。"却管弦，洗铅华，精学女红，恒月余不启户"，一副模范媳妇的模样。

冒辟疆的原配妻子苏元芳体弱多病，董小宛便毫无怨言地承担起理家主事的担子来，恭敬柔顺地侍奉公婆及大妇，悉心照料苏元芳所生二男一女。冒辟疆每日监督两个儿子的功课，不如意之处自己便批复下来。而小宛则必定督促他们修改，并亲笔庄重誊抄下来，甚至是熬夜也在所不惜。上侍奉公婆，下教养孩子，小宛都是不折不扣的榜样。

冒家的全部用项及银钱出入均由她经手，她料理的账目清清楚楚，从不私瞒银两。每当冒辟疆出外或是遇上夫人需要散碎银子时，董小宛总能拿出家中余下的银两。

董小宛善刺绣，绣品精细，深为周围人喜爱。小宛本是出身于苏州一带有名的刺绣世家。在董家，她将女红技艺发挥到了实处，时常做刺绣以储备家用。

"居数月，于女红无所不妍巧，锦绣工鲜。刺巾裾如蚋无痕，日

一朝春尽——当极美诗词邂逅红尘佳丽

可六幅。剪彩织字、缕金回文，各厌其技，针神真绝，前无古人已。"
此番评价，既是称赞董小宛的女红技艺，同时也给人一种董小宛是冒
家女工的感觉。

董小宛言语间善解人意，还烧得一手好菜，善做各种点心及腊味，
使冒家老少大饱口福。在众人的交口称赞中，小宛得到了无限的满足。
对待家里人，小宛与其他婢女没有差异，煮茶剥果，必定自己亲手递送；
吃饭时，必定恭谦地站在座位旁边。如果强要她坐下一同吃饭，过不
了多久，她又会马上站起来，微微弯着背，如同寻常婢女。

想来，她一定是快乐地做这些事，热忱而投入，因为这是得之不
易的幸福。经过千辛万苦，这样的生活她终于得到了。

诗意人生：月漉漉，波烟玉

在以知书达理、精通琴棋书画而闻名于乡里的同时，对丈夫，小
宛更是无微不至。冒辟疆闲居在家，潜心考证古籍，著书立说，小宛
则在一旁送茶燃烛，有时也帮着查考资料、抄写书稿。他疲惫时，她
便弹一曲古筝，消闲解闷。

小宛还有着浓重的小资情结和诗情画意。闲暇时，小宛与冒辟疆
常坐在画苑书房中，泼墨挥毫、赏花品茗、评论山水、鉴别金石。此
外，小宛和冒辟疆都喜欢静坐香阁，细品名香。他们讲究品香时的情
调。寒夜小室，玉帏四垂，点燃两三支红烛，在几支宣德炉内燃沉香，
静参鼻观，就好像进入了蕊珠众香深处，飘飘然也，欣欣然也。小宛
最珍爱东莞人视为绝品的"女儿香"。冒辟疆最欣赏"横隔沉"，这
是一种内质坚致而纹理呈横向的沉香。他们还蓄有不少"蓬莱香"。
冒辟疆曾从江南觅得一种味如芳兰的"生黄香"，他拿了一两块给广
东朋友黎遂球鉴赏，黎遂球叹为观止。小宛还用从内府获得的西洋香
方子制作过百枚香丸。小宛使用沉香的方法和一般人不同。一般人是
把沉香放在火上烧，烟扑油腻，须臾即灭。不仅体察不到香的性情，
而且烟气沾染上襟袖还带有焦腥味。小宛采用的是隔纱燃香法，非常

讲究品香时的情调与环境。

冒辟疆喜欢收集唐诗，每次购买后，必按人和年代分出次第，每集细加评选。而小宛则终日红袖添香、稽查抄写、细心商订，并时时提出自己的见解。甚至是冒辟疆所读《东汉》，小宛也能提出客观公正的看法，堪作一则史论。

小宛的多才多艺在此显露无遗。她初进冒家时，见董其昌仿钟繇笔意为冒辟疆书写的《月赋》，非常喜爱，着意临摹，到处找钟繇的字帖。后来觉得钟繇的字体稍稍偏瘦，又看到他的《戎辂表》将她推崇的关羽称为贼将，便废钟帖而改学曹娥碑，每天几千字，从不错漏。小宛还曾替冒辟疆给亲戚朋友书写小楷扇面。

小宛曾对辟疆说："我书写谢庄的《月赋》，见古人厌晨欢，乐宵宴。这是因为夜之时逸，月之气静，碧海青天，霜缟冰静，比起赤日红尘，两者有仙凡之别。人生攘攘，至夜不休。有的人在月亮出来以前已呼呼大睡，没有福气消受桂华露影。我和你一年四季当中都爱领略这皎洁月色，仙路禅关也就在静中打通。"

小宛就这样在自然平实的日常生活中领略精微雅致的文化趣味，在卑微的生命中企慕超脱和清澄的诗意人生。

小宛曾于吴门学画，虽不能与同时代的马湘兰、卞玉京相比，但也能作小丛寒树。笔墨纤纤，时常在几案上涂鸦，她还特别喜欢描绘古今之事，看起来别有一番趣味。董小宛十五岁时的作品《彩蝶图》，现收藏在无锡市博物馆，上有她的题词。她的主要作品还有《孤山感逝图》《玉肌冰清图》。到如皋后，她保持着对绘画的特殊爱好，时时展玩新得的长卷小轴或家中旧藏。后来在逃难途中，她仍把书画藏品捆载起来，随身带走。

董小宛才艺出众，还体现在诗词方面也颇为不俗。她爱写诗，十分认真刻苦，"意所欲得与意所未及，必控弦追箭以赴之"。她写诗才情迅疾，如顺治七年正月初二读到唐代七岁女子"所嗟人异雁，不作一行归"之句，凄然泪下，和成八绝，哀声怨响，令人不堪卒读。可惜她的诗作大多散失，辑录困难。现在流传下来的有诗集《绿窗偶成》《楷书秋闱扇面诗拾壹首》等。

另外，她编的类书《仓艳》三卷，是研究历代妇女生活的重要资料。

月色如水，最为小宛所倾心。夏夜纳凉，小宛喜欢与冒辟疆的两个小孩背诵唐人咏月及流萤、纨扇诗。为领略月色之美，她常随着月亮的升沉移动几榻。半夜回到室内，她仍要推开窗户，让月光徘徊于枕簟之间。月亮西去，她又卷起帘栊，倚窗而望，恋恋不舍，反复回环地念诵李贺的诗句："月漉漉，波烟玉"。

董小宛作的《一柄象牙彩蝶》：

独坐枫林下，云峰映落辉。
松径丹霞染，幽壑白云归。

这首诗充满了对大自然的融合与热爱之情。

小宛葬花：数此却无卿傲世

小宛最爱晚菊。有个朋友送给冒辟疆几盆名为"剪桃红"的菊花，花繁而厚，叶碧如染，浓条婀娜。小宛见到"剪桃红"，非常喜爱，特意将花放在床边。每天晚上，高烧绿烛，用白色屏风围起三面，放一张小椅子在花间，调整好菊花，让菊影具有参横妙丽之态，然后身入花间，使人在菊中，菊与人都在影中，此情此景，淡秀如画。

一次，她与冒辟疆一同赏菊，冒辟疆咏道："玉手移栽霜露经，一丛浅淡一丛深。数此却无卿傲世，看来惟有我知音。"小宛和道："小锄秋圃试移来，篱畔庭菊手自栽。前日应是经雨活，今朝竟喜带霜开。"这些诗句，与大观园诗社的咏菊诗颇为相似。现在有一种说法，认为《红楼梦》其实是冒才子所作。

在董小宛生命的最后时刻，她还叫冒辟疆把"剪桃红"搬到床前，她要看看枝叶是否茂盛，可有虫害。

董小宛和冒辟疆曾住嘉兴海盐水绘阁。她在南北湖畔鸡笼山上面，对暮春凄凉景致，感叹江河破碎，一家流离，而泪葬残花。据说《红楼梦》

林黛玉葬花即改编自董小宛葬花。

🌸 美食：生活的品位与格调

董小宛最令后世文人墨客心折的，是她把琐碎的日常生活过得浪漫美丽，饶有情致。小宛天性淡泊，不嗜好肥美甘甜的食物。用一小壶芥茶温淘米饭，再佐以一两碟水菜香豉，就是她的一餐。辟疆却喜欢甜食、海味和腊制、熏制的食品。董小宛为了他细心研究，开发出种种精致小甜点，其他美食也制作得鲜洁可口、花样繁多。她不仅在中间加上适量的食盐和酸梅调味，还采渍初放的有色有香的花蕊，将花汁渗融到香露中。这样制出的花露入口喷鼻，世上少有。其中最鲜美的是秋海棠露。海棠本无香味，然而董小宛所酿制的甜露中，秋海棠露独独是露凝香发。酒后，用白瓷杯盛出几十种花露，不要说用口品尝，单那五色浮动，奇香四溢，就足以醒酒解渴，让人甘之若饴。

董小宛腌制的咸菜能使黄者如蜡，绿者如翠。各色野菜一经她手，都有一种异香绝味。她做的火肉有松柏之味，风鱼有麂鹿之味，醉蛤如桃花，松虾如龙须，油鲳如鲟鱼，烘兔酥鸡如饼饵，一匕一脔，妙不可言。

小宛经常研究食谱，看到哪里有奇异的风味就去访求它的制作方法。现在人们常吃的虎皮肉、走油肉，就是她的发明，因此，它还有一个鲜为人知的名字——董肉，此名恰可与东坡肉相映成趣。《影梅庵忆语》中更详细记载了董小宛制作桃膏、瓜膏和红腐乳的方法，以及一些对饮食及泡制方法的评论。细搜比对起来，不逊色于《随园食单》。

小宛还善于制作糖点，她在秦淮时曾用芝麻、炒面、饴糖、松子、桃仁和麻油作为原料制成酥糖，切成长五分、宽三分、厚一分的方块。这种酥糖外黄内酥，甜而不腻。现在的扬州名点灌香董糖（也叫寸金董糖）、卷酥董糖（也叫芝麻酥糖）和如皋水明楼牌董糖都是名扬海内的土特产。其中，如皋市生产的董糖已有三百五十多年历史了，它原名为秦淮董糖，制作人便是董小宛。据清朝一本叫《崇川咫闻录》的记载："董糖，冒氏民姜董小宛所造。"当时，董小宛返回南京秦淮后，终日思念冒辟疆，特亲自下厨，以精细白糖、褪壳芝麻、纯净饴糖加上等面粉制成一种酥糖，从秦淮托人转带给冒辟疆，以寄深情厚意。因小宛制的酥糖酥松香甜、入口易化、食后留香，疲倦喜食，故小宛常年制作，并以此糖飨客，馈赠亲友。天长日久，商家仿制并供市，称作董糖。抗日战争前，坐落在如皋西大街、如皋最大的茶食店——大麒麟阁，其生产的董糖就是使用的秦淮董糖牌号。如皋生产的水明楼（董小宛当年居住的楼台、现辟作供游人游赏）牌号董糖，仍沿用当年小宛原有的配方，畅销上海、北京、南京各城市。如皋籍台胞回乡探亲返台时，总要买上几盒带回台湾和家人共食或款待客人。

蕙质兰心的董小宛也被后人列入中国古代十大名厨之列，与伊尹、易牙、太和公、膳祖、梵正、刘娘子、宋五嫂、萧美人、王小余同列十大名厨，恐不为过。

崇祯十五年，銮江汪汝为在江口梅花亭宴请辟疆和小宛。也许是汹涌的长江白浪激发起小宛的豪情逸致，她"轰饮巨叵罗，觞政明肃，一时在座诸妓，皆颓唐溃逸"。这种情景辟疆只见过一次。因为小宛见冒辟疆饮酒很少，量不胜蕉叶，自己也就不怎么喝了。在喝茶方面，小宛和辟疆都爱喝芥片，这种芥片煮好后有一股肉香。煮茶当然是小宛的拿手好戏。他们常常是一人一壶，在花前月下默默相对，细细品尝茶的色香性情。

🌸 战乱流离 险遭遗弃

宁静和谐的家庭生活刚刚过了一年，战乱就发生了。李自成攻占北京，清兵入关南下，江南一带燃起熊熊战火。清军肆虐无忌，冒家险遭荼毒，幸亏逃避得快，才得以保住全家的性命。然而家产却在战乱中丢失得一干二净，小宛随夫一路南逃。

顺治五年的七夕那天，小宛看见天上的流霞，忽然有了兴致，要摹天上流霞制作一对金钏。她叫冒辟疆写了"乞巧"和"覆祥"的字样，镌摹在金钏上。这对制作精妙的黄跳脱，在第二年七月忽然从中断开。他们又重新做了一对，冒辟疆写了"比翼""连理"四个字镌上去。

足见董小宛是把这对金钏看作爱情信物的。

可是，冒辟疆始终没有真正把董小宛放在心上应有的位置。传奇故事总喜欢才子佳人大团圆的结局，没承想戳破了故事的虚幻，原来现实是如此不堪。果真童话只能是给人看的，而不是经历的。赶上甲申之变，兵荒马乱，危难来临时，冒辟疆还是要舍弃她。

举家逃难、颠沛流离之际，冒才子一手扶老母，一手拉着老婆，孩子和老母都由仆人护送着蹒跚而出，哪里还顾得上董小宛。情况紧急，冒才子急急回头道："你快点跟在我身后跑吧，晚了就来不及了！"

可怜董小宛一人跌跌撞撞，在后面亦步亦趋。好不容易挨过一晚，才发现行李已经大半散落，那其中，董小宛珍爱之物尽数丢失。

后来李自成兵至，举家仓皇逃难，冒辟疆竟打算把董小宛送给别人。他对董小宛诀别说："与其难中舍弃你，不如先为你寻一个地方。我有年友，把你托负给他，以后若能相见，当再结平生欢，否则听子自裁，毋以我为念。"

即便这样，董小宛对冒辟疆仍无怨言，她说："郎君真是高风亮节，义气高尚。全家现在都仰仗着郎君，郎君堂上膝下，都是百倍重于我，如若是以我为牵制郎君的负担，那么对大家不但没有好处，反而是祸害。我随郎君友人离开，如果能保全性命，一定等您回来。如有不测，以前与您一起看过大海，狂澜万顷，那儿就是我葬身之处！"

好在这个时候，董小宛平日以人品换来的人脉发挥了作用，冒辟疆的母亲和妻子均不忍冒辟疆唯独丢下董小宛，最终还是带着她一块逃走了。此后辗转百日，历经饥寒风雨，杀掠凄惨，所幸最终全家得以保全。

❀ 侍疾：余何以报姬于此生

战乱过后，冒家辗转回到劫后的家园，但早已今非昔比，缺米少柴，日子十分艰难，多亏董小宛精打细算，才勉强维持着全家的生活。

就在这节骨眼上，冒辟疆却病倒了，条件恶劣，缺医少药，下痢兼虐疾，把他折磨得不成人形。疟疾发作寒热交攻，再加之下痢腹痛，冒辟疆几乎没有一刻能得安宁。

在极端艰难中，董小宛表现出她坚强的一面，为了照顾他，她把一张破草席摊在床榻边作为自己的卧床。只要丈夫一有响动，董小宛马上就起身察看。恶寒发颤时，她把丈夫紧紧抱在怀里；发热烦躁时，她又为他揭被擦澡；腹痛则为他揉摩；下痢就为他端盆解带，从没有厌倦的神色。

"此百五十日，姬仅卷一破席，横陈榻旁。寒则拥抱，热则披拂，痛则抚摸，或枕其身，或卫其足，或欠身起伏，为之左右翼。"

经过五个多月的折腾，冒辟疆的病情终于好转，而董小宛已是骨瘦如柴，仿佛也曾大病了一场。这一年，她二十二岁。

日子刚刚安稳不久，冒辟疆又病了两次：

1647年，董小宛二十四岁。冒辟疆再病，"勺水不入口者二十余日"。他是胃病下血，水米不进，董小宛在酷暑中熬药煎汤，紧伴枕边伺候了六十个昼夜。"姬当大火烁金时，不挥汗，不驱蚊，昼夜坐药炉旁，密伺余于枕边足畔六十昼夜"。这是董小宛二度侍疾。

1649年，董小宛二十六岁。冒辟疆患病，董小宛三度侍疾。他这次是背上生疽，疼痛难忍，不能仰卧。董小宛就夜夜抱着丈夫，让他靠在自己身上安寝，自己则在整整一百天中，每天都是坐着睡的。

冒辟疆病中心情不好，对董小宛非打即骂，眼瞧着董小宛面色如蜡、骨瘦如柴，连冒才子的母亲和妻子都爱怜感动不已，提出愿意代替小宛值班。可董小宛誓要将牺牲精神发挥到极致，她平静地回答："自当竭尽我的心力，以殉夫子。夫子生而我死，那么我亦是生。如若夫子遭遇不测，我在这兵荒马乱之际，还有何寄托？"至此，冒辟疆终于感慨道："余何以报姬于此生哉！姬断断非人世凡女子也。"

🌀 影梅庵忆语：一生清福，九年占尽

艰难的生活中，饮食难饱，董小宛的身体本已虚弱，又加上接连三次照料丈夫的病痛，冒辟疆病愈后，她却病倒了。

董小宛患的是肺结核病，当时的医疗技术尚不能攻克这种病症，加之她长期劳累过度，体质已极度亏虚，所以，虽然冒家多方请来名医诊治，终难奏效。顺治八年（公元 1651 年）正月初二，在冒辟疆痛彻心扉的哭声中，小宛仙逝，年仅二十八岁。葬于如皋冒氏的影梅庵。

小宛死后，冒家上下无不伤痛。

临终之时，她手中紧握着冒辟疆镌有"比翼""连理"四字的那对金钏。

冒辟疆五年间三次大病，都是董小宛尽心竭力地照顾，把他从生死边缘抢回。董小宛因此精力耗尽而死，死前她担心的是，她的死会不会添冒辟疆的病，以后冒辟疆若再病了就没有她照顾了。其时，在冒家做了九年贤妾良妇的董小宛终于闭上了疲惫的眼睛，在冒家的一片哀哭声中，她走得那样安详。

都说夫妻有相近的秉性，冒襄与董小宛可有一拼。冒辟疆仕途不得志，却在民间深有影响，是复社四公子之一，抨击朝廷黑暗，在风云变幻的明末清初震动很大，其思想之深邃让后人敬仰。而董小宛呢，在秦淮河畔名声响亮，她卖艺不卖身，凭着就是高超的技艺，超凡脱俗的风采，迷倒了无数的风流才子。但是一般人她看不上，不是什么人都能约上她的，纵使金山银山也无法打动她。

在董小宛最后的日子里，冒辟疆是否真正被她的柔情感动，已经不那么重要了。虽然在两个人的相处中，一直是冒辟疆居高临下地看着董小宛。其实在董小宛的心里，冒辟疆也不过只是她为自己编织的一个绚丽爱情之梦的载体，她一直活在自己的梦里，并固执地相信自己就是这个浪漫爱情里最幸福的女主角。

董小宛在冒家九年，冒辟疆说："余一生清福，九年占尽，九年折尽矣。"他认为自己一生的清福都在和小宛共同生活的九年中享尽。林语堂先生曾说过："理想的生活是住在英国乡村的家里，雇一个中国厨师，娶一个日本太太，找一个法国情妇。"董小宛恰好符合这几条标准。林语堂还有过妙论，说中国历史上最可爱的女人便是芸娘——沈三复的妻子。琴棋书画样样俱全，与丈夫能相知相守，且贤淑达理。董小宛也同样做到了。

冒才子说和董小宛在一起九年，享尽人间清福。确实，董小宛以命换命，她的二十八，成就了他的八十二，真真是个讽刺。董小宛死后，冒辟疆坐下来给她写文章，追忆兼痛悔。他说："小宛离我而去，好像我自己也已经死了！"冒辟疆把他们的经历和追悔编辑成书，用以纪念深爱他并为他耗尽心血、付出一生的爱妾、奇女子董小宛，这就是著名的《影梅庵忆语》。董小宛以她爱的全部付出，终于得到了她深爱之人的爱。只可惜，这份爱来得实在是太迟了。

🌸 最是夜清凄绝处，薄寒吹动茜红衫

综观董小宛的一生，她是一位热烈的爱国者，这是三百多年来，人们怀念她的原因。首先，她虽然出身卑微，却关心国事。来往金陵、苏州之时，中国社会正处于一个大变动的关键时刻，东林党、复社，强烈要求改革明末弊政，跟以阉党余孽阮大铖为代表的大地主集团的斗争达到白热化程度。董小宛与姐妹顾横波、李香君、柳如是等同情东林党人，站在复社后期领袖陈贞慧、侯方域、冒襄、方以智、吴应箕、黄宗羲等这边，支持他们的行动。

其次，在满清贵族南下时，董小宛表现出很高的民族气节。在逃难江南时，她耳闻目睹扬州十日、嘉定三屠、江阴大辟、嘉兴剃发等血腥暴行，对清朝统治集团的民族屠杀、民族侮辱政策十分痛恨。在盐官城照料被惊吓得病危的冒襄时说："异日幸生还，当与君敝展万有，逍遥物外，慎毋忘此际此语！"她劝导冒襄在任何情况下，都不应和清廷贵族合作。董小宛的言行，对冒襄本人一生义不降清影响很大。比起那些降清的"大丈夫"冯铨、王铎、金之俊等文臣，洪承畴、吴三桂、阮大铖等武将，董小宛品格之高就不言而喻了。

再次，董小宛追求个性自由解放，向往主流。欢场中，男女杂坐，喧嚣并起，每次遇到这样的场面，董小宛就心生厌烦、落落寡欢，而每到幽林远壑，面对片石孤云，则恋恋不舍。她的性格似乎更适合当一个闺阁诗人，而不是迎来送往的神女。董小宛要把自己从风尘中拔

出来，只有从良这一条路可走。从名妓到贤妾，董小宛一路坎坷，一路血泪，完成了这个转变。

清兵占领南京后，秦淮八艳风流云散。柳如是自沉未遂，卞玉京、李香君、寇白门出家修行，顾横波随龚鼎孳去了北京，郑妥娘随杨文聪殉难于贵州，陈圆圆被战云裹挟而去。与红颜薄命的一般结局比较而言，董小宛在个人爱情上虽只有八九年，且艰辛历尽，但作为红颜知己，为冒襄而憔悴，总还算是幸运一些了。

董小宛，文采风流，姿容绝世，顾影倚轩窗，冰心兰质，绝恋倾城，心系萧郎。不离不弃，渡劫波，人世沧桑。舍却弱娇身，三番照护，亲哺羹汤。欲觅艳魂归处，如百花过后，遍野遗香，空令公子挂心牵肠。

黄虞稷曾写诗悼念董小宛：

珊瑚枕薄透嫣红，桂冷霜清夜色空。
自是愁人多不寐，不关天末有哀鸿。
半床明月残书伴，一室昏灯雾阁缄。
最是夜清凄绝处，薄寒吹动茜红衫。

王士禄也作诗赞叹她：

梅花亭子枕回波，满酌黄縢细按歌。

吴梅村在《题董白小像绝句八首》中写道：

念家山破定风波，郎按新词妾唱歌，
恨杀南朝阮司马，累侬夫婿病愁多。
乱梳云髻下高楼，尽室仓皇过渡头，
钿盒金钗浑抛却，高家兵马在扬州。

🌸 解密清宫疑案：董小宛不是董鄂妃

顺治帝的董鄂妃是一个家喻户晓的人物，关于她的故事，到现在也一直在民间流传着。清末至今，说得最多的均是将孝献皇后董鄂妃说成是秦淮名妓董小宛，说董小宛被豫亲王多铎俘获，送入宫中。

清宫有四大疑案，第一个疑案就是顺治出家，据说顺治出家是为了一个汉族女子——董小宛。

相传顺治皇帝继承了清太祖的情痴基因，如同清太祖为宸妃海兰珠郁郁而终，顺治皇帝在宠妃董鄂妃病逝后，万念俱灰，遂于五台山出家，不问世事。

而董小宛原本是大名士冒辟疆的小妾，据说冒辟疆因顺治从他手中夺走董小宛而悲痛欲绝，说道："梦幻尘缘，伤心情动，莺莺远去，盼盼楼空。倩女离魂，萍踪莫问。扬钩海畔，谁证前盟；把臂林边，难忘往事。金莲舞后，玉树歌余，桃对无踪，柳枝何处？嗟嗟，萍随水，水随风，萍枯水尽；幻即空，空即色，幻灭全灵。能所双忘，色空并遣；长歌寄意，缺月难圆。"并写下了一首《金人捧露盘词》，寄托悲思。

更为不堪的是，据陈寅恪先生的考证，董小宛的结局并非是积劳成疾而死，而是在那些日子的颠沛流离中被乱军掠去。冒才子的回忆诗中写：

江城细雨碧桃村，寒食东风杜宇魂。

欲吊薛涛怜梦断，墓门深更阻侯门。

"侯门"一词，暗指小宛已被清军劫走，故而董小宛的结局不是自尽就是受辱而死。而冒辟疆的《影梅庵忆语》，这"影"字则指小宛已死，此后陪伴他的，不过是曾经的影子罢了。而为了掩盖自己的错误导致小宛的意外，冒才子只能诈称小宛病死，以此修缮自己的名声。

近世编撰的《辞海》中明白地写道：

董小宛（1624年—1651年），明末秦淮名妓，名白，后为冒襄（辟疆）妾。清兵南下时，辗转于离乱之间达九年，后因劳累过度而死。辟疆曾著《影梅庵忆语》，追忆他们的生活。有人说她为清顺治帝宠妃，系由附会董鄂妃而来。

连《辞海》都为董小宛被误会为董鄂妃的事实出面辟谣，可见这个历史传说是怎样的广泛和久远。

　　根据冒辟疆《影梅庵忆语》记载，冒辟疆初识董小宛在崇德四年（1639年），那一年董小宛十六岁，顺治帝才两岁。董小宛死时二十八岁，顺治才十四岁。而顺治帝娶董鄂妃时是十九岁，董鄂妃十八岁。显而易见，董小宛并非董鄂妃。如果董鄂妃就是董小宛，那么此时她应当三十三岁了，从年龄来说，董小宛比顺治帝大十四岁。清军入关的时候顺治帝尚是个未及弱冠的小孩子，而董小宛已是嫁作他人妇的少妇一个，莫非顺治帝和明英宗一样有恋母情结，像其喜欢比自己大若干岁的万贞儿一样喜欢上了董小宛？即便如此，也是不可能的，因为董小宛与辟疆崇尚民族气节，誓死不肯降清。小宛厌恶宫廷的奢侈生活，何况满汉不通婚，小宛无入宫邀宠之理。

　　但野史将董鄂妃当作董小宛者众，故而遂成一桩疑案。当代史学家认为，确实可能是明末天启二年来，中国的天主教会传教士汤若望在一篇记叙清初宫廷逸事的文章中，言之凿凿地认为董鄂妃在嫁给顺治皇帝以前确曾嫁过人。此史料遭民间惯于附会之人讹传，就将董鄂妃偷换成了董小宛。甚至有人为了证明董小宛确曾被顺治收入宫中，有人附会龚鼎孳《贺新郎》词中"难倩附书黄犬"一句中的"黄犬"系代指清廷太监，其实，"黄犬"一词是用了《晋书·陆机传》中的典故，根本与太监无关。

　　至于传说顺治因董小宛之死看破红尘到五台山出家更是谬传。顺治所钟爱的是董鄂妃也非董鄂妃。董鄂妃乃武臣鄂硕之女，十八岁入宫。董鄂妃生得美慧异常，且端静温柔，宠冠后宫。顺治十三年八月册为贤妃，十二月晋为贵妃。顺治帝与她形影不离，赋诗作画，研究佛法。顺治十七年，董鄂妃的儿子不满百日夭折。她悲伤过度，不久也得病死去。顺治帝追封她为端敬皇后，罢朝五日，治丧礼仪极为隆重。

　　为什么将风马牛不相及的董小宛与董鄂妃扯在一起了呢？就是因为她们俩的姓中都有一个"董"字，两个人又都是倾国倾城的绝色佳人。其实，董鄂妃的"董"是满语译音，"董鄂"也有译为"栋鄂""东古""冬古""东果"的。董鄂妃姓"董鄂"，而董小宛姓"董"，根本就是两个人。将董小宛说成董鄂妃，其实是一些文人写野史时移花接木的结果。

所以，董小宛即董鄂氏之说实属望风捕影，不能成立。

风云散尽，回头看看，董小宛的全部愿望不过是岁月静好，现世安稳，与夫君吟风弄月低语浅唱。轻吟晨曦的一滴雨露，聆听花儿低语的呢喃，感受时光的一份静美，将万种风月缱绻在指间，弥漫成岁月里的一缕墨香，悄然萦绕，暗香盈袖。

用一颗宁静的心聆听四季的歌声。春夏秋冬，一年四季，各有各的美丽。春天，春雨沙沙，润物细无声；夏天，百花齐放，姹紫嫣红；秋天，硕果累累，丰收在望；冬天，雪花飘零，晶莹剔透。四季的美，四季的情怀，在一份释怀中慢慢感悟人生的奥妙。生活的一份真，岁月的一份美，记忆的一份馨香，让苦难也早已变成光阴里令人感动的碎片。

岁月馨香静美，在云淡风轻里伴墨听风，剪一段如水的时光，把往事深深珍藏。曾经的过往早已留在了记忆的街角，曾经是美丽，是忧伤，是贫穷，是快乐，都不再重要，重要是怀着一颗淡然的心前行，只要心是简单的，世界就是简单的。轻捻一颗素心，静握一份懂得，让一颗心染上岁月的花香，雨落的日子，那是流水的情怀；风起的时候，那是清风的洒脱；聆听花开的声音，是大自然的天籁之音。

董小宛人生的诗意追求，美到了令人窒息。

这就是董小宛想要的生活。

第八卷

柳如是：

红楼一梦，一生伤痛

　　她的一生中有过多次角色转换，从丫鬟到侍妾，再到"秦淮八艳"之首、尚书夫人。

　　她书画双绝、美艳绝伦，无数达官才子以一睹红颜为幸。然而她气格孤傲，且心怀天下、多情重义，非一般青楼女子可比。

　　她因读宋朝辛弃疾《贺新郎》，词中有"我见青山多妩媚，料青山见我应如是"，故自号如是。

　　她十岁开始青楼生涯，是为风尘女子。就其文才诗艺，她可以称为"秦淮八艳"之首。有《戊寅草》《湖上草》《东山酬和集》《红豆村杂录》《河东君诗文集》《尺牍》《我闻室鸳鸯楼词》等作品传世。其数量之多，文辞之美，足以令人咋舌。其《尺牍》，清人认为"艳过六朝，情深班蔡"。她的画作皆意态淡远，画中景色、人物多为自喻自况，微显美人绝世独立、孤芳自赏的心态，后人评论她的画娴熟简约、清丽有致。故宫博物院藏有她的《月堤烟柳图》。她的书法也深得后人赞赏，被称为"铁腕怀银钩，曾将妙踪收"，历来为收藏珍品。

她深得虞世南、诸遂良笔法，传世作有题望海楼"日毂行天沦左界，地机激水卷东溟"一联。陈寅恪先生曾说："当日河东君在同辈诸名姝中特以书法著称。"

她就是活动于明清易代之际鼎鼎有名的柳如是。

披寻钱柳之篇什于残阙毁禁之余，往往窥见其孤怀遗恨，有可以令人感泣而不能自已者焉。夫三户亡秦之志，九章哀郢之辞，即发自当日之士大夫，犹应珍惜引申，以表彰我民族独立之精神，自由之思想。何况出于婉娈倚门之少女，绸缪鼓瑟之小妇，而又为当时迂腐者所深诋，后世轻薄者所厚诬之人哉！

——陈寅恪《柳如是别传·缘起》

柳如是（1618年—1664年）本姓杨，名爱，改姓柳，名隐，字如是，号河东君，又号蘼芜君，浙江嘉兴人。丈夫为明清侍郎钱谦益。她留下了颇有文采的诗稿《湖上草》《戊寅草》与《尺牍》。

作为"秦淮八艳"之首，她不仅美艳动人、芳华绝代，而且天姿聪慧，琴棋书画样样精通。据顾苓《河东君小传》记载，柳如是"为人短小，结束俏利"，沈虬说她"美丰姿，性慧倩"，徐芳也说她"慧倩，色艺冠绝一时"。

柳如是自小身世飘零，幼年聪慧好学，但由于家贫，被卖入松江盛泽镇归家院做婢女。那是在天启五年（1625年），年仅七岁的柳如是被贫病交迫的父母卖给了吴江盛泽名妓徐佛。那时的柳如是姓杨，先后用过杨爱、朝云、云娟等名，字影怜。

所谓归家院，其实就是一个妓院。当时盛泽镇歌妓优娼盛行，不下于金陵。归家院的掌门人名叫徐佛，原籍嘉兴，随母迁居盛泽归家院。据说她会操琴，善画兰草，长得姿容不俗。四方才子名流常聚徐佛家。

柳如是当时虽为婢女，但名流才子的高声阔谈熏陶了她的才艺，又有徐佛亲自教养，柳如是便有了一段名士风流。徐佛很善良，她不忍心身在娼门为婢的柳如是此生也是接新送旧，因此柳如是一直未被梳栊。

第八卷·柳如是：红楼一梦，一生伤痛

对影闻声已可怜

天启七年（1627 年），相国周道登退相回乡，到归家院买婢女伺候他的老母周氏，徐佛就将柳如是卖给了他，柳如是也算是从良了。

这就是柳如是的人生之始，如同那个心比天高却身为下贱的俏丫鬟晴雯一样，柳如是幼年里辗转着被卖了几道，家乡父母皆淹没于懵懂杂沓的记忆里，山高水长，无从回望。她官方履历的第一行，便是盛泽名妓徐佛家的童婢。接着，入周家为奴仆。

柳如是的一生，始于乱红飞过的帘幕重重庭院深深，也终于乱红飞过的庭院深深帘幕重重。

在深宅大院养尊处优的周老夫人，一见到伶俐俊秀的柳如是就欢喜异常。柳如是在归家院时见过不知多少名流显贵，学会了察言观色，如今伺候周老夫人，善于应答，事事做得恰到好处，让周老夫人很是喜爱，因此收为贴身丫鬟。周道登还给她取了个新名，他取李商隐"对影闻声已可怜"的诗意，为柳如是取名为影怜，这个名字倒是诗情画意。

随着柳如是长成少女，青春辉映着美丽，不幸便降临到了她的身上。妻妾成群的周道登动了心，便一定要她做妾，并且再三地坚持，周老夫人也只好答应了。可怜的柳如是只好给周道登做了最末一房小妾。那时的柳如是，黑发初覆额，明眸皓齿。这样糟糕不堪的事，贾府里排在众丫鬟之首、最体面的那个名为鸳鸯的女子遇到过，于是便上演了一场"鸳鸯女誓绝鸳鸯偶"的苦情大戏，她以自己的终身幸福作注，才让自己不没于老色鬼之怀抱。不过，柳如是正好拾起被大丫鬟鸳鸯所强烈抗议并最终摒弃的选择。并且，如若没有那么多钩心斗角、是是非非，或许她就在深宅大院中老老实实做个侍婢幼妾，唯唯诺诺，然后一直花开到老。

周道登本是苏州吴江人（今江苏吴江），为宋朝理学的鼻祖周敦颐的后裔。明末大臣，崇祯朝内阁首辅。万历二十六年（公元 1598 年）中进士，被选为庶吉士，进入翰林院供职。天启元年升至礼部左侍郎，旋即致仕。崇祯初年复起，任东阁大学士兼礼部尚书、上书房总师傅、国史官正总裁，位极宰相。

周道登虽为明廷高官，但其平生不学无术，又言语木讷，有一回侍朝，他突然无缘无故地讪笑了起来，这可是犯大忌的事。当时在位的熹宗皇帝便诘问其故，周道登当时脑子里一片空白，不知所措，只能呆若木鸡。好在他的既不回答也不谢罪，并没有引得皇帝追究。

退朝之后，与周道登一同入阁的华亭钱相国就此事问他，谁知他却说："已笑矣，奈何。"这样无能、不知机变的腐朽之流为相，不足一年，就被劾罢官。

但此人有天赐运气，不久又得以入阁拜相。崇祯帝即位后，十分讨厌当时的内阁大学士黄立极、施凤来、张瑞图、李国普四人，因为他们都是魏忠贤的爪牙，人品和能力都很差。为了重建一套像样的领导班子，他命令大臣们推荐十个能力和人品都优秀的宰相候选人，周道登也位列其中。十个候选人有了，怎么选呢？崇祯皇帝别有高招——抓阄。第一次抓的结果是钱龙锡、次李标、来宗道、杨景辰四人。崇祯不满意，接着又抽了一次，周道登、刘鸿训这次被抽中。周道登第一次觐见崇祯皇帝时，正值其上任欲除魏忠贤，故而另选内阁大学士之际。周道登一口气提出三条建议："一曰守祖制，二曰秉虚公，三曰责实效。"崇祯皇帝很高兴，全部予以接纳，便让他做上了大学士（相当于宰相）的高位。

但周道登却是个蠢阁老，贻笑于后人。周道登性格愚钝谦和，为人木讷。后人说得最多的还是他的愚蠢木讷。《明史》上记载：某日朝会，崇祯帝见某位官员的奏折上有"黑齿"一词，不解，便请教这位周大学士。周阁老想了半天，回奏道，"黑齿，齿发黑者也！"（意思是黑齿，就是牙齿发黑。）另几则笑话是，崇祯御经筵的时候，问周道登："宰相须用读书人，当作何解？"孰料周道登想了半天，却只答了这样一句："容臣等到阁中查明后，再回奏皇上。"过了一段时间，崇祯皇帝忽然想起件事，就问："近来诸臣奏疏中，总有'情面'两字。何谓情面？"周道登回答道："情面者，面情之谓也。"这种回答，竟然出自堂堂阁臣之口，真令崇祯皇帝哭笑不得，就连站立在旁边的太监都忍不住笑出声来。《明史》上的几则记载，足见周道登愚蠢的程度，崇祯帝用这样的人为相，可见明朝气数将尽了。

多年的官场生涯，周道登就是认认真真装孙子，等到修成正果的时候，他终于不用再装了，因为他已经成了真的孙子。无论做官还是做事，此时的他都是不求无功，但求无过，能迈半步绝不迈一步。这样的性格使得谁都敢上前踹他一脚。譬如他刚刚担任礼部左侍郎，就有人不满，吵吵闹闹要他下台。此时的周道登入阁不满一年，软弱无能的性格便显露无疑，皇帝没下命令，他就主动辞职，故而才得"故相"之名。不过崇祯皇帝生性好猜疑，阁中之臣少有善始善终者。周道登平庸不堪且根基浅薄，反而能全身而退，虽有愚笨之嫌，但对比其他同僚来看，未必不是大智若愚。

袁可立是天启末年的兵部尚书，年轻时因直言进谏遭贬官回籍二十六年，复出后一心致力于辽事，不参与党争，但思想倾向东林党。而这位周道登就十分佩服袁可立。董其昌的《节寰袁公行状》就作了记载："公又精骑射剑术，以故治兵兵练，治赋赋理，较士士服，其甲乙如故相周公道登、缪公昌期皆公所赏，誉无虚美。"

🎴 一树梨花压海棠

柳如是明慧无比，最得周道登宠爱，常被他抱在膝上教授诗词文艺。清钱肇鳌《质直谈耳》卷七载："（她）年最稚，明慧无比，主人常抱置膝上，教以文艺，以是为群妾忌。"

将小美人置于膝上怀中，教她读书，习诗作文，那种一半是情人一半是女儿的感觉实在妙不可言，这种洛丽塔情结，其实就是"一树梨花压海棠"的风雅版。

周道登为官虽是一介庸才，但文辞擅长，且工书法。对于童稚年华且心思灵慧的柳如是来说，无疑是最好的启蒙老师。终其一生，周道登为她打下的文学基础是不容忽视的，因此她才受到人们"提笔有虞褚之风，吟诗得盛唐之遗"的赞扬。

柳如是对周道登谈不上爱，似乎也不太厌弃。她并未刻意忽略这段经历，日后沦落风尘时，她打出故相府下堂妾的名号，从中可以看出，她知道她之于周道登不过是个难得一见的小玩偶，而周道登对她来说，也不过是一张可以暂时利用的招牌，如是而已。

宠高必遭嫉，于是十几房妻妾一齐诬告柳如是与一个年轻清俊的男仆私通，愚蠢的周道登不辨真假，怒不可遏，必要处死柳如是。他当时完全想不到，在柳如是走后，他因相思成病，不久便抱憾而逝了。

那时为妾的女子最可怜，得宠时风光无限；失宠时，或被打死、饿死，或被卖掉，官府一概不管。一个爷爷年纪的老头子糟蹋小姑娘可以天经地义，一个小妾旁逸斜出则罪该万死。

所幸，周老夫人深怜柳如是。周府诸位姬妾对柳如是的专房之宠，妒恨不已，虎视眈眈，誓要将其置诸死地。周老夫人对府内争风吃醋之事早已心知肚明。于是，在老夫人的救护下，柳如是才免于一死，但又被周道登逐出家门，卖入归家院做娼门女子。

艳帜高张：故相下堂妾

这一年是崇祯四年（1631年），柳如是不过才十三岁。

那一年，柳如是被相府逐出后，再次回到了归家院。

才女柳如是以故相下堂妾的身份在归家院高张艳帜，一时间，应者如云。八方名流与她泛舟欢歌，长夜饮酒，诗词唱和。

江南繁盛的商业文化，为才女文化的发展提供了最有利的经济条件。经济基础决定上层建筑，在这个时期，鼓吹情欲私利，讲究经世致用，追求个性自由解放，对传统的伦理道德，在肯定利与欲的合理性基础上赋予新的价值内涵。士人们利用乡试、结社机会出入十里秦淮，与名妓交游。如钱谦益、陈子龙、侯方域、冒辟疆、方以智、黄宗羲等名流，他们入秦馆携妓冶游，与她们谈诗、听曲。在当时这种文人和秦淮名妓交往的时尚中，文人们对才女们的推崇是不遗余力的，也成了形成才女崇拜风尚的力量。这些相当数量的受教育的女性和支持她们创作的男性，共同为文学的生产和消费开创了一个新局面。

柳如是词文风格的代表作是《踏莎行》：

花痕月片，愁头恨尾，临书已是无多泪。

写成忽被巧风吹，巧风吹碎人儿意。

半帘灯焰，还如梦水，销魂照个人来矣。

开时须索十分思，缘他小梦难寻视。

很多才子名士读了柳如是的诗文赞叹不已，甚至将她誉为女中状元，"谪来天上好居楼，词翰堪当女状头。三十一篇新尺牍，篇篇蕴藉更风流。"

柳如是回到归家院时，才学更胜以往，在周家所学不少，而徐佛又教以诗词，使得柳如是善近体七言，分题步韵，颇有八斗之才。加之柳如是本人发愤苦读，此时的她除了要解决生存问题，更想改变不公平的命运，赢得尊重与认可，获得自身价值的实现与体现。诚如她自己所说："自悲沦落，堕入平康。每当花晨月夕，侑酒征歌之时，亦不鲜少年郎君、风流学士，绸缪缱绻，无尽无休。但事过情移，便如梦幻泡影，故觉味同嚼蜡，情似春蚕。"正因为如此，所以她高张的艳帜下，才会有故相下堂妾的注脚。

这样一个身份，使她无须从底层做起，出道不久便声名大噪，拥有了大批裙下之臣。

在江南胜地，当时的吴越名流都醉心声妓，陶情花柳，任诞放态，也通过此种社交活动结社交友，论世道、议时政、排遣风骚。这似乎成为一种象征身份的生活方式。而秦淮众多兼具才气、美貌、多情的女子，她们的气质殊与闺阁不同，于是名士与青楼女子演绎出不少风流佳话，文人的文采与妓家的风流共同装扮这一末世的文化生活。其中，柳如是作为典型代表，是名妓兼才女式的人物。她在青楼生活中保持着才女闺秀风度，堪称文化史上的奇女子。

她倾心于名士、英雄、侠客、义士，妓女的身份让她可以自由穿梭于他们之间，有很多机会结交才子名流。在吴越跟她来往的名士先后有李存我、宋辕文、汪明然等。陈寅恪先生在《柳如是别传》中论及河东君的才艺时精辟地指出："河东君及其同时名姝，多善吟咏，工书画，与吴越党社胜流交游，以男女之情兼师友之谊，记载流传，今古乐道。推原其故，虽由于诸人天资明慧，虚心向学所使然。然亦非闺房之闭处，无礼法之拘牵，遂得从容与一时名士往来，受其影响，有以致之也。"柳如是虽属高张艳帜的游妓，但她妍质清言、风流放诞，是才子心目中的理想女性，因而与吴越名士从容往还，"无礼法之拘牵"。在这些交游中，柳如是增长了见识才艺，接受了新的审美理想和意趣。她收获了友谊，也滋生了与陈子龙的爱情，最后成就了与钱谦益的婚姻。

❀ 荒荒慷慨自知名

柳如是孤舟一叶，泛舟江南，故相下堂妾，秦淮佳人貌，逍遥于湖光山色之间，与文坛才俊相游和诗。为其风姿倾倒之人，不计其数。多少人为见柳如是一面而挥金如土，多少人又为见到柳如是而引以为幸。

徐公子号称出身不俗，乃是故相徐阶的后人。但据陈寅恪考证，实为徐阶的同族。但其家财实力在当地也属上乘。最初得知柳如是泊舟佘山，慕柳如是的才色，他便以三十金求见佳人一面。

一见柳如是，他便道：久慕芳姿，幸得一见。风雅不足，笨拙有余，于是柳如是不禁失笑。此人一见美人笑了，遂大受鼓舞，继续恭维道：一笑倾城。柳如是不由得大笑。徐某不识进退，又说出了：再笑倾国。

孰料这句话一出，柳如是没被逗笑，反而勃然大怒。柳如是摔帘而去，唤来放人进门的鸨母算账，道："你收了多少银两，竟让如此庸俗不堪之人来见我？"

鸨母好说歹说，并道徐公子所费银两已被花尽，柳如是剪了一缕头发，说拿这个赔给他算了。但就是有一点，她从此再也不理他了。

但徐公子得此青丝，以为柳如是属意于自己，心中大喜，反倒是挥金如土，往来更加频繁，以期与柳如是长久相伴。

柳如是终于和他定下一个相会之日——腊月三十当来。

腊月三十不过是柳如是的试探之举，但徐公子却信之凿凿，如约而至。柳如是只能设宴款待，宾主尽欢。

但酒意微醺，旖旎情浓之际，柳如是却正色道："我约公子除夕日，本猜测公子不会来。然公子竟如期而来，可见真是有情人。但除夕夜本应是家家骨肉团聚之时，公子反而留宿娼家，岂不是太不近情理了？"

说罢，还没等徐公子反应过来，柳如是竟命人持灯进屋，将徐公子送回府。可怜徐公子数月如一日，以为哄得柳如是芳心归己，不料却是一场空。

及至上元时节，徐公子对柳如是已然难舍难分，朝思暮想。一日，趁着徐公子兴致正高，柳如是便借机劝言："公子你素来不喜读书，平日里又少文雅之气。我同诸位名士赏游，你居于其中，也显得不大合适。如此一来，何不投身戎马？或许另作他界人物，他日同大家一同相游也有谈资。"

柳如是的一番嘉勉，令徐公子点头称是。自此闲暇时候，他便勤习弓马，之后更是投身沙场，山河破碎之际死于炮轰。马革裹尸还，正是徐公子最终结局的写照。

痴情如此，为了柳如是的一句话而葬身疆场，做了一名壮士，徐公子也算得上是一位人物，当初的愚笨也让人为之心生怜悯。徐公子的这份情，算得上是含笑饮鸩了。初次见面，为她惊艳，拙于言辞却又努力想逗得红颜一笑；绾得青丝一缕，欣喜若狂，以为可以和她亲近；除夕赴约，企盼与她就此相守；上元许诺，只为她眉心展颜。

这位徐公子才情不及柳如是素日往来的文坛才子，也未有什么诗词唱和。但他的情意满满地融入了当初柳如是的那句激励之语，以其之后的言行来兑现这份承诺。

或许柳如是未曾想过，她的一句话竟改变了一个人毕生的轨迹。茫茫人海中，他和她邂逅相逢，然后擦肩而过，再无重叠。她却像夜空中的启明星，为他照亮了一个方向。宇宙浩渺，繁星如织，是为他心中永远的朱砂痣。

荒荒慷慨自知名，百尺楼头倚暮筝。

勾注谈兵谁最险，崤函说剑几时平。

长空鹤羽风烟直，碧水鲸文澹冶晴。

只有大星高夜半，畴人傲我此时情。

——柳如是《初夏感怀四首》其四

柳如是的《初夏感怀四首》，据《戊寅草》编次、《陈子龙集》相关部分及陈寅恪《柳如是别传》所考，当作于崇祯六年（1633 年）初夏。当时柳如是与陈子龙相恋，不久将送陈子龙北行会试。当时明朝形势，外有后金的强攻入侵，内有张献忠、李自成的杀戮，交相进攻，危如累卵。柳如是和陈子龙皆关心时局军事，志在救国。他们的这些情怀，俱见于《初夏感怀四首》诗中。

"荒荒慷慨自知名，百尺楼头倚暮筝。""荒荒"，远大貌。扬雄《法言·孝至》："荒荒圣德，远人咸慕上也。"晋李轨注："荒荒，大也。""百尺楼"，可参看陶渊明《拟古》："迢迢百尺楼，分明望四荒。……山河满目中，平原转茫茫。古时功名士，慷慨争此场。"江总《长相思》"逶迤百尺楼，愁思三秋结。"诗言陈子龙志向远大，荦荦慷慨，固早已知名。百尺楼上，暮色之中，凭借筝，抒发怀抱。

"勾注谈兵谁最险，崤函说剑几时平。""勾注"（即雁门山）、"崤函"，自古皆兵家必争之地，亦是明军与李自成激战之地，并非泛言。"谈兵""说剑"，《庄子》有《说剑》篇，而柳如是和陈子龙皆关心时局军事。《柳如是别传》讨论河东君《送别》诗，云："依据《戊寅草》排列先后推计，当是崇祯六年之作，此题又列在《初夏感怀四首》之后、《听钟鸣》及《落叶》两题之前，故疑柳如是此《送别》诗乃崇祯六年癸酉秋间送陈子龙北行会试之作。杨之'要语临歧发'即陈之'何年解佩酬明珰'，杨之'游侠几时论'即陈之'不然奋身击胡羌'。"《柳如是别传》引牧斋《初学集》卷二十《秋夕燕誉堂话旧事有感》："洞房清夜秋灯里，共简庄周说剑篇"，云："盖明之季年内忧外患，岌岌不可终日，……是以士大夫……往往'招纳游侠，谈兵说剑'……河东君与牧斋之关系所以能如此者，不仅由于'弹丝吹竹吟偏好'之故，实因复能'共检庄周说剑篇'所致。"足资参考。

这两句倒装、互文。诗言陈子龙谈兵，能知精微，如勾注、崤函之为最险要处；其志向，在早日平定外患内忧，使险要为之不险。此虽是言陈子龙，亦是柳如是自道。

"长空鹤羽风烟直，碧水鲸文澹冶晴。""鹤羽"之"羽"，"飞"也；"鲸文"之"文"，波纹，波也；俱作动词用。上句当用《史记·滑稽列传》："此鸟不飞则已，一飞冲天。不鸣则已，一鸣惊人。"《吴越春秋》："此鸟不飞，飞则冲天，不鸣，鸣则惊人。"及江淹《去故乡赋》："江南之杜蘅兮色已陈，愿使黄鹄兮报佳人。"李白《拟古》："安得黄鹤羽，一报佳人知。"下句变用杜甫《戏为六绝句》："才力应难夸数公，凡今谁是出群雄。或看翡翠兰苕上，未掣鲸鱼碧海中。"二句倒装，为平仄故，顺其语序为：长空风烟鹤羽直，碧水澹冶鲸文晴。诗言风烟长空，一鹤直飞；碧海青天，鲸波漾晴。象喻陈子龙北行会试，将一飞冲天；其文学境界，有如碧海鲸波之壮丽，非似翡翠兰苕之纤巧。

"只有大星高夜半，畴人傲我此时情。""只有大星"，用《史记·天官书》："星众，国吉；少则凶。"明王世贞《弇州四部稿》卷二十三《均美兄之分宜丞取道归里》："落日边烽出，孤星海树悬。干戈淹岁月，舟楫任风烟。"用法相同。"畴人"，天文历算家。"傲"，意动用法。诗言夜半一星高照，天文家当以我知天文而为我自豪。言外之意，星少则国凶，陈子龙当以我深忧国运而为我自豪。

平心而论，河东君的诗词造诣之深，不在陈子龙之下。她这诗当中流露出的侠客剑气，为她赢得了一大批倾慕者。万里长空无云，白鹤依次从天际飞过，谁共她数说心中的豪情？

此时此刻的她，倾慕任侠之人，胸中更是豪情万千。凭借着这份慷慨意，影响了诸如徐公子这样的人，在沙场上为自己实现心中夙愿。

对于不喜欢的徐公子，她并未用言辞相拒，反而希望他按照自己的愿望，在事业上一帆风顺。对于爱慕者激励鼓舞，让其奋发向上；对于不爱之人，分手果断、干脆，决不拖延。这份洒脱的任侠之气确实为旁人所不及。这也是柳如是艳名远播、红极一时的缘由之一。

🌸 泊舟松江

此后，柳如是买舟江上，艳旗高张，广交江南风流名士，彼此诗词唱和，泛舟江上，自此名噪一时。

妙龄时坠入章台的柳如是，在乱世风尘中往来于江浙金陵之间。吴越一带，人文荟萃，出尘脱俗的柳如是得到了此地名流的交相唱和，及咏诗著文。

崇祯五年（1632年），柳如是移居松江，将其小舟泊于松江城的白龙潭。

明朝时期的云间城，白龙潭是其风景最胜的冶游之地。潭宽十余顷，水面辽阔，朝花夕月，潭中更是画舫如织，笙歌丝竹醉人心弦。柔波荡漾，好不热闹，丝毫不逊色于金陵秦淮夜景。等到端午时节，更有潭中竞渡的活动，来自苏杭各地的官舫贾舶，迎来送往，场面极其壮观。施蛰存在《云间语小录》中提及当年的盛景："每春秋佳日，画舫笙歌，惊莺织燕。端阳则龙潭竞渡……鼓吹鼎沸，船上岸上，百戏纷呈，耳目不暇款接。"足见柳如是选择泊舟白龙潭之根由。松江丰饶的物产，阜盛的文风，为柳如是提供了最好的栖息场所。松江府不单市井繁华，历代更是文人雅士层出之地，比如，西晋的文学家"云间陆士龙"陆云，到明末之际的云间三子。

江左名士中，有一位宋征舆，字辕文，号直方。天资聪敏，好学上进，年未弱冠便已名噪乡里，更与较其年长的陈子龙、李雯并称"云间三子"。对于云间词派的形成，作为云间词派中最早填词之人，宋征舆有着不可忽略的开创之功。

柳如是移居松江后，与云间三子迅速交好，时常作诗论文，唱和潭间。而这当中，宋辕文则与柳如是交往甚密。宋辕文对柳如是更是百般呵护，热烈追求。

🌸 郁为共一身

崇祯六年（1633年），柳如是和宋辕文、陈子龙等人泛舟松江府白龙潭。席上，柳如是言语激昂，宋辕文赞赏她的男子豪气，觉得柳如是说话不类平常闺阁语。柳如是有男子气且豁达开朗，每常读书，读至梁红玉在京口金山擂鼓之事，常击节赞赏，以此自比梁红玉。在与名士交往期间，柳如是不以风月事为乐，倒常与他们畅谈平生之志。

时节到了深秋，天气少有地寒冷。在那个少有寒冷的江南秋天，她第一次有了心动的感觉，那一年，她正是十五六的年华。

那个秋天，陈子龙走过那美丽女子清俊的芳华。她的绝艳是高高在上的，而她的身份是低微的，若花瓣之委落尘埃。她的赫赫艳名是河上的风，飘荡在秦淮河畔的脂香粉腻之上。

这世间，多的是风里来去的萍水之缘，她在这尘缘里行过，如涉尽千年。她不要他就此走过，此生此世，她都要守住他明净的笑靥。于是，在那个秋天，他行经她的门外，而她却将西风踏破，以一种俯冲的姿势，冲进他短暂而绚美的生命。

崇祯六年深秋，陈子龙要进京赶考，求取功名，他与柳如是泪别长亭，柳如是有诗《送别》相赠：

其一

念子久无际，兼时离思侵。

不自识愁量，何期得澹心。

妄语临岐发，行波托体沈。

从今互为意，结想自然深。

其二

大道固绵丽，郁为共一身。

言时宜不尽，别绪岂成真。

众草欣有在，高木何须困。

纷纷有远思，游侠几时论。

陈子龙亦挥笔疾书，作《录别》回应：

悠悠江海间，结交在良时。

意气一相假，羽翼无乖离。

胡为有远别，徘徊临路歧。

庭前连理树，生平念华滋。

一朝去万里，芬芳终不移。

所思日遥远，形影互相悲。

出门皆兄弟，令德还故知。

我欲扬清音，世俗当告谁。

同心多歧路，永为皓首望。

这样缠绵的分手，真如再见"碧云天，黄叶地，西风紧，北雁南飞，晓来谁染霜林醉？总是离人泪。"只是，崔莺莺等到了她的花好月圆，然，天不遂人愿，有"邺下逸才，江左罕俪"之誉的陈子龙竟出乎意料地名落孙山。

崇祯七年（1634年）春天，柳如是等到的却是陈子龙从京城失意归来，柳、陈永结同心的美好愿望也一朝落空。她不指望什么凤冠霞帔，只是，考场失意黯然归来的他，如何向家人尤其是陈夫人启齿，说他要娶一个妓女回家？

🌸 满城风雨妨婵娟

崇祯八年（1635年），柳如是再次来到松江，时年十八，见时年二十八岁的陈子龙。这次相遇，原来被迫压抑、被迫放弃的情感顿时迸发了出来。重新开始这段感情，是符合他们彼此心愿的。

陈子龙比柳如是大十岁，是当时几社的领袖人物，可谓名人加才子，精通经史，落纸惊人，时人誉其为诗苑干将、云间绣虎。他慷慨豪侠，志大才高，到处收徒讲学，又广收门生，据说少年英雄夏完淳就师从于他。

柳如是仍是寄寓船上，其船常出没在白龙潭、沈泾塘、泖湖，松江众名士依旧与她保持频繁往来。

那年秋天，柳如是生了一场病，偏偏那日风雨大作。愁病在身，柳如是独自躺在舟中，隔着窗隙，望着湖水烟波渺渺，无端秋思烦闷，涌上心头。她像树上的叶子落入湖中,随水漂流,风狂雨凄,恐怕不知所终。这时身有微恙的陈子龙与二友同访柳如是。既见君子,云胡不喜,而他三人亦各有微恙,虽不同病,亦能相怜,在半冷半暖的秋天里,他们坐下小聊,执一杯热茶,倾心相诉。那一刻,不知今夕何夕。

柳如是说到病苦,与她对坐的陈子龙感触尤深。看到柳如是的病容,几日前还容光焕发。他不禁动了怜香惜玉之心,让她大受感动。

陈子龙胸怀大志,科举未中之时,流连声酒。

柳如是从周府出来后,陈子龙就认识她了,互相钦佩各自的诗名。柳如是给陈子龙写信自称为"女弟"时,恪守传统的陈子龙却不高兴,没有回信。柳如是也非等闲之辈,竟"登门詈陈曰:'风尘中不辨物色,何足为天下名士?'"这番质问令陈子龙目瞪口呆,无言以对,更对其刮目相看。

陈子龙从柳如是处回家之后,回思柳如是席上话语,深感同情,夜来秋风吹起,陈子龙诗兴大起,磨墨赋七律二首《秋夕沉雨,偕燕又让木集杨姬馆中。是夜姬自言愁病殊甚,而余三人皆有微病,不能饮也》。

一夜凄风到绮疏,孤灯滟滟帐还虚。
冷螀啼雨停声后,寒蕊浮香见影初。
有药未能仙弄玉,无情何得病相加。
人间愁绪知多少,偏入秋来遣示余。

两处伤心一种怜,满城风雨妨婵娟。
已惊妖梦疑鹦鹉,莫遣离魂近杜鹃。
琥珀佩寒秋楚楚,芙蓉枕泪玉田田。
无愁情尽陈王赋,曾到西陵泣翠钿。

陈子龙诗云陈王赋,是指三国魏曹植所撰著名的《洛神赋》,陈子龙有意将柳如是比作河洛之神宓妃,以示倾慕之心。

陈子龙本以为,如花美眷,似水流年,如一场烟火,与他是隔了岸的,再怎样也到不了他的心底。因为他的肩头有沉重的责任,国将亡,复社的兴国大计沉沉地压在他的肩头。他没有心情旁顾于她,哪怕她是尘世最美的风景。两年前的一段情，不是说放就放下了吗？但是，这一次，前世的缘找上来了，他和她注定是躲不掉了。

陈子龙风云气难以舒展之时，碰上了抑郁不得志的柳如是，两人见面无话不说，陈子龙向柳如是述说当时天下事，柳如是的见解常令陈子龙佩服，一女子竟如此关注时局，他们更加惺惺相惜。是的，他没料到，这章台之中，青楼之上，竟也有这般奇伟的女子，与他一样怀着一颗血性的心。那一刻，他第一次望见她生命里的风沙，那风沙扑面而来，踏破铁骑，斫碎征衣。他甚至疑惑，不明白她的雪肤花貌下，何以竟藏着一颗金戈铁马的心？芸芸众生，谁知她扬刀跃马的豪情？她的沙场刀光漫天，纵横捭阖。她是奇伟的女子，亦只爱奇伟的男子。于是，爱如潮水，汹涌澎湃。柳如是爱陈子龙英雄气概，陈子龙喜柳如是机敏多智，颇有魏晋林下之风，两人同入爱河。

❀ 始知昨夜红楼梦

崇祯八年（1635年）春天，陈子龙背着家里人，与柳如是同居于松江外一座名叫南楼的小红楼里。这个住宅是陈子龙朋友提供的，陈寅恪考证为"南楼"。这几乎注定了他们的关系将以临时状态终了，花开堪折直须折，莫待无花空折枝。对于女人，则想将最为美丽绚烂的时刻，呈现给她的爱人。

他们在一起仅仅度过了一个春天，但这个春天在柳如是的记忆里印象深刻，她时时在诗作里回忆。柳如是将那个小红楼称为鸳鸯楼，把这段时间写的词集命名为《鸳鸯楼词》。在此期间，柳如是为人校书取酬维持生活，陈子龙则埋头攻读以备科试。清茶淡饭滋润着恩爱美满、缠绵悱恻的生活。

在南楼的每一天，柳如是都伴在陈子龙身边。两人谈诗赋词，相偕共游春光。柳如是有诗作《西河柳花》：

艳阳枝下踏珠斜，别按新声杨柳花。

总有明妆谁得伴，凭多红粉不须夸。

江都细雨应难湿，南国香风好是赊。

不道相逢有离恨，春光何用向人遮。

在这首《西河柳花》里，我看到的是一个沐浴爱河的小女子，心花怒放地弹着琴，唱着歌。彼时，柳如是和陈子龙正处于热恋阶段，她的快乐是掩藏不住的。那蜜糖般的甜蜜，幻化成溪水，硬是从心底流了出来，挂在嘴角，涂在眉间。她的快乐是新鲜的，是红艳的，如同一朵带露的花儿在春风里摇曳，这美好是需要向别人炫耀才能证明它存在的。这种存在，需要用别人羡慕的眼神来验证，才能确定它不是梦，是真真实实存在的幸福、温馨、浪漫。因此，不需向谁遮掩，爱了，就是爱了。有花堪折只须折，莫待无花空折枝。

爱情滋润女人的同时，也滋润着男人。陈子龙得佳人相伴，日日相对美人，与柳如是的爱情，同样变成了陈子龙创作的动力和源泉。他也为她赋诗《樱桃》：

美人晓帐开红霞，山楼阁道春风斜。

绿水初摇杨柳叶，石屏时拂樱桃花。

淡滟笼烟寒白日，柔条丛萼相交加。

有时吹入玉窗里，春梦方长人不起。

陈子龙此时还写下了一首脍炙人口的绝句——《春日早起》：

独起凭栏对晓风，满溪春水小桥东。

始知昨夜红楼梦，身在桃花万树中。

据考证，《红楼梦》的名称，就来源于明末清初的大诗人、几社领袖、复社骨干、民族英雄陈子龙的这首诗。

💮 情断：遮莫今宵风雨话

然而，陈子龙毕竟是一个有家室的人，他们之间的感情不管有多深，也只能被看做才子佳人之间的一段风流佳话。这一段悱恻缠绵的爱情故事，一开始就注定了要以悲剧收场。

他们心心相印之夕，每说到白首之约的时候，陈子龙都深深叹息，低头不语。柳如是也知道使君有妇，可是与子龙相处一时便得一时快乐，饮酒之时从不诉离伤。

这一场恋爱，同上一回一样，有着先天的致命伤，她是落拓不羁的风尘女子，他是家世清白的才俊小生，虽然陈子龙的母亲早已去世，继母唐氏没有宋母那样的发言权，然而他更有厉害的妻子陈夫人。

陈子龙的夫人乃是邵阳知县张轨端之女，据说其"生而端敏，孝敬凤成"，被三党奉为女师。她有文化，通诗礼史传，书算女红之属，也无不娴熟。另外，她人品高尚，继母唐氏乃是填房，在封建社会地位要打个折扣，陈夫人一嫁过来，陈子龙的祖母就以唐氏多病好静为借口，把家交给陈夫人来管理。陈夫人也不负所托，把里里外外料理得有条不紊。但陈夫人不像凤姐，倒像探春，始终善待这位弱势婆婆，四个小姑子次第及笄，都是陈夫人在张罗，好生地置办了嫁妆，把她们嫁了出去。陈夫人妆容完美，精明干练，不苟言笑，她的五个弟弟全怕她，拿这个姐姐当兄长一样敬重。陈夫人同凤姐一样的是，她没有生儿子，家里那位蔡姨娘也没有，为子嗣计，她不可以反对丈夫纳妾，但一定得是良家女子。柳如是这样的风尘女子，自然不可能被列入选择之列。陈子龙后来娶回的沈姓小妾，要归功于陈夫人的安排。

半年后，因陈子龙常常不回陈宅，他的妻子陈夫人渐渐得知陈子龙与一青楼女子相恋。可以揣想，陈子龙家有妻有妾，与柳如是留恋不返，必然引起他夫人的注意。

从一开始，不俗如陈柳，也都意识到这个问题，陈夫人虽是贤妻良母，并不反对陈子龙娶妾，甚至亲自为他选妾，但她心目中选妾标准也是良家女子。柳如是虽有才名，可依然是倚门卖笑的女子，根本不入陈夫人法眼。若是一意孤行，经济道德上皆有压力，唯一的指望是陈子龙不久之后将赴京赶考，一旦榜上有名，或许可以略息陈夫人之怒，弹压陈夫人之势。崇祯六年（1633年）秋天，陈子龙要进京赶考求取功名，两人便把希望寄托在此，苦盼金榜题名。当然，结果是让

第八卷·柳如是：红楼一梦，一生伤痛

人失望的，只能寄期望再次应考。但这一切预期还没有得以实施，残酷的现实就来到了眼前。陈夫人抽出无情之剑，斩断了陈、柳的缠绵情丝。陈寅恪《柳如是别传》称，陈夫人带着一干人等，赶到陈、柳住处大闹，以致陈子龙下不了台。柳如是不甘受辱，悲切而毅然地离去。

陈夫人在家中地位甚高，她严谨端庄，深得陈子龙祖母欢喜。陈子龙自幼得祖母养育，陈夫人干涉他们的恋情，陈子龙不愿违背祖母之意，只好与柳如是无奈分手。

而此时真是雪上加霜，松江知府以妨碍风化为由，下令驱逐柳如是出境。

崇祯八年（1635年），柳如是搬出南楼后又返回盛泽。这时，她使用的名字为杨影怜，此事过后，她将姓氏改成柳，初名隐，字蘼芜，后见佛语"如是我闻"，又改名柳如是。

这一年，柳如是十八岁。

崇祯八年（1635年）的夏天，十八岁的柳如是祭奠她再次消逝的恋情，在痛苦中作了一篇《别赋》，极尽哀伤感慨：

草弱朱靡，水夕沉鳞。又碧月兮河梁，秋风兮在林。
指金闺于素壁，向翠幔于琴心。于此言别，怀愁不禁。
云泛泛兮似浮，泉杳杳而始下。抚檐幄之霏凉，拂银筝其孰写。
重以炫花之早寒，玉台之绛粉。既解佩而邅延，更留香之氤氲。
揽红药之夜明，怅青兰而晨恨。会当远友，瞻望孤云。
于是明河欲坠，玉勒半盼。化桃霞兮王孙马，冲柳雪兮游子衣。
离远皋之木叶。牵晴雾之游丝。度疏林而去我，隔江水之微波。
本平夷而起巇，更通达而成河。妍迹已往，遗恩在涂。
掩电母而不御，杂水业而常孤。思美人兮江溆，触鸾发兮愁余。
并瑶瑟之潺湲。共风吹而无娱。念众族之胶胶，独与予兮纷驰。
谁径逝而不顾，怀缥缈而奚知。诚自悲忧，不可言喻。
更若玄圃词人，洛滨才子。收车轮于博望，荡云物于龙池。
嘉核甫陈，骊歌遽奏。折银蕊于陇上，骄箫馆于池头。
之官京洛，迁斥罗浮。观大旗之莫射。登金谷而不游。

叹木瓜之溃粉，聆凄响于清辅。或朔零陵之事，或念南皮之俦。

咸辞成而琅琅，视工思而最愁。又若河朔少年，南阳乳虎。

感乌马兮庭阶，击苍鹰兮殿上。风戈戈兮渐哀。筑撼撼而欲变。

仁客敛魂，白衣数起。左骖殪兮更不还，黄尘合兮心所为。

忽日昼之晻暧，睹寒景之侵衣。愁莫愁兮众不知，悲何为兮悲壮士。

乃有十年陷敌，一剑怀仇。将置身于广柳，或髡钳而伏匿。

共衰草兮班荆，咽石濑兮设食。逝泛滥于重渊，旷雪煜于窑室。

酒未及溽，餐未及下。歌河上而沾裳，仰驷沫而太息。

若吴门之麓，意本临岐。大梁之客，魂方逝北。

当起舞而徘徊，更痛深其危戚。

至若掩纨扇于炎州，却真珠厂玉漏、恩甚兮忽绝，守礼兮多尤。

观翡羽之拂璧，慨龙帷之郁留，念胶固而独明，惟销铄之莫任。

垂楚组而扰倚，絙凤绶而遣神。盼雉尾于俄顷，迥金螭之别深。

日暮广陵，凭栏水调。似殿台之清虚，识宜春之朗曼。

乃登舟而呜咽，愁别去其漫漫。又若红粉羽林，辟邪独赐。

同武帐之新宠，后灞岸之放归。紫萧兮事远，金缕兮泪滋。

更若长积雪兮闭青冢，嫁绝域兮永乌孙。俨云蝉于万里，即烟霓之夕昏。

雁山晓兮断辽水。红蕉涩兮辞婵嫒。

至若灵娥九日兮将梳，苕蓉七夕兮微渡。

月暌皙而创虹缕，露流渐兮开房河。披天衣之霄叙，忽云旗之怅图。

亦有托纤阿于淄右，期玉镜于邯郸。甫珊瑚之照耀，亲犀珞之缠绵。

悼亭上之春风，叹上巳于玉面。本独孤之意邈，绕窦女之情娟。

至有虾蟆陵下之歌，燕子楼前之雨。

白杨萧萧兮莺冢灰，莓苔瑟瑟兮四陵上。

怆虬膏之水诀，淡华烛而终古。

顾骖驔之奠攀，止玉合之荐处。

岂若西园无忌，南国莫愁，始承欢面不替，卒旷然而不违。

君歌折柳于郑风，妾咏蘼芜于天外。异樱桃之夜语，非洛水之朝来。

自粜恩之雀暗，怜兰麝之鸭衰。据青皋之如昨，看盘马之可哀。

招摇蹀躞，花落徘徊。结绶兮在平乐，言别号登高台。

君有旨酒，妾有哀音，为弹一再，徒伤人心。

悲夫同在百年之内，共为幽怨之人。事有参商，势有难易。

虽知己而必别，纵暂别其必深。冀白首而同归，愿心志之固贞。

庶乎延平之剑，有时而合。平原之簪，永永其不失矣。

读柳如是的《别赋》，泪水涟涟，是怎样热烈的情爱在支撑着她？爱已成灰，悲恸中，明知前景灰暗，她却依然要诉衷肠、抱幻想。这种爱情宣言，从一个妓女的口中发出，千金难买。试看、试问，繁华似锦的岁月里，有几人能如此追随爱情、凭吊爱情、固守爱情？爱情，早已被灯红酒绿淹没于欲望的滚滚红尘中。

现实人生里该有多少艰难险阻，才会将梦境视为相逢的唯一通道，还为之窃喜？然而，"梦中本是伤心路。芙蓉泪，樱桃语。满帘花片，都受人心误。遮莫今宵风雨话，要他来，来得么？"最后一问如越剧里的一句悠长的道白，欢喜瞬时明灭，她无法欺骗自己。

柳如是给自己改了新名号，叫作蘼芜君，上山采蘼芜，下山逢故夫，名字背后有一点点负气，有一点点调侃，更有抚摸伤痕时的苦涩黯淡，十七岁，她肌肤如绸、容颜似花，心中却已满是沧桑之感。

陈子龙仪表堂堂，书生仗义，到头来却是怯懦退缩之辈，前途仕路重要，难道爱情就该弃如敝履吗？难道风尘女子就该被愚弄、就该成为风流快活之后的残羹冷炙吗？不！柳如是偏偏不接受。

思念陈子龙，日夜的相思只能诉诸笔墨，柳如是曾一气呵成《梦江南·怀人》，洋洋洒洒二十阕，逐一追忆南园之画楼、棠梨、鹭鸶洲、木兰舟等景物。前十首以"人去也"为首句，后十首以"人何在"为首句，低回倾吐，字字深挚，眷恋之情和怀人之苦，如泣如诉。

《梦江南·怀人》

其一

人去也，人去凤城西。细雨湿将红袖意，新芜深与翠眉低。蝴蝶最迷离。

其二

人去也，人去鹭鸶洲。菡萏结为翡翠恨，柳丝飞上钿筝愁。罗幕早惊秋。

其三

人去也，人去画楼中。不是尾涎人散漫，何须红粉玉玲珑。端有夜来风。

其四

人去也，人去小池台。道是情多还不是，若为恨少却教情。一望损莓苔。

其五

人去也，人去绿窗纱。赢得病愁输燕子，禁怜模样隔天涯。好处暗相遮。

其六

人去也，人去玉笙寒。凤子啄残红豆小，雉媒骄拥衰香看。杏子是春衫。

其七

人去也，人去碧梧阴。未信赚人肠断曲，却疑误我字同心。幽怨不须寻。

其八

人去也，人去小棠梨。强起落花还瑟瑟，别时红泪有些些。门外柳相依。

其九

人去也，人去梦偏多。忆昔见时多不语，而今偷悔更生疏。梦里自欢娱。

其十

人去也，人去夜偏长。宝带乍温青骢意，罗衣轻试玉光凉。薇帐一条香。

其十一

人何在？人在蓼花汀。炉鸭自沉香雾暖，春山争绕画屏深。金雀敛啼痕。

其十二

人何在？人在小中亭。想得起来匀面后，知他和笑是无情。遮莫向谁生。

其十三

人何在？人在月明中。半夜夺他金扼臂，殢人还复看芙蓉。心事好朦胧。

其十四

人何在？人在木兰舟。总见客时常独语，更无知处在梳头。碧丽怨风流。

第八卷·柳如是：红楼一梦，一生伤痛

其十五

人何在？人在绮筵时。香臂欲抬何处坠，片言吹去若为思。况是口微脂。

其十六

人何在？人在石秋棠。好是捉人狂耍事，几回贪却不须长。多少又斜阳。

其十七

人何在？人在雨烟湖。篙水月明春腻滑，舵楼风满睡香多。杨柳落微波。

其十八

人何在？人在玉阶行。不是情痴还欲住，未曾怜处却多心。应是怕情深。

其十九

人何在？人在画眉帘。鹦鹉梦回青獭尾，篆烟轻压绿螺尖。红玉白纤纤。

其二十

人何在？人在枕函边。只有被头无限泪，一时偷拭又须牵。好否要他怜。

柳如是竟以绝世之才，作此伤心之笔！悲伤中却透露出坚强，柳如是之性格，可见一斑。

在秦淮八艳中，最有美貌的当属陈圆圆；最温柔适意的为董小宛；最有气度尊严、最有自主精神、最有勇气和胆魄的就是柳如是。

一生渴望被人收藏、妥善安放、细心保存，免我苦，免我惊，免我四下流离，免我无枝可依。

也许是前世的姻，也许是来生的缘，却错在今生相遇，徒增一段无果的恩怨。我的泪，我的等候，换来的终只是刹那的凝眸。

春尽，花谢；夏去，绿残；秋逝，凋零。

好句清如湖上风

柳如是不是董小宛，她不会把人生理想全押在婚姻感情之上。写诗作画乃至谈兵说剑，对她来说，都是自我实现的一种方式，而不是呈给某个未知男人的文化嫁妆。

柳如是振作精神，再次出门远行，这次她的目的地还是嘉定。她在崇祯七年（1634 年）有过一次嘉定之旅，那是一次愉快的旅程。此次，她的到来让程孟燧程老诗人癫狂倾倒，不过他也只敢憧憬一下，转化为诗歌若干。

陈寅恪将程老先生的诗句条分缕析，极尽冷嘲热讽之能事。

比如说，程孟燧老先生有两句诗描述与柳如是的夜饮：

堪是林泉携手妓，莫轻看作醉红裙。

本是恭维柳如是有林泉高致，堪与谢安携手。"醉红裙"一词系掉了个书袋，韩愈诗曰："长安众富儿，盘馔罗膻荤。不解文字饮，惟能醉红裙。"讽刺有钱子弟没文化，就会胡吃海喝，程孟燧决不同于他们自我标榜。

陈寅恪这样嘲讽道："寒酸之气，力透纸背，用此自卑情绪，赋'伎席''艳诗'，今日读之，不觉失笑也。"

程孟燧老先生在诗里称柳如是一个"卿"字，陈寅恪又旁征博引道，这卿本是安丰侯的夫人称呼安丰侯的，而他左看右看，也没发现程诗人有封侯之骨相。

对于程孟燧的狂想痴念，柳如是应当感觉复杂、惶恐、厌烦、尴尬，亦有同情，总之，啼笑皆非。

柳如是的第二次嘉定之旅，主要靠程孟燧张罗，她一度还借住在他家，对此，程孟燧在诗中是再三得意。但款待柳如是两个月，他倾己所有。一个"穷酸"且老之诗人，随之便出现了经济危机，可谓捉襟见肘，只好去找大财主谢三宾解难。

谢三宾，字象三，号寒翁，鄞（今浙江宁波）人。钱谦益门生，明末降臣。天启五年（1625 年）进士，永嘉县令。崇祯时，官至太仆寺卿。清兵南下，他做了降臣。甚至不惜杀害本乡抗清的五君子以邀功。江浙抗清义士，多为其所陷害。

这几年，柳如是的才名愈来愈盛，不少狂蜂浪蝶在柳如是门前卖弄，以引得柳如是一顾，追求者中就有浙江的谢三宾。崇祯十三年（1640年），谢三宾对柳如是展开疯狂追求，死缠烂打。

谢三宾其人，因其政治上的反复和试图以流氓手段威逼柳如是就范，弄得声名狼藉。但他肯赞助诗人，还出钱帮嘉定四先生刻印诗集，还能画两笔山水，常和董其昌、李流芳、程嘉燧等名画家讨论画理，说明这人也还风雅，加上有钱有势，所以，他最初向柳如是走来时，应该貌似一如意郎君。

初相识之时，谢三宾言辞还颇有些豪气。柳如是喜侠士，开始还见见谢三宾，但他性格的粗鄙渐渐暴露出来，而且他的诗肤浅无聊，让她不喜欢。可谢三宾却倚仗财多，想以珠银之物聘下柳如是。从那以后，柳如是再不见谢三宾，没想到谢三宾恼羞成怒，使尽小人无赖手段，在外散布流言抵毁柳如是名誉，还纠集了一帮流氓地痞上门骚扰。这一举动，让柳如是招架不住，她必须解决这个大麻烦。

柳如是在游玩杭州时作《西湖八绝句》：

垂杨小院绣帘东，莺阁残枝未思逢。
大抵西泠寒食路，桃花得气美人中。

这是一首相当个人化、心灵化的诗。

柳如是这首明清之际著名的诗，是一首很美的情诗，背后隐藏着美人与英雄刻骨铭心的故事。这里不仅引用了苏小小的"何处结同心？西陵松柏下"，冯延巳《蝶恋花》中的"百草千花寒食路，香车系在谁家树"，还引用了崔护的"人面桃花相映红"。据陈寅恪先生的考证，是今典（本事）和古典（故实）的融合。

在暮春时节的西子湖畔，桃花快要凋残了。这时，忽然走过来一位风流放诞、神采奕奕的女子，一下子将那奄奄一息的桃花照得回过神来，渐渐复活了！

中国的古老文化常常说，人在大自然中可以采气、得气，但是从来没有说过，大自然也可以在人身上采气、得气。那么，说这句话的人该是何等自负。这样读，不能算是读懂了这首小诗。明明是在西湖的六桥，她为何要写"垂杨小院"，还有"绣帘""莺阁"？分明都是一些很具体的地点。她又为什么要写"西泠寒食路"？"何处结同心，西泠松柏下"的苏小小，当年就是在六桥附近，莫非只是地点上的相关，而没有"何处结同心"的含义？崇祯十二年（1639年）春，柳如是二十一岁，却深有暮春之感。看见好看的花，她的心似乎也在片片飘零。虽然有汪然明老先生一番黄衫豪客的侠情美义，也有或慕名而来，或真诚通好，或试探问候，或纠缠执着的求爱者、多情人，或好事之徒，但是，柳如是越来越失望伤心。

那昔日的桃花，正在心头凋残，那份永结同心的希企，正变成一个渺然无痕的春梦。而"桃花得气美人中"的良辰美景，也只不过是掩盖了"人面不知何处去"的伤怀往事而已。

这样读，读懂了吗？还没有。据陈寅恪先生的发现，陈子龙在崇祯八年（1635年）春作的《寒食》七绝："今年春早试罗衣，二月未尽桃花飞。应有江南寒食路，美人芳草一行归。""垂杨小苑倚花开，铃阁沉沉人未来。"以及陈子龙于同一时期作的《春日早起》："独起凭栏对晓风，满溪春水小桥东。始知昨夜红楼梦，身在桃花万树中。"皆此诗的今典。这样看来，陈子龙的诗是理解柳如是桃花诗的钥匙。垂杨小院、铃阁、寒食路，都是很具体、很真切的所在，都包含着一段不想人知、不必为他人道的铭心刻骨的情事。陈子龙当时之所以不能与柳如是终成眷属，主要是他不能违抗其母高老夫人和其妻张孺人的旨意，经济上也不能独立。而柳如是心高气傲，不愿意寄人篱下做小妾，也是一个原因。这样就有了长久的相思，以及深深的痛。所以，"桃花得气美人中"，是借"人面桃花相映红"的故事，来表达对于那段旧情的追思怀想。柳如是最难忘生命中如花绽放的那个不复返的春天，于是，柳如是为崇祯十二年（1639年）西子湖的春天，画出了最明丽的一笔。这首诗表明，真正的情诗是心灵与心灵的相印。

文坛泰首钱谦益（字牧斋）在崇祯十三年（1640年）作诗《姚叔祥过明发堂共论近代词人戏作绝句》十六首，其十六首：

> 草衣家住断桥东，好句清如湖上风。
> 近日西泠夸柳隐，桃花得气美人中。

第八卷·柳如是：红楼一梦，一生伤痛

195

钱谦益这首诗咏的是柳如是和王微两位风尘女侠，他直接引用了柳如是的诗句，钱谦益对柳如是的艳羡欣赏之情不言而喻。钱谦益的门生朱治涧经常在钱谦益面前称颂柳如是的才气。谢三宾被钱谦益典试浙江时所取士，俩人有师生之称，柳如是决定投靠钱谦益，那么，从此就再不必担心谢三宾的骚扰了。

柳如是以其文情俱胜的诗词，华绮不俗的书法，狂放不羁的性格，在众多红莺绿燕里独树一帜，领尽风骚。虽说平日里有众多高才名士、才俊青年一起吟诗作画，把酒唱和。但月满西楼、风冷星淡之时，柳如是独立窗前，又难免会生出娟娟垂柳，万千情丝，谁知复谁惜之感。相识容易相知难，相惜难于上青天。对青楼女子来说，更是如此。在烟花之地舞潮弄浪十数载，才色胆气皆让识者抚掌称赞的柳如是，历经几番情劫之后，选择了年龄足可以做她父亲的钱谦益作为自己的归宿。

江左风流物论雄

钱谦益（1582年—1664年），字受之，号牧斋，晚号蒙叟，东涧老人。学者又称他虞山先生。清初诗坛的盟主之一。苏州府常熟县鹿苑奚浦（今张家港市塘桥镇鹿苑奚浦）人。明史说他"至启、祯时，准北宋之矩矱"。他是东林党的领袖之一，官至礼部侍郎，因与温体仁争权失败而被革职。崇祯年间（1628年—1644年），他作为东林党首领，已颇具影响。主要作品《初学集》《有学集》《投笔集》等。他学识渊博，囊括诸家，其卓越文才极负盛名，诗作清新且绮丽，感叹而不促狭，开明清一代诗风，与吴伟业、龚鼎孳并称江左三大家。

明万历十年（公元1582年），钱谦益出生于苏州府常熟县鹿苑奚浦。

万历二十六年（公元1598年），十六岁的钱谦益成为府学生员。

万历三十八年（公元1610年），钱谦益殿试一甲三名进士，时年二十八岁即为探花，授翰林院编修。同年，父亲钱世杨去世，钱谦益回乡丁忧守制。

钱谦益虽文才极负盛名，一腔抱负，却无奈生不逢时，仕途不畅，一直到天启泰昌元年（公元1621年），才"诣阙补官"，出任浙江主考官，转右春坊中允，参与修《神宗实录》。同年，浙江发生了科场舞弊案，钱谦益受牵连，遭到罚俸的处分。天启二年（公元1622年），钱谦益因病告假，回归故乡常熟。

天启四年（公元1624年），钱谦益再度复出，主要承担《神宗实录》的编纂工作。作为东林魁首，钱谦益受到以魏忠贤为首的阉党的排挤。同年，钱谦益被革职回乡。

明崇祯元年（公元1628年），钱谦益再度复出，任礼部侍郎、翰林侍读学士。但三个月后，钱谦益遭温体仁、周延儒排挤，又被削籍而归。崇祯七年（1634年），温体仁指使常熟人张汉儒一纸诉状控告钱谦益居乡不法罪状多达数十款，钱谦益随即身陷图圄。经多方打点，重金求助司礼太监曹化淳，一年多之后，钱谦益虽得以释放，却再次被革职回家。后钱谦益又经努力运作，再得进入官场。

崇祯十一年（1638年）初冬，供职京师的江左才士钱谦益，本已高居礼部侍郎之职，眼看又要提升，却因贿赂上司之事被揭露，不但受了廷杖之责，还被免去了官职，被迫返回原籍常熟。

那时他已五十六岁，猝遭剧变，心境黯淡悲凉，一路逶迤南归。途经杭州时，顺便前往西湖上荡舟闲游，排遣愁思。疲倦时便落脚在杭州名妓草衣道人家中，在那里读到了柳如是所作的《西湖八绝句》，并与柳如是约见了一次，留下了极好的印象。

崇祯十三年（1640年）冬天，柳如是女扮男装，一叶扁舟造访钱谦益在常熟的半野堂。

钱谦益此时仕途失意，赋闲在乡。忽然听见柳如是来访，他欣然接待。柳如是此番身着男装，显得与众不同。顾苓的《河东君小传》里有极见神韵的描写，说她"幅巾弓鞋，著男子服，口便给，神情洒落，有林下风"。

两个人见面之后，把酒畅谈，大有相见恨晚之感。柳如是天姿聪颖，灵动绝世，当一个失意文人遇到青楼才丽，多会有知音之感。自古失路名妓，与落魄名士无异。钱谦益与柳如是的相爱，也有这样的情结。名士悦倾城，由来佳话。

这几年他运气欠佳，官场中箭落马，携董小宛游了一趟黄山，尽管她美丽纤柔，却不是他中意的人。这个冬天，他以为又将无精打采地蛰居着度过，但这个年轻女人的到来，瞬间把单调的季节变得异彩纷呈。

> 板荡凄凉忍再闻？烟峦如赭水如焚。
> 白沙堤下唐时草，鄂国坟前宋代云。
> 树上黄鹂今作友，枝头杜宇昔为君。
> 昆明劫后钟声在，依恋湖山报夕曛。

——钱谦益《西湖杂感》二十首其一

钱谦益如此人物，正可担柳如是"梅魂"之约。

这位东林党的领袖，儒雅宽和，如长者般宠爱着她。柳如是在半野堂，欣赏着为她设下的歌筵绮席，她决不甘心扮演粉颈低垂、落落寡合的仕女花瓶，必然会高谈阔论，议论风生。而钱谦益淳厚的笑容如掌，供她的灵魂在上面肆意旋舞，释放所有明亮的热情。

柳如是兴致高昂，挥笔写就七律一首——《庚辰仲冬，访牧斋于半野堂奉赠长句》：

> 声名真似汉扶风，妙理玄规更不同。
> 一室茶香开澹黯，千行墨妙破冥濛。
> 竺西瓶拂因缘在，江左风流物论雄。
> 今日沾沾诚御李，东山葱岭莫辞从。

柳如是把钱谦益比作东汉大儒、扶风茂陵人马融，称赞他"妙理玄规""千行墨妙"，堪称"江左风流"。更委婉表白，自己愿意如捧瓶供奉菩萨的侍女一般相伴一生。

钱谦益自然高兴，今见美人亲访，不妨一试芳心，于是他也题了一首诗《次韵奉答》：

> 文君放诞想流风，脸际眉间讶许同。

枉自梦刀思燕婉，还将折士问鸿蒙。
沾花丈室何曾染，折柳章台也自雄。
但似王昌消息好，履箱擎了便相从。

钱谦益以汉朝跟司马相如私奔的卓文君比喻柳如是，聪明的柳如是岂有不明之理。

柳如是敬钱谦益的学识渊博，通今知古。钱谦益怜爱柳如是如莲般出淤泥而不染，一敬一爱，柳如是再一次感觉心灵被爱情激荡起来。

钱谦益留柳如是在半野堂住上一段时间，柳如是欣然应允。于是，寂静的半野堂中荡漾起一对忘年之交的笑声。他们一同踏雪赏梅、寒舟垂钓，相处得极为和谐。

钱谦益命人在附近的红豆山庄中为柳如是特筑一楼，他亲临现场督工，仅以十天时间，一座精美典雅的小楼就建成了。钱谦益根据《金刚经》中"如是我闻"之句，将小楼命名为"我闻室"，以暗合柳如是的名字。小楼落成之日，他还特地写诗抒怀：

清樽细雨不知愁，鹤引遥空凤下楼；
红烛恍如花月夜，绿窗还似木兰舟。
曲中杨柳齐舒眼，诗里芙蓉亦并头；
今夕梅魂共谁语？任他疏影蘸寒流。

钱谦益的一片深情，让柳如是感动不已。感念之余，柳如是回赠了一首《春日我闻室作呈牧翁》：

裁红晕碧泪漫漫，南国春来正薄寒；
此去柳花如梦里，向来烟月是愁端。
画堂消息何人晓，翠帐容颜独自看；
珍贵君家兰桂室，东风取次一凭栏。

至此，郎情妾意已分外明朗。

此后，柳如是更公开自己的择偶标准，她曾经对人说道："天下之大，唯有虞山钱学士才算是有才，我非有才如钱学士的人不嫁。"有好事者将这话传给钱谦益，钱谦益大喜，说道："天下之大，竟有如此怜才的女子！吾非能诗如柳如是的人不娶。"（钮绣《觚剩》）

在钱谦益的盛情邀请下，柳如是在半野堂小住了一段时间，当年春节也是在钱家度过的。他们一同守岁、一同煮酒品茗、谈诗论词、作画唱曲、踏雪赏梅、寒舟垂钓，单调的寒冬变得多姿多彩。

次年元旦，钱谦益和柳如是相约出游，在苏州、嘉兴、松江等地尽情地游玩一个多月。

🏵 一场惊世骇俗的迎娶

几场春雪过后，春风又绿江南岸。桃红柳绿中，钱谦益带着柳如是徜徉于山水间。湖上泛舟，月下赏山，诗酒做伴，过得神仙般的日子。这其间，柳如是几次流露出以身相许的心意，而钱谦益每次都在一阵激动之后悄悄回避了这个问题。

钱谦益顾虑两个人年龄悬殊太大，柳如是才二十三岁，整整比他小了三十六岁。另外，他身为罪臣，前途无望，岂不耽搁了人家姑娘的终身幸福！虽然他迟迟不肯接纳她，但心中又一刻也舍不下她。

柳如是历尽坎坷，虽有千人万人捧着，可都是逢场作戏，有几人能付出真情？钱谦益虽年近花甲，但他有着纯真的情感。钱谦益的才华自不用说，二十八岁就考了探花郎，诗词享誉一方。虽说年纪大些，可有情有趣，对她又是这般关照。与他在一起，她觉得生活是那么安稳恬静、有滋有味，年纪相悬又算得了什么呢？

最终，情投意合战胜了一切顾忌，面对柳如是的一片痴情，钱谦益终于在崇祯十四年（1641年）夏天，在原配健在的情况下，以匹嫡之礼（即礼同正嫡）迎娶柳如是，正式将柳如是娶进了家门。

云间派的才子们，如宋征舆、陈子龙、李雯等人，皆钟情于柳如是，但都在世俗礼教面前怯了步。钱谦益不但迎娶，而且以匹嫡大婚之礼。

他们俩的婚礼办得别出心裁，在松江租了一艘宽大华丽的芙蓉舫，在舫中摆下丰盛的酒宴，请来十几个好友，一同荡舟于松江波涛之中。那天，华丽的舫上还有乐伎班子，在热闹悠扬的萧鼓声中，高冠博带的钱谦益与凤冠霞帔的柳如是拜了天地，又在朋友们的喝彩声中，回到酒席边，喝下了交杯酒。洞房花烛夜，他将满室红烛点成红尘最骄傲的香艳。

据说，钱柳婚庆之日，当迎亲的芙蓉舫到达常熟时，萧鼓遏云，麝兰袭岸，江南也因此引起了轩然大波。无数人站在岸边观礼，虽然人头攒动，热闹非凡，但场面极度混乱，其中不少是来闹场的，起哄叫骂、嘲笑挖苦，甚至捡起石头往他们结婚的喜船上砸去，致使船头一片狼藉。云间缙绅，哗然攻讨，纷纷以为，这是褻朝廷之名器，伤士大夫之体统。钱谦益却面不改色，怡然自得地"吮毫濡墨，笑对镜台，赋催妆诗自若"，婚礼如常举行。

这期间，钱谦益赋《合欢诗》《催妆词》各四首，并令他的朋友和门生们群起而唱和。

钱谦益是才冠天下的大名士，享有"文章宗伯、诗坛李杜"之美誉。如此身份偶尔狎妓纳妾、诗酒风流一番，也就被看作是韵事一段罢了，但要用大礼明媒正娶一个沦于风尘的妓女，则是伤风败俗、悖礼乱伦之举，被视为洪水猛兽。钱谦益爱柳如是心切，全然不顾世俗偏见和礼法名器，坚持用大礼聘娶。因为他的声望实在太高了，此举让许多循规蹈矩的读书人无法接受，舆论哗然，简直到了人神共愤的地步。同僚权贵们纷纷出面指责其有失体统。钱谦益毫不为意，"买回世上千金笑，送尽平生百岁忧"，他娶回了最优秀的女人，得此无双艳福，如获至宝，狂喜不已。

钱氏其人，功名心重。年轻时与人争状元，中年时与人争宰辅，均以失败告终。不料老年之时，反能战胜宋（征舆）、陈（子龙）、李（雯）、谢（三宾）诸人，夺得河东君，因而备感自豪，并以此为其失意人生之最大的补偿、最大的慰藉。诸多失意之后，情场得意，如此佳丽，自可支憔悴、破寂寥，能不有终老温柔乡之愿？所以，迎娶柳如是，"乃牧斋一生最得意，又最难忘之事"（陈寅恪《柳如是别传》）。

第八卷·柳如是：红楼一梦，一生伤痛

与钱谦益婚礼完毕后，柳如是如愿成了继室夫人。钱谦益吩咐家人一律叫柳如是为"夫人"，不得称为"姨太"，而他自己敬称柳如是河东君。

柳如是曾发誓一定要嫁一个博学好古、旷代逸才的男人。她甚至还宣称："天下有一人知己，死且无憾。"如今，这一切她得到了，她幸福了。

就这样，钱谦益的确无愧于真名士，他当真以匹嫡之礼迎娶，陪她挨着乡间邻里的指点谩骂，陪她乘着花船穿过重重的世俗眼光，穿过了三十六年的岁月悠悠。这样的爱情，她不远万里长途跋涉，终于抵达。

好一幅昭君出塞图

然而，这温软的日子只如春愁，转眼便成了秋。未几时，铁骑踏破疆土，山河破碎，满目疮痍。

此时正是晚明，局势动荡，崇祯十七年（1644年）三月十九日，李自成攻破北京城，崇祯帝手刃骨肉，在煤山自缢而亡。国不可一日无君，南京作为明朝的陪都，立即展开了拥立新君的活动。钱谦益想有一番作为，极力前往。

钱谦益急于求成，推举的潞王朱常范，与拥戴福王的马士英政见不合。马士英、阮大铖在南京拥立福王朱由崧做了小皇帝，在崇祯帝自缢、大明亡国的同年，又建立了南明弘光政权。钱谦益立即依附之，为了保命，他还上疏颂扬马士英的功劳。马士英这才引荐钱谦益为礼部尚书，即主管文化教育的最高长官。虽是空衔，却让他觉得安稳而风光。他甚至因为投靠奸臣马士英、阮大铖等，而败坏东林名声也在所不惜。钱谦益又推荐阮大铖，阮大铖遂被提为兵部侍郎。

钱谦益世家出身，家学渊源，幼年就有袍笏登朝之想，但出道之后却很不顺。

尽管仕途蹭蹬，但中国文人还有另一条积蓄政治资本的途径——养望。谢安当年东山高卧，看上去啥也没干，却养出了"谢安不肯出，将如苍生何"的名望。钱谦益在虞山半野堂待着，凭着学问见识加上政治老本，亦养出了清流领袖的声威。这声威名望犹如虚拟货币，只等机会来到，即可兑换成沉甸甸的真金白银。

他的机会在南明弘光朝出现。崇祯自缢之后，太子下落不明，急需拥戴新主，各路英雄皆知这等于原始股发放，一旦下对注，绝对一本万利。韬光养晦多年的钱谦益自然不会无动于衷，他投资的新主是潞王，与投资福王的马士英唱起了对台戏。

不久福王胜出，钱谦益难免心中忐忑，政治投机失败的人向来死得难看，一开始可能只是为了保命，他对马士英大加奉承，马士英看中了他的清流领袖的身份，尽释前嫌，引荐他为礼部尚书。

俩人结成了利益共同体，共谋一件大事，帮助这个利益集团里的阮大铖咸鱼翻身。这厮当年做政治蝙蝠，妄图将势不两立的阉党与清流同时讨好，败露后弄得灰头土脸。复社少年仍不放过他，又是调戏，又是讨伐，大有痛打落水狗的劲头。

钱谦益帮阮大铖漂白，他本人则冀图马、阮二人帮他进入内阁，三个人一拍即合，打得火热，被众人侧目，留下段子若干。《南明野史》里说："谦益以弥缝大铖得进用，乃出其妾柳氏为阮奉酒。阮赠一珠冠，值千金。谦命柳姬谢，且移席近阮。闻者绝倒。"

闻者做"绝倒"状，是对钱谦益靠近阮大铖的极端鄙视，他们以为他应该刚正不阿、清坚决绝，实在是对钱谦益太缺乏了解。

事实上，钱谦益不但是一个"热中"的人，还是目的主义者。也就是说，他在乎结果胜过过程，只要最终能成就大事，眼下身段难看也没有什么了不起。

当时，政治投机成功，得意的钱谦益携着柳如是前往南京就职。柳如是冠插雉羽，身穿戎服骑马入国门，钱谦益自谓："好一幅昭君出塞图也。"

偏安一隅的南明弘光小朝廷，诸臣不思进取，仍然是醉生梦死，争权夺利，互相倾轧。柳如是旧日情人陈子龙也被弘光朝廷招用，他曾上书防江之计，但未被采用。

不久，清顺治二年（南明弘光元年，公元 1645 年）五月，清军攻破了南都，弘光朝覆灭。清兵扫荡了江浙，中国顿时成了大清的天下。

但在明清鼎革之际，钱谦益却屈志降节。

❀ 衣朱留都，愧杀两朝领袖

柳如是听说国已亡了，清兵为物美色，掳走同她一样盛名的陈圆圆，董小苑随夫流离失所。柳如是想到此，不禁一身冷汗，她决定宁死不屈。

明朝竟在她的眼前覆灭，他们成了亡国的人，她怒发冲冠。虞山的飞絮柳丝不曾温软她的傲骨，她的眼波燃起了火，她的沙场再度风起，她瞥见自己本性里奔腾的血涌。然而，她没有料到，她一心倚靠的他居然沉默了。

在明末清初的政治舞台上，钱谦益可谓颇有影响。他在前后长达三十五年的时间内，三起三落，旋进旋退。他因为出色的文才，被视为文坛巨擘，江左三大家之一；又因为曾经参与了东林党人反对魏忠贤阉党的活动，被视为士林领袖之一，德高望重。在众人眼里，只要明朝一亡，钱谦益不是抵抗而死，就是毅然殉国。

此时，他面临着命运的选择。

柳如是目睹了清兵屠城、扫荡江南的种种惨状，内心悲愤不已。她劝钱谦益以死全节："此时应当取义全节，以负盛名。"钱谦益思索再三，终于点头同意了柳如是的建议，两个人说好同投西湖自尽。

这是一个初夏的夜晚，钱谦益与柳如是二人驾了一叶小舟，漂进了西湖。朦胧的月光冷冷地照着他们，柳如是一脸悲切而圣洁的表情，而钱谦益却露出几分不安。船上摆着几样菜肴和一壶酒，柳如是斟好酒，端一杯给丈夫，自己举起一杯，从容不迫地说道："妾身得以与钱君相识相知，此生已足矣。今夜又得与君同死，死而无憾！"钱谦益受她的感染，也升出一股豪壮的气概，举杯道："不求同生，但求同死，柳卿真是老夫的红颜知己啊！"两个人幽幽地饮完一壶酒，月儿也已偏西，柳如是率先站起身来，拉着钱谦益的手，平静地说："我们去吧！"

钱谦益面有难色，伸手到船外搅了搅水，抬头对柳如是说："水太冷，不能下……奈何！"钱谦益为苟活找的理由太可笑、太弱智，以致于今天仍是个笑柄。

柳如是听他说出这样毫无气节的话来，很是失望。此时的她满怀悲凉，无心劝他什么。

柳如是"奋身欲沉池水中"，她当时坚定得连一声叹息都没有，只是转身毅然朝水池投去。钱谦益没有料到她竟真的向湖水扑了去，他吓呆了，心慌意乱之中，急忙伸手，及时拉住了柳如是，并且紧紧地抓住她的胳膊不肯撒手，让她的投湖之举只实施了一半，就只好放弃。柳如是没有死成。她"奋身欲沉池水中，（钱谦益）持之不得入"。

她本以为，这位东林党的领袖，有着和她一般的铮骨，但她错了。她的爱国激情与热血，注定没有人来替她抵挡，千山万水都只能一肩扛下。当寒风扑面，这尘世变换了血色的天空，他躲在她身后，那样软弱与无奈。而当她欲与他以死殉国时，他却说"水太冷，不能下"，还一力拉住急欲自戕的她，不让她做那沙场里不战即死的勇士。她只能无奈地叹息着，心里掠过巨大的悲凉。

此时，松江陷落，陈子龙因为祖母尚健在，为了躲避清兵的追杀，他躲到了嘉兴水月庵为僧。

既然钱谦益推说水凉不肯再去投湖自尽，柳如是只好退让两步，对他这样要求："隐居世外，不事清廷，也算对得起故朝了。"

钱谦益表示赞同，但事实上他不仅主动出城投降，给朋友写信劝降，还带头剃头示众。《恸馀杂记》载："豫王下江南，下令剃头，众皆汹汹。钱牧斋忽曰，'头皮痒甚。'遽起，人犹谓其篦头也。须臾，则髡辫而入矣！"

这年的秋天，南明降臣们要去北京接受封职。柳如是此刻心冷如死灰。钱谦益忙着准备行装到北京觐见新主，听候任命，但柳如是拒绝一同前往，她不愿做降臣之命妇。

柳如是留居南京。他们告别时，柳如是身穿红装（隐喻朱明王朝），屹立道旁，不发一言。青灰色的早晨，湖边有湿湿的雾，她美丽的容颜如同冰雕，剔透而又凝重。当她看着他渐行渐远时，心中是怎样的百感交集，五味杂陈！钱谦益在北上途中写下了"衣朱曳绮留都女，羞杀当年翟茀班"的句子。他深知大错铸成，难逃讥贬和唾骂，只能悻悻而已。

然而，钱谦益就这样拼命讨好，清廷也没有重用他。钱谦益到了北京，一心想着宰相的高位，但清王朝不过对应他在崇祯朝的官职，命以礼部右侍郎（副长官）兼管秘书院（管理图书秘籍），充修《明史》之副总裁。这个闲职让他心灰意冷，虽然任职仅六个月，便告病归里，但大节已毁。随后二十年，天下士人对其充满鄙夷。钱谦益晚年摧颓，訾议诋诉不断：

钱公出处好胸襟，山斗才名天下闻。

国破从新朝北阙，官高依旧老东林。

据王应奎《柳南随笔》说，钱谦益曾经游览虎丘，当时身上穿了一件小领大袖的衣服。一士子上前作揖问这是何等服制。钱谦益说道："小领，是新朝的服制；大袖，是我不忘先朝的意思。"这个士子正色说道："公真可谓两朝领袖矣！"

不仅时人讥讽钱谦益是"两朝领袖"，乾隆帝更看不起钱谦益，写了一首五律羞辱他：

平生谈节义，两姓事君王。进退都无据，文章哪有光？

真堪覆酒瓮，屡见咏香囊。末路逃禅去，原是孟八郎。

更让人不齿的是，后来钱谦益被人指责大节有亏时，他竟然颠倒黑白，信口雌黄，把责任全推给了柳如是："我本欲殉国，奈小妾不与可？"无怪乎连三百多年后的大学者陈寅恪都看不过去了，竟然在晚年双目失明后，还不辞辛苦，专门写了四十多万字的《柳如是别传》，为柳如是辩护，痛斥钱谦益。

到顺治三年（1646年）六月，钱谦益做了半年小官，实在难以忍受做降臣的羞愧滋味，而远在西湖畔独居的柳如是接二连三地写来书信，一面倾诉相思之苦，一面劝他急流勇退，回去与她同享纵情山水之间的隐居生活。慢慢地，钱谦益动了心，心想："功名富贵，贵在知足，年逾花甲，夫复何求！"他终于下定了决心，向朝廷托病辞官，很快便获得了应允，脱下官袍，再度回乡。

就这样，前后不到半年时间的利禄奔波，结果是失意而归。是的，即使他已经投降妥协，命运也不曾给他厚重的赏赐，降了一级不算，还只是个编《明史》的闲职，离他的期待实在太远。此时再细思平生过往，钱谦益一定是后悔的，不只悔，还有痛，前途如空荡荡的荒漠，一眼就能看到尽头，汉奸的帽子早已戴得铁紧，早知如此，何必当初？而现在想死，用柳如是的话说，也已经晚了。钱谦益的天地变得如此逼仄，几无退身步。柳如是怎样说出这话的呢？

原来，一回到南京家中，钱谦益听到的却是柳如是不贞的消息。很多人向他诋毁柳如是，说她不安妇道，与人有染。他儿子钱孙爱更是要鸣官究惩，说什么也不容柳如是了。其实，自钱谦益去京城为官之后，柳如是在家就遭受到了钱谦益儿子的欺辱，日子很艰难。

让柳如是感动的是，当钱谦益听到这些诋毁以后，他坚定地站在她的一边，钱谦益怒骂其子，一心一意地护着她："谓国破君亡，士大夫尚不能全节，乃以不能守身责一女子耶？"由此看来，折节一事让钱谦益内心备受煎熬。

柳如是曾说"但求有一人知己，死且无憾"，钱谦益的信任与维护强烈感动了她。

风波平息之后，钱、柳之间关于民族气节的风波也平息了，他们言归于好，双双回到常熟老家。

一天，二人同游当地名胜——拂水山庄。钱谦益见池水清澈，欲下水洗足，柳如是便随口开了句玩笑，道："此沟渠水，怎比秦淮？夫君何来如此雅兴？"

一句话便戳到钱谦益的痛处，他又羞又窘，喃喃地说："要死，要死，索性一死皆了！"

而这话却戳到了柳如是心中的暗伤，她忍不住嘲讽地说："相公乙酉城破之日不死，今日却要死，不也太晚了吗？"

🌸 救难

西湖边，钱谦益与柳如是又开始了田园牧歌式的生活。只是柳如是承受不住国家破亡、夫君变节，不久便生了大病，卧床不起。

当时政治环境险恶，清朝对于前朝的大臣非常不放心，时常加以监控。

顺治四年（公元1647年），已回到常熟家中的钱谦益因黄毓祺抗清复明案，突然被逮，银铛北上，关入刑部大狱。

一切来得好突然，被捕的那天早晨，钱谦益尚在"晨兴礼佛"，却"忽被急征，银铛拖曳，命在漏刻"。

在钱谦益遭此大难时，他的儿子钱孙爱正值年富力强之际，却一筹莫展，唯有瑟缩而已。

柳如是挺身而出，为钱谦益到处奔走，舍命相救。"河东夫人沉疴卧蓐。蹶然而起，冒死从行，誓上书代死，否则从死。慷慨首途，无刺刺可怜语。"

对于钱谦益的娇宠和爱惜，柳如是一直铭记在心。除了对钱谦益当初不顾世俗眼光、不拘礼法，对她这样一个娼妓出身的女子明媒正娶、礼同正嫡的感念之情，以及二人婚后那段"晨夕酬唱，倚以娱老"生活的追忆之情，更多的还有感激，强烈的感激之情。

曾经拒绝以命妇身份入京的柳如是，此次不顾病体，冒死到南京。此次，她甘做犯人家属。她一面冒死上书总督府，要求代夫受刑，替钱谦益赴死，否则从死；一面四处奔波，寻找在清廷中有势力的官员。经多方打点，竟使钱谦益得以无罪生还。

顺治五年（公元1648年）四月，钱谦益被释放。那是总督府感柳如是之诚心苦意，又查证钱谦益确无乱上之举，便将他放了出来。

出狱后，看到面容憔悴的柳如是，钱谦益流下眼泪。此时少妻才三十岁，而钱谦益已是六十六岁的老翁了，临到大难，多亏了少妻才得以保命。钱谦益在感激涕零时，竟不顾嫡妻陈夫人尚在，写下了"恸哭临江无壮子，徒行赴难有贤妻"的诗句。白发萧萧的钱谦益握住青丝桃面的柳如是的双手，感激之情无以言表。

出狱后的钱谦益首先来到苏州。此时，钱谦益的好友——诗人吴梅村正在巡抚土国宝幕中。由于吴梅村的关照，他们又住进了拙政园。在那里，柳如是产下了她唯一的一个女儿，这一年柳如是三十岁。直到女儿能咿咿呀呀学语时，他们才离开苏州。钱谦益得女很高兴，在《己丑元日试笔二首》之二中写道："渊明弱女咿嘎喉，孺仲贤妻涕泪余。"用陶渊明的典故委婉地表达了自己的喜悦之情。

钱谦益因十分感激柳如是挺身而出的勇气，特意在柳如是生日那天写下名为《和东坡西台诗韵六首》的一组诗歌，两个人之间的感情也因此好得不能再好。

《和东坡西台诗韵六首》序

丁亥三月晦日，晨兴礼佛，忽被急征。银铛拖曳，命在漏刻。河东夫人沉疴卧蓐，蹶然而起，冒死从行，誓上书代死，否则从死。慷慨首涂，无刺刺可怜之语。余亦赖以自壮焉。狱急时，次东坡御史台寄妻诗，以当诀别。（狱中遏纸笔，临风暗诵，饮泣而已。生还之后，寻绎遗忘，尚存六章。值君三十设帨之辰，长筵初启，引满放歌，以博如皋之一笑，并以传视同声求属和焉。）

其一

朔气阴森夏亦凄，穹苍四盖觉天低。
青春望断催归鸟，黑狱声沉报晓鸡。
恸哭临江无壮子，徒行赴难有贤妻。
重围不禁还乡梦，却过淮东又浙西。

其二

阴宫窟室昼含凄，风色萧骚白日低。
天上底须论玉兔，人间何物是金鸡？
肝肠迸裂题襟友，血泪模糊织锦妻，
却指恒云望家室，滹沱河北太行西。

209

第八卷·柳如是：红楼一梦，一生伤痛

其三

纣绝阴天鬼亦凄，波吒声沸柝铃低。
不闻西市曾牵犬，浪说东城再斗鸡。
并命何当同石友？呼囚谁与报章妻？
可怜长夜归俄顷，坐待悠悠白日西。

其四

三人贯索语酸凄，主犯灾星仆运低。
溲溺关通真并命，影形绊萦似连鸡。
梦回虎穴频呼母，话到牛衣并念妻。
尚说故山花信好，红阑桥在画楼西。

其五

六月霜凝倍惛凄，骨消皮削首频低。
云林永绝离罗雉，砧几相邻待割鸡。
堕落劫尘悲宿业，皈依深喜丑山妻。
西方西市原同观，县鼓分明落日西。

其六

梏挛扶将狱气凄，神魂刺促语言低。
心长尚似拖肠鼠，发短浑如秃帻鸡。
后事从他携手客，残骸付与画眉妻。
可怜三十年来梦，长向山东辽水西。

🌀 送尽平生百岁忧

柳如是确实无愧于贤妻之称，当钱谦益遭了官司，她变卖家产帮他打点，拖着病体将他营救出狱。钱谦益降清所留下的被世人唾弃的背影，被她捡拾起来，擦洗干净。她捐出家产支持抗清事业，她鼓励他与反清人士联合。她为丈夫做尽一切，不为其他，只为那初识的夜晚，那些江南温暖的夜，她伏在案前，将思念写进信里。她对钱谦益说："江南春好，柳丝牵舫，湖镜开颜。相公徜徉于此间，亦得乐趣。妾虽不足比文君、红拂之才之美，藉得追陪杖履，学朝云之侍东坡，了此一生，愿斯足矣。"

她做到了，不负于他。

而他，其实也不曾负她。他对她是宠爱，无可替代的宠爱。当世俗强大的压力逼迫而至，他依然以正妻之礼，给了她最想要的人格尊严。当流言蜚语袭来，他维护她、体谅她。就这样，爱情一路走了过来。

柳如是与钱谦益的爱，是风尘知己的爱，超越了举案齐眉、卿卿我我。他们更像歃血为盟的结义，站在风起云涌处，无须对视，便莫逆于心。

共同的理想，消除了钱谦益和柳如是之间曾经有过的矛盾，使得他们的婚后感情日益加深。他们生育的女儿便是爱的结晶，但她的详情已经无法得知，只知道她后来嫁入赵家，大家都喊她赵钱氏。

在钱谦益最后的日子里，他和柳如是共度余生，一切功名利禄、浮沉荣辱都成了过眼云烟。茅屋一所，古树一棵，诗书几卷，炊烟袅袅，平淡的日子才是爱情最真实朴素的样子。

顺治七年（1650 年），绛云楼毁于他们小女儿的一支烛火，钱家财产损失巨大。可怜藏于楼中的数万卷藏书、名瓷奇石，全部在大火的摧毁中化为灰烬。

后来，夫妇便移居白茆芙蓉村之红豆山庄。红豆山庄原为钱谦益外祖顾氏之别业，离城三十里。当年，钱谦益的祖父从海南带回一枝红豆，植在山庄，所以命名为红豆山庄。二人在此居住有八年之久。良辰佳节，必放舟湖山佳处，相携出游江南名山秀水，流连唱和，被人们视为神仙中人。

> 绿浪红兰不带愁，参差高柳蔽城楼。
> 莺花无恙三春侣，虾菜居然万里舟。
> 照水蜻蜓依鬓影，窥帘蛱蝶上钗头。
> 相看可似嫦娥好，白月分明浸碧流。
>
> ——钱谦益《中秋日携内出游》

秋水春衫澹暮愁，船窗笑语近红楼。

多情落日依兰棹，无藉轻云傍彩舟。

月幌歌阑寻尘尾，风床书乱觅搔头。

五湖烟水长如此，愿逐鸱夷泛急流。

——柳如是依韵和诗

顺治十八年（1661年）三月，山庄前的红豆树，二十年来，首次开花，这年的九月，是为钱谦益的八十大寿。红豆树枝头又结一子，柳如是特令童子摘下这粒红豆，作为钱谦益之寿礼，又寄予红豆相思之意。钱谦益能不快慰？作红豆诗不计其数，又号令他的门生们，唱和红豆诗。一时，红豆山庄红豆诗，蔚为大观。

的确神仙生活。

清康熙三年（公元1664年）五月二十四日，八十三岁的钱谦益病殁于杭州，带着满腹的牵挂和留恋。

钱谦益一直以"梅魂"自居，缠绵吟咏，屡见于诗。临终前，于呻吟挣扎中，所作《病榻消寒杂咏》诗，仍在表达对柳如是的爱慕之意：

老大聊为秉烛游，青春浑似在红楼。

买回世上千金笑，送尽平生百岁忧。

钱谦益尸骨未寒，家产之争旋即爆发。

族人眼红钱谦益的良田美宅，更欺负柳如是一个女流，于是结伙聚众闹起事来。原配陈氏失宠多年，早已对柳如是恨之入骨，每日堵门叫骂不绝，柳如是受到钱氏家族的排挤。

钱家的族人钱朝鼎指使钱曾等人，聚众闹事，逼迫柳如是交出房产钱财，当即夺田六百亩，僮仆十数人。六月二十八日，又向柳如是逼索钱财三千两，叫嚣："我奉族贵命，立索柳氏银三千两，有则生，无则死，毋短毫厘，毋迟瞬息，毋代赀饰。"甚至闯入家中，摩拳擦掌，秽语恶声，扬言要把柳如是唯一的女儿及入赘的女婿打出家门。

钱曾是钱谦益晚年最为心爱的学生，也是钱氏宗族中的晚辈。弥留之际的钱谦益挂心自己还未完成的著述，希望族孙钱曾帮他完成。

然而钱谦益万万没想到，在他死后仅仅一个月，钱曾就伙同钱氏家族中的其他人向柳如是勒索金银、田产、房产、香炉、古玩等。

而钱谦益的儿子钱孙爱文弱不振，柳如是却面不改色，叫钱孙爱摆下丰盛家宴宴请族人。柳如是又好语说道："老爷是留有遗产，你们先等着，我不会让你们白来一趟。"

然而，她进入内室，众人久待而不出。

钱谦益确实曾身家巨富，但经过绛云楼失火后，钱家的财力大减。钱谦益重病时，服药都向药铺赊账，柳如是确实手里无钱。钱谦益在生命后期，其实很贫穷。那年柳如是把他从监狱里捞出来，花了三十万两银子，钱谦益又曾赞助反清复明大业，亦不是小数目。

康熙三年（1664年），八十三岁的钱谦益因病已卧床不起。他自感时日不多，而身后丧葬费用尚无着落，颇为忧虑。

此时家境已困顿不堪，连丧葬费用都无处筹措。恰好盐台顾某慕钱谦益大名，求文三篇，答应给润笔一千两白银。可是重病的钱谦益已是心有余而力不足，只好求来家中做客的黄宗羲代笔。黄宗羲不愿意做枪手，无奈之下，钱谦益吩咐下人，将黄宗羲反锁于书房之内，逼他连夜写完三篇文章，这才解决了丧葬费用。黄宗羲在《南雷诗历》《八哀诗》（之五）写道：

> 四海宗盟五十年，心期末后与谁传。
> 凭裀引烛烧残话，嘱笔完文抵债钱。
> 红豆俄飘迷月路，美人欲绝指筝弦。
> 平生知己谁人是？能不为公一泫然。

❀ 昔日荣盛，今日枯萎

千两银子散光了，众人仍喧集如故。面对这帮强人的逼迫，柳如是看着他们一张张丑恶凶狠的脸庞，回忆当初，这些都是与钱谦益生前有善交之人，如今竟如此欺辱她。

丈夫去世了，柳如是只是一个失去靠山的弱女子，既无力抗争，也不甘妥协，最后只有走上绝路。

"昔日荣盛凌春风，今日飒黄委秋日"，正是柳如是此刻的真实写照。她怀着"昔日凌春风，今日委秋日"的强烈慨叹，在钱谦益死后五十三天，走向家中的荣木楼。

她用三尺白绫闭门自缢，结束了自己风风雨雨的一生，追随钱谦益于九泉之下。此时距钱谦益去世还不足两个月。

当白绫结在梁间，楼下传来隐约的嘈杂声，那是钱氏族人的声音。柳如是冷冷一笑，眼中掠过鄙夷。彼等锱珠必较之辈，怎能将她的尊严就此剥夺了去？她抚着缕帛，知道这一去，是不会再回来的了。所有一切她都舍得，唯不能与他同穴，让她的心里有了一丝凄恻。她将白绫缠得更紧了些，感受着身体逐次的寒凉，这是她能为他做的最后一件事。

她望着窗外的燕影，想着若能生活于红尘的四季与晨昏，再有陪在身边的一个男子，两个人恩恩爱爱，平凡终老。这样的人生岂不是很好？但她得不到。那一刻，她的沙场风沙四起，而这是她的最后一战，"以死谢君心"，她无怨无悔。白绫无声地越绞越紧，柳如是的最后一口气便吐尽了。彼时，风拂过湘帘，似在召唤一代红颜的幽魂。

这么一个具有热力的人，对于死，几番跃跃欲试，并非她不珍惜生命，相反，是她太珍惜了，她要隆重地拿它作一篇大文章，由她自己书写一个精彩利落的结尾。彼时，她没能做成国家的忠臣，现在，她终于可以做一个殉夫的节妇了。这个以放诞著称、每每离经叛道的人，她的终极价值，仍然与主流靠拢。我总是想，柳如是到死，心都是火热的。

死前，柳如是在留给女儿的一封遗书中有言："我来汝家二十五年，从不曾受人之气（柳如是在嫁到钱家后，虽然原配尚在，但家中的财政大权却一直掌握在她手中），今日竟当面凌辱。我不得不死，但我死之后，汝事兄嫂，如事父母。我之冤仇，汝当同哥哥出头露面，拜求汝父相知。我诉阴司，汝父决不轻放一人。"

作为一代才女，柳如是一生写作了许多绝艳绚丽的诗词，让文人学士佩服和赞赏。然而她的遗嘱却完全用白话写成，可谓字字见血。

在这场史称"钱氏家难"的不幸事件中，柳如是毅然地自尽了，她希望已到阴间的钱谦益能够为她作主，帮她报复仇人。即使在阴间，钱谦益也被柳如是视为生命中最后的依靠。柳如是一生极有骨气，极有尊严，极坚韧，极骄傲，正是缘于此，她才选择了死。

柳如是的智慧是超人一等的，她用生命为女儿解决了大麻烦，让女儿和女婿从此可以安生度日。

柳如是在自杀前，曾"夜书讼词，遣人送到府县"，告发这群不义的同族之人。她自己则一条白绫，吊死在荣木楼上。此楼壁上有字道："并力缚饮者而后报官"。

当时正在钱家吃着酒宴，叫嚣逼迫拿出钱财，久不见柳如是出来而大声唾骂指责的族里众人，见到此种情景，顿时吓呆了，"惊窜"，一哄而去。

但逼出了人命，那帮坏人自然难逃干系，"府县闻柳夫人死，命捕诸恶少，则皆抱头逃窜不复出"。那帮咄咄逼人的恶少终于伏法。原来柳如是在给知府的信上写道："夫君新丧，族人群哄，争分家产，迫死主母。"

后来，邑令来到，将恶人皆系于狱，置之以法。钱家之不致破亡，柳如是之力。

——王应奎《柳南随笔》卷三

即使有钱，以柳如是之傲骨，既不屑于与那帮恶少纠缠不休，更无法容忍他们横行霸道，当面欺凌。因此寻得一个周全之策保护亲人才是她的首选，即便身死亦不足惜。事实证明，她成功了，她的付出也得到了回报。虽然独葬于百步之外的虞山脚下，没能与钱谦益合葬，但钱孙爱还是遵从匹嫡之礼葬之。

岁月流转，今夕的柳夫人，已经缺少了当初和宋辕文分手时，快刀断琴弦的傲烈，也没有了和陈子龙两心相倾，却无奈分手时的悲决。若非在生命的最后一刻利剑出鞘，让人们再次目睹了其凌厉的剑锋，柳如是最后或许只能为自己的生命画上一个无力的句点。但柳如是为了保护钱家产业，不惜牺牲生命，她呕血立下遗嘱，然后解下腰间孝带悬梁自尽，情形极为悲惨。她以自杀的方式与生存的时代作最后的抗争，使人不得不为这个曾经为了平等、自由和尊严一次次放弃爱情的女子表示遗憾。或许她可以换种方式出招，但没有人知道她在最后一刻想的是什么。她一生颠沛流离，被他妥帖珍藏，最终却依旧逃不过宿命的诅咒。又或许，她在生死之门打开之际，看到了另一个安稳的世界。柳絮逐青云，终于尘埃落定。

这一年，柳如是四十六岁。一代才女，玉殒香消。柳如是死后，不但未能与钱谦益合葬，反而被逐出钱家坟地。柳如是的墓在虞山脚下，那是一座孤坟，墓前石碑只一米高，上面刻有：河东君。百步之外，钱谦益与原配夫人合葬一墓。

❀ 红颜舛命

此去柳花如梦，英雄美人的时代已成为茶余闲话。然而此情不悔、不改、不尽，任这百年悠悠历史褒贬洗礼，她依然如一个时代的样本，依然是那秦淮河畔永不衰败的桃花美人。她带着最美丽的姿态，不论是等待，抑或盛开。

如今，秦淮河水依然在缓缓地流淌，带动了曾经香味浓郁的脂粉，承载着过往的旖旎影像。河两岸的绣楼画舫依稀有着当年觥筹交错的繁华，桨声灯影也让人情不自禁地联想起那些美丽的才情女子。

柳如是如若不这般傲然，或许这一生不会如此坎坷。做一个平凡的女人多好！远离那些背信弃义的名流才子，不去做女中豪杰，明朝和清军都是别人的事。平凡得如沧海一粟，寄蜉蝣于天地之间，随着岁月的轮回淹没在流光里。但，柳如是有庙堂之忧、报国之志，却在红尘的路上越走越远。

她是有骨气、有血性的人，如若她能不这般傲然，或许她的一生不会这般曲折。走出陈子龙阴影的柳如是，已过双十华年。在那个年代里，这已经是大龄了，她急于把自己嫁出去，心中的傲骨却又使她不甘于做妾。百般寻觅后，柳如是驻足于那个白白头发黑黑脸颊的人，那个官居尚书的人，那个大她三十余岁的人。这骨血里的孤寂，在落日的余晖中越来越重，但爱的脚步却越走越近，他们在半野堂相处得锦瑟和谐。或许他不是英雄，不是柳如是最爱的良人，不是最适合她的人。但命运将她静养于温暖的我闻室。他虽不是英雄，不堪湖水寒凉，难舍此生，但他可以给她一个紧紧依偎的爱的怀抱。他是唯一一个建闻我室，让她这疲惫不堪、苦于漂泊红尘的一叶孤舟，终于有了一个可以休憩的港湾的人；也是唯一一个为她设寒夕文宴，让她走入他的生活社交圈的人；亦是唯一一个以正室之礼，娶她过门的人；更是唯一一个称她为妻的人。以柳如是的烟花身份，妻的称位可谓是天方夜谭，但他给了她。

柳如是终其一生都在报钱谦益的怜惜之情，一生随他奔波，最终亦是随他而去。

人情寡淡，世态炎凉，尸骨未寒的钱谦益音容宛在，钱氏家族冰冷的箭簇却将她围在五楹二层的荣木楼里。闻我留爱，红豆赠情，荣木楼中弃浮生。开到荼蘼花事了，万般痴缠亦作殇。荼蘼成殇坠落，满地碎颜。风扬花舞，绕红尘路，迷醉途人眼。这一舞，便是百年。她终于可以丢弃这浮生，带着名山秀水，带着所有的爱恨，所有的风雨苍茫，尖锐而凄厉地落幕了，她便如诗一般，静静地隐于西湖的朝霞夕雨之中。

柳如是葬在拂水山庄。与钱谦益之墓相距不过百步。拂水山庄在虞山西麓拂水岩，当年，夫妇二人曾多次同游此地。

崇祯十六年（1643 年）春，在清明前一天的寒食日，钱谦益偕柳如是来到拂水山庄。当时细柳笼烟，小桃初放，月堤景物殊有意趣。柳如是很是欢喜这景致，就索纸提笔，画了一幅《月堤烟柳图》寄兴。这幅手卷现藏在北京故宫博物院中。钱谦益还写了一首诗，题在卷首：

> 月堤人并大堤游，坠粉飘香不断头。
> 最是桃花能烂漫，可怜杨柳正风流。
> 歌莺对对勾何满，舞燕双双趁莫愁。
> 帘阁琐窗应倦倚，红阑桥外月如钩。

红纱帐暖，美人如玉，如珍似宝。然这需此生坎坷千百回，方得最后归宿，洗尽浮华往事，从此只需淡淡描眉，轻抹胭脂，一身素衣，再不用百花锦缎，摇曳生姿。红尘多可笑，贪念嗔痴，掺杂了多少饮不尽、话不完的苦。

　　纵是白发红颜，暗香如尘，锦绣诗篇俱已成灰。抛洒向这凡世的湍湍河水，无踪无影，至今凭念河东君者，尚有几人？

　　红颜舛命，无情残照，正是萧萧南浦。如是，如是，你本红尘客，身后是非，任人去评说。

马湘兰：

痴守一生，一生都画不好的情

　　马湘兰，明朝时金陵秦淮河畔名噪一时的歌妓，为秦淮八艳之一。生于金陵，自幼不幸沦落风尘，但她为人旷达，性望轻侠，常挥金以济少年。她的居处为秦淮胜处，慕名求访者甚多。她与江南才子王稚登交谊甚笃，她给王稚登的书信收藏在《历代名媛书简》中。在王稚登七十大寿时，马湘兰集资买船载歌妓数十人，前往苏州置酒祝寿，宴饮累月，歌舞达旦。归后一病不起，最后强撑着沐以礼佛，端坐而逝，年五十六岁。主要作品墨兰图、诗集《湘兰集》、剧本《三生传》。

　　马湘兰（1548年—1604年），明朝女画家、诗人。名守贞，小字玄儿，又字月娇，湘兰为其号。曾为南京秦淮歌妓。能诗，善画兰竹，笔墨潇洒恬雅，饶有风致，有诗集二卷。另有传奇剧本《三生传》，已佚，《群音类选》中有其残存曲文。

慧纨兰质马湘兰

兰，即兰花，也称兰草。也就是说，它既是花，也是草。它喜欢生长在幽谷、石间、林下，不慕阳光，不争雨露，只顾默默地散发芬芳；连芬芳也是幽幽的，不浓郁，不艳俗，不张扬。

她的名字中有个"兰"字，她也喜欢画兰，善长画兰。

她就是马湘兰。

马湘兰，本名马守贞，在家排行第四，故又称四娘。她秉性灵秀，能诗善画，尤善画兰竹，故以"湘兰"著称。或许是家道败落，最终沦落风尘。她相貌虽不出众（"姿首如常人"），但"神情开涤，濯濯如春柳早莺，吐辞流盼，巧伺人意"。

"神情开涤"，看着让人心情愉快，"濯濯"说的是她清朗的气质，宛如她笔下的兰花，又如春日里的杨柳、黄莺，充满生机。这条标准古今通用，现代社会里，一些长相不算太出众，但人缘非常好的女孩子，主要就是因为气质好，和她们相处让人愉快。故而马湘兰这一特点便使她显得特别起来。

神情开涤，濯濯如春柳早莺，吐辞流盼，巧伺人意。

——《秦淮广记》

马姬名守贞，小字玄儿，又字月娇，以善画兰故湘兰之名独著。

——《列朝诗选》

红遍秦淮河

当时的秦淮河一带，楼馆画舫林立，红粉佳人如云，是金陵的烟花柳巷之地。马湘兰算不上绝色美人，她纤眉细目，瘦弱如柳，却也皮肤白腻，娉娉婷婷。凭着这只算中等的姿貌，能在美女如云的秦淮河畔崭露头角，主要得力于她清雅脱俗的气质和出类拔萃的才华。

马湘兰为人旷达，性格任侠仗义，甚至常常挥金接济少年。她率性爽朗，纯真任性。

马湘兰善长画兰。兰若空谷佳人，画兰讲究的是心境的静谧安逸。而马湘兰画兰却是一绝，真真是如诗人所形容的"心有猛虎，细嗅蔷薇"。

马湘兰还精通音律，善长歌舞，能自编自导戏剧，并撰有《湘兰子集》诗二卷和《三生传》剧本。在教坊中，她所教的戏班可以演出《西厢记》全本。一方面她多才多艺，故而后来才能为王稚登筹备那样一个盛大的寿宴；另一方面她教授有方，为人磊落，跟随她进学之人皆能得其真传，可见她的因材施教和对人不设防。

马湘兰相貌并不出众，但她可以后天补拙。

马湘兰不仅气质出众，还善谈吐，与人交谈，音如莺啼，神态娇媚，善解人意，博古知今，引人入胜。"吐辞流盼，巧伺人意"，言谈愉悦，善长挖掘话题，跟她在一起，永远不嫌闷。更何况，她还会察言观色，懂得为他人着想，这样一个豪爽中透着细腻的女子，怎能不让她从秦淮群芳中脱颖而出，成为个中翘楚？

就这样，马湘兰在秦淮河畔渐渐成为红人，门前宾客穿梭如织，而且多是些有身份有教养的文雅客人。靠着客人的馈赠，马湘兰也积蓄了一些钱财，便在秦淮河边盖了一座小楼。楼内花石清幽，曲径回廊，植满兰花，命名为"幽兰馆"。马湘兰出则高车驷马，入则呼奴唤婢，虽为青楼女子，却有着贵妇人一般的气派。马湘兰是个仗义豁达的女性，自己日常生活挥金如土，左手来右手去，对别人也十分大方。她曾周济过不少无钱应试的书生、横遭变故的商人以及附近一些老弱贫困的人。

❀ 偶遇落魄才

送张迎李、老友新客，她的生活看上去多姿多彩、热闹非凡。然而在别人心目中，她终究是一个漂若浮萍的烟花女子。人们以客人的身份前来造访，多是来去匆匆，少有深交者，所以马湘兰内心深处其实是寂寞难言的。细雨轻寒的暮春午后，庭院寂寂，花落遍地，阳光明媚而慵懒，花影斑驳，杯盘狼藉，客人都已经散了，马湘兰满腔的孤寂之情涌了上来，遂结成一阕《蝶恋花》：

> 阵阵残花红作雨，人在高楼，绿水斜阳暮，新燕营巢寻旧垒，湘烟剪破来时路，肠断萧郎纸上句！三月莺花，撩乱无心绪，默默此情谁共语？暗香飘向罗裙去！

置身繁华之中，却独品落寞滋味，灯红酒绿的陪伴下，马湘兰却没有知心之人。这是繁华之中的苍凉，就像在盛夏的阳光里，冷若冰霜的冷寂。真正的寂寞永远躲在热闹的身后，来来往往那么多人，喧嚣着，欢笑着，可当如梦似幻的喧闹声散去才发现，他们于她都只是过客。

这样的妙龄，这样的满腹才情，这样的女子，年复一年地虚度年华，几度花开花谢，能不惆怅？

直到她二十四岁那年，认识了一位落魄才子——长洲秀才王稚登。

相传王稚登四岁能作对，六岁善写擘窠大字，十岁能吟诗作赋，长大后更是才华横溢。嘉靖末年，王稚登游仕到京师，成为大学士袁炜的宾客。因当时袁炜得罪了掌权的宰辅徐阶，故王稚登受连累而未能受到朝廷重用。心灰意冷地回到江南故乡后，王稚登放浪形骸，整日里流连于酒楼花巷。

1572年盛夏的一天，二十四岁的马湘兰应青楼好姐妹罗素玉的邀请，参加了她和几个知名人士的宴会，此去就改变了她原本平淡的一生。她看见了当时正值中年的王稚登，并一见钟情。

根据相关的一些野史记载，当时的王稚登容貌俊美，才华横溢，玉树临风，常常是一身白袍，手持一把古铜色的纸扇，扇面上是他自己画的山水、题的诗词。他经常穿梭在高雅场合，吟诗作画，指点江山。

当马湘兰弹唱完自己作曲的《影画》（《影画》收集在故宫的《群音类选》中）后，没想到离她不远处就坐的王稚登站起来和了一首词，文辞华丽浪漫，让喜欢诗词的马湘兰顿生敬意。于是，在酒席散后，她邀请王稚登有空去自己的幽兰馆做客。

据说，王稚登当时并没有立刻就到幽兰馆拜访，而是在很长一段时间以后他来登门。

一个是清高的绝世才女，一个是郁郁不得志的文人墨客，交谈之下，颇为投缘，骨子里相同的清高，激起了彼此的惺惺相惜之感。继之深交，二人都叹相见太晚。

　　之后，王稚登经常进出幽兰馆，与马湘兰诗词唱和，相携赏兰，抚琴品茗，把酒言欢，十分惬意。那是一段快乐的日子。

　　一天，王稚登向湘兰求画，湘兰点头应允，当即挥手为他画了一幅她最拿手的一叶兰。这种一叶兰图，是马湘兰独创的一种画兰法，仅以一抹斜叶，托着一朵兰花，最能体现出兰花清幽空灵的气韵来。马湘兰当时还特意在画上配了一首七言绝句：

　　绝壁悬崖喷异香，垂叶空惹路人忙；
　　若非位置高千仞，难免朱门伴晚妆。

　　因马湘兰是欢场中人，最怕王稚登把她看成是水性杨花、并无真情的女子，所以特地作了这幅图，表明自己决非路柳墙花，而似悬崖绝壁上的孤兰，并不是任何人都可以靠近的，只有那些品德高尚的人才可以一睹芳容。一个女子的勇气是多么可贵，她知道，他是值得她托付终身的人。此时如果不说，怕是以后再也遇不到这样的知己了。

　　王稚登是何等聪明的人，他当然明白马湘兰诗画中的情义。只是，当时的王稚登已经三十七岁了，已不再是热血澎湃的少年，他有重重的顾虑。

　　他觉得自己是落魄书生，年近不惑，依然无位无职，前途茫茫，却壮志不灭，不知何时还要赴汤蹈火，拼搏一番。如此一来，便很难给马湘兰带来幸福，甚至不知道自己的肩膀能不能为她遮风挡雨。他也和吴梅村一样，做事拖沓，毫不爽利。只是，人世悠悠，到幡然悔悟的时候，又有多少爱可以从头来过？再回头，山水杳杳，前尘散去。

　　可放弃，他又舍不得，他们是灵魂上的知己，深深地懂得对方。他，是爱着她的。

　　但是，他出身于书香世家，她再有才情，再情投意合，终究是风尘女子。她会不会影响他的仕途和名声？

　　他毕竟不是绝情的男子，没有直接地拒绝她。他深知湘兰是个明敏多情的女人，自己稍有不慎就可能伤害，甚至毁灭她。与其那样，还不如不作承诺，交往起来还能轻松些。因此，王稚登故意装作不解诗中情怀，随意地收了画，客气地表示谢意。或许在他看来，这样不挑明的掩饰，给双方都留有了余地。

只是这样的掩饰，她是不屑的。马湘兰以为他是不愿意接受自己，以为他是介意她低贱的出身，于是便收起了念头，但又暗自伤心不已，她实在无法忘却王稚登。于是两个人仍像好朋友一样密切交往，只是再也没谈过嫁娶之事。

🌀 登舟北上

不久后，京都大学士赵志皋举荐王稚登参加编修国史工作。王稚登以为幸运降临，意气风发地准备登舟北上，去奔前程。他心里还盘算着：等在京城有所发展后，再回来接马湘兰同享此生幸福。马湘兰心情复杂地为他设宴饯行，她既为王稚登的离别而伤悲，又为他的得意而欢喜，悲喜交加，不知所以。王稚登稍稍透露了一些将来要与她共享荣华的心意，但马湘兰限于上次的隐伤，没敢接话把事情挑明，只是暗暗在心中埋下了一颗希望的种子。

辞行席上，马湘兰百般叮嘱，依依不舍，并即兴赋了一首《仲春道中送别》相赠：

酒香衣袂许追随，何事东风送客悲？
溪路飞花偏细细，津亭垂柳故依依；
征帆俱与行人远，失侣心随落日迟；
满目流光君自归，莫教春色有差迟。

我自守候，君自行矣！黯然销魂者，唯别而已！她自是心怀希冀，想象着将来的某一天可以再团圆。

在马湘兰这首《仲春道中送别》里，我们分明可以感觉到她的深闺寂寞之情，万种相思之意。

全词以细腻曲折的笔触，在字里行间缱绻愁情，含蓄而有韵致。展示了马湘兰独居的深闺心理状态，刻骨的相思之情已力透纸背，读来让人备感悲伤。

🌸 独守寂寞

送走王稚登后，马湘兰竟然谢绝了所有的来者，以期静待王郎仕途得意而归，自己也好相随左右，从此脱离这迎来送往的青楼生涯。

独守寂寞，百无聊赖之际，马湘兰也曾想借酒消愁，举杯却慨然而叹："自君之出矣，不共举琼卮；酒是消愁物，能消几个时？"春去秋来，寒意渐浓，迟迟没有王郎的音讯，马湘兰在幽兰馆中牵挂着他的冷暖，吟一首《秋闺曲》：

芙蓉露冷月微微，小陪风清鸿雁飞；
闻道玉门千万里，秋深何处寄寒衣。

在富贾云集的秦淮，一个凄凉的秋夜，弯弯的月儿悬挂在天上，清冽的月光静静地流泻，透过窗纱，落在潮湿的地上。偶尔一阵侵骨的风袭过，吹乱了刚刚整理好的青丝，吹散了脑海里的些许温暖。天空中夜行的大雁，一排排地飞往何处？你们是否可以带上我，去看看远方的人，为他披衣温茶？千里之外的玉门关，那里的深秋是否已经霜雾笼罩，百花凋残？不要冷着了我的那个他啊，不要让他吟唱孤独。

据说《秋闺曲》写于王稚登远行之后的某夜，大约是1573年的深秋。马湘兰踯躅在清冷的院子里，秋闺的寂寞宛如潮水般袭来，挥不去的惆怅洒满一地。

且不论是何种心理，就他们之间的爱情结果来看，一切的悲剧皆来源于，王稚登对她的爱，还远远不及她对王稚登的付出。虽然这段浪漫唯美的爱情已融合在岁月里，流失掉过去的妖艳，但通过马湘兰的《秋闺曲》，我们仍可以看出她对王稚登的等待和思念有多深。此诗清秀淡雅，但情调感伤，刻画出一个不堪忍受离情别绪的柔弱人儿。

这次王稚登进京并不得意，因宰辅徐阶手下一批文人的排挤，他虽然参加了编史工作，却尽做一些打杂的事。他忍气吞声，日子很不好过。勉强撑到岁末，看到实在无什么前程可言，索性收拾行装，铩羽而归。只是，王稚登回江南后，不愿再面对一片痴情的马湘兰，他没有回金陵，而是索性把家搬到了姑苏，以绝与马湘兰相守终生的念头。也许他觉得自己已无颜面对望穿秋水的马湘兰，索性就选择了逃避。

❀ 难为同林鸟

两个人虽不能成为同林鸟，但在金陵的马湘兰依然一往情深。她打听到王稚登失意而归，虽然他的举动让马湘兰的心冷了、伤了，但是她仍连忙赶到姑苏去安慰王稚登。

对于王稚登来说，除去了仕途，他或许什么都不在意了吧。而马湘兰在意，她一旦认定了所爱的人，便倾付了所有的筹码。这个高雅如兰的女子，怎么忍心去恨一个自己爱了许久的男子？她收拾了沮丧的心情，匆忙赶去姑苏安慰他。马湘兰就是这样一个心性开阔的女子，夫妻做不成，那么朋友总还是可以结交下去的。在马湘兰心中，早已把他作为此生唯一的知己，所有的心事、情事都向他诉说。她许嫁未遂，只能将自己的情感冰封起来，在外面塑上包装，伪装成友谊。她带着满腔的深情，去和他畅怀一谈。她说诗词歌赋，说人情，说世故，却不再提那个若有若无的约定。她就是这样一个能在尘埃里开出兰花的女子，又怎会低三下四地去求一个不够坚定的婚约？

然而，她并没有斩断这没有结果的情缘。恰恰相反，这份情意她保存了一生，生生将自己雕琢成一个苦苦等待却不盼望结果的痴情女子。马湘兰将自己的一寸寸相思揉入一针一线，纳入丝帛，制成小巧的香袋和汗巾，将自己的点滴情意深藏笔墨，静静画下一丛丛兰花，提笔写下温婉诗句。她把这些都寄给他，不是要他因为她这番情意而感到压力，而是想让这些蕴藏着她情感的物什，可以代替她陪伴在他身边。这种隐忍而宁静的感情，哪怕会让马湘兰此后的生活时有酸楚，她也不会抱怨一句。

马湘兰在此后的生活中，觥筹交错、迎来送往，一如往常。但对他，她又暗暗将低眉婉转的姿态做到极致。王稚登和马湘兰的爱情可以说一开始就是一种意念，对于马湘兰来说，王稚登的丝丝柔情都属于柏拉图式的。

这场爱恋于她而言，不过是一场对爱的祭祀。她将自己摆在祭坛之上，完成了对爱的献身，在漫长的付出中燃烧了自己所有的热情。

王稚登定居姑苏后，马湘兰每隔一段时日，总要到姑苏住上几天，与王稚登畅叙心曲，却始终没有发展到嫁娶那一步。不知情的人都不理解他们这种特殊关系，只当他们是兄妹之类的亲戚，许多人还把马湘兰误认为姑苏人氏。

岁月在这种清淡如水的交往中流逝着，不知不觉中过去了三十三年。这三十三年的日子里，马湘兰除了偶尔去姑苏做客外，便是这样度过的："时时对萧竹，夜夜集诗篇，深闺无个事，终日望归船"。年岁渐老，华颜日衰，门上宾客也愈来愈少，天天陪伴着马湘兰的是落寞和凄怆。在一个寂静的夜里，她写了一首《鹊桥仙》来表达对他的思念：

深院飘梧，高楼挂月，漫道双星践约，人间离合意难期。
空对景，静占灵鹊，还想停梭，此时相晤，可把别想诉却，
瑶阶独立目微吟，睹瘦影凉风吹着。

似此星辰非昨夜，为谁风露立中宵。她的孤独，是一个兰花女子的孤独，是贞洁的孤独，是痴念的孤独，是深情的孤独。

她的爱，在一年一度兰花盛开的岁月里弥漫不朽。因着她的眸，一年一度地花开，一年一度的青春也因此不朽。她是忠贞的女子，当身边的人都在劝她另寻出路时，她用沉默做了回绝。

就这样，一晃三十三年过去了。一场没有准备的邂逅，一段没有商量的恋情，让她足足等了他三十三年！

三十三年！痴情的马湘兰，你柔顺的青丝，是否在风霜里染白？发髻边那支紫红色的银钗，你一直带着。我不知道你日日看见它，一

串串的粉泪滴落时，是否还担心会腐蚀掉它的鲜艳。你那件浅绿的罗裙，还有那把他当年来你闺房时遗留下的油纸伞，你都不允许别人轻碰。你说，那是你一生最珍惜的东西，你不能没有它。可是你有没有想过，你在这里独守空房，饱受相思之苦，更多的时候只能依靠书信寄托自己的柔情，看着他停留在字里行间的亲昵而支撑着自己，需要多大的勇气，才能止住眼泪啊。我无法想象，寂寞的时候，原本就柔弱的你只能看着他的书信和文字，心灵深处如何去迎合风花雪月里的那一声叹息。莫说是香脂流粉、过客匆匆的秦淮河畔，就是换成今天，还能如此痴情的女子也是少有。

三十三年的光阴，朝朝暮暮，你如何承载起马湘兰的心，如何去诠释一个风尘女子对生活的炽热追求。

就这样，马湘兰为王稚登付出了一生的真情，自己却像一朵幽兰，暗自饮泣，暗自吐芳。

当初，马湘兰对王稚登或许只是淡淡地喜欢，王稚登对马湘兰也只是对一个歌妓的爱慕和钦佩。很多人都会认为时隔多年，情会渐渐淡化，人会慢慢陌生遥远，直到有一天彻底忘记。没想到，马湘兰用自己的青春为世人演绎了一场跨越时空的爱恋。不仅感动了王稚登，连后世也为之动容，虽然它仅仅是一段没有结果的爱情！

时隔几百年，再次揭开历史的面纱，走进那一场江南的烟雨，我依然想象着，在马湘兰的记忆里，那三十三年前的片段，是如何地绚烂，让她无怨无悔，守候着那一瞬的心悸，流连忘返。三十三年对一个女人来说，意味着所有。三十三年的光阴，让她由一个如花似玉的姑娘成为一个独居的老妇，整天只能和影子说话，黄昏时看着天空的晚霞发呆。她苦苦等待的结果是，什么也没有得到。

越过浮沉，她能看见的，是千里之外的王稚登牵着妻儿的手，在月下相偎依。

她能听见的，也只是他们的零碎生活，从中分析出隐藏在眉宇之间的一缕柔柔的思念，然后搁置在自己的心间，慢慢回味，慢慢咀嚼。

不是说时间是最好的证明吗？时间无情，它可以洗空一个人的记忆，也会改变一个人的情感。但是马湘兰对王稚登的情感在时间里慢慢积累，由一个歌妓与客人之间的交往，慢慢升华为永不言弃的执着，让人佩服！

❀ 石上三生如有信

万历三十二年（1604 年），王稚登迎来了他的七十岁寿诞。也许是觉得自己已经没有太多时间了，他终于忆起了那段尘封的约定，于是邀请马湘兰来了结那个誓言。

有些事如若再不去做，恐怕要来不及了，那就是相爱。然而残酷的是，这么多年过去了，二人都已变老，却依旧未曾相爱。近二十年，他们没有重逢，只是书信笔墨来往。不过只是两座相近的城市，却变得如千万里一般难以抵达。相见难不是因为距离，有距离的只是他的心而已。最后的结局，最先知道的是她自己。只是人总是习惯自欺欺人，她自始至终都不愿相信那个残酷的真相，否则那实在是太过不堪。

他不懂她的心，也许她从一开始便知道，只是不愿承认，不愿面对而已。马湘兰只是用自己的一生，去精心营造了这个精致的梦境。

转眼王稚登已七十岁，马湘兰也不再年轻，甚至连"老大嫁作商人妇"的年龄都过了。

也许是时候为这个梦境点上最辉煌的一笔了。

马湘兰买下豪华的楼船，带了十五个能歌善舞的佳丽，顺流而下。她是抱病从金陵赶到王稚登的姑苏寓所——飞絮园的，只为给他举办一场隆重的祝寿宴会。

已是近二十年未见。"十年生死两茫茫"，何况近两个十年后的重逢，会执手相看泪眼吗？

这次的华丽出场，可能是马湘兰筹备多年的。当她接到邀请，便从容抵达，住在王稚登的飞絮园中，为他弹奏丝竹，为他轻拢慢捻抹复挑，为他朝夜欢唱，累月为欢。

宴会上，马湘兰重亮歌喉，为她爱了三十余年的王郎高歌一曲：

举觞庆寿忆当年，无限深思岂待言。

石上三生如有信，相期比翼共南天。

这支情意绵绵的曲子听得王稚登老泪纵横，他感叹道："多才女子痴情妹，是我耽误了你几十年的宝贵年华！都是礼教、名分、名利束缚人、扼杀人呀！"

马湘兰准备这么隆重与盛大的宴会，不是想惊艳在场的嘉宾，只是想取悦他一个人。他的一个微笑、一句称赞，都会令她激动，这些都是最珍贵的东西。

"宴饮累月，歌舞达旦"，祝寿盛宴，隆重空前，歌舞长达两个月，所有开支都由马湘兰支付。她为王稚登举办寿宴，竟然掏出了所有积蓄。她的苦心得到了他的认可，他在自己的集子中写道：

绝缨投辖，履舄缤纷。四座填满，歌舞达旦。残脂剩粉，香溢锦帆，泾水弥，月烟煴，自夫差以来所未有。吴儿啧啧夸盛事，倾动一时。

这些文字背后满是他的得意，满是掩不住的喜悦，满是和她无关的风月。

可怜的是，这些是她当时未曾觉察的。

在当时那段时光里，她只知道这场宴会，会在他心中留下久久的回忆。她为他策划了一场极其华丽的盛典，哪怕只如烟花一般绽放一次，她也心甘情愿。故而，她花费了所有的精力和技艺，只想令他欢喜。身为寿星的他红光满面，令她更加满心欢喜，同时也点燃了她心中的火苗。

这么多年，马湘兰从一开始就知道他的答案。因此，她能做的只是给他这样一次盛大和隆重，至于之后是如烟花散落，如流星陨落，还是如繁花盛开，都已与她无关。

一次，只要一次就够，把所有的爱一次性挥发得淋漓尽致。

王稚登七十岁了，马湘兰也不年轻了，但她依旧念念不忘当年的恩情。时光流逝了她的青春，没有腐蚀掉她的情意。七十岁的王稚登，想必容颜已经憔悴不堪，体力不支，即使这样一个白苍老叟，马湘兰还是痴情不改，照顾他吃穿。看到这一幕幕，当场的人谁能抑制住眼泪？而且此时王稚登的原配已经病逝，照顾王稚登的是他的儿女。据说，原本反对他们在一起的儿子看见这一幕，眼圈也红了。他们之间的情意，已经不再是一个歌妓和一个风流客人的暧昧，而是一种可以感动天地的真情！

终有一日，夜已深，曲终人散，那些歌伎都已回房歇息，只剩她一人还在屋子里静坐，妆还没来得及卸，只是神色间略略有些疲倦。

他进来了，红光满面，一副寿星吉祥之色，让她倍感欣慰。

他望着她，眼中充满欢喜，让她的倦怠瞬间无影无踪。哪怕他进来仅仅是唤她一声"妹子"，也算是对她最大的嘉奖了。

纵然此时的他已鸡皮鹤发，老叟一个，但在她眼中，他一如既往地英俊高大。时光仿佛回到了许多年前，她沉浸在他的微笑中，丝毫未曾觉察那其中蕴含着令人梦想破灭的凄凉与悲怆：

卿鸡皮三少若夏姬，惜余不能为申公巫臣耳。

卿肤如凝脂，容貌依旧，仿佛传说中的夏姬，可惜我不能做申公巫臣呐。这是他对她说的话。真话，实话，心里话。

她错愕，她失神，她恍然，未曾料及他会说出这样一句话。

那个有名的夏姬，未嫁之际，和兄长乱伦，害死了自己的兄长；出嫁后克死丈夫，然后跟丈夫的国君、同僚四人上演淫荡的戏码。夏姬多次出嫁，乃是历史上名列榜首的放荡女子，他却将她作了这样淫荡不堪的比喻。这玩笑未免开得太大，是他太开心太得意，导致的忘乎所以？还是在他心中，她的形象永远未曾脱离于此——她本是秦淮河畔迎来送往如杨柳般的烟花女子？

想当初，同为秦淮名妓的李十娘自己刻了个印章，曰"李十贞美之印"，那位写下《板桥杂记》的才子余怀跟她开玩笑说："美则有之，贞未必也。"

却不料这位妩媚有加的女子顿时翻脸，哭泣道："君知儿者，何出此言？儿虽风尘贱质，然非好淫荡检者流，如夏姬、河间妇也。苟儿心之所好，虽相庄如宾，情与之洽也；非儿心之所好，虽勉同枕席，情不与之合也。儿之不贞，命也，如何？"

不是一番装模作样的哭诉，而是被戳中心事的伤痛，一番激昂之词，只是说身为下贱，但心比天高。不能像寻常人家好女子一样相夫教子，岁月静好地过一生，只能认命罢了。然而，纵然如此，也不比那淫荡的夏姬、河间妇，如若就这样认为自己是个失贞女子，未免太过侮辱人了！

见李十娘这么大的反应，余怀赶紧道歉，连连说："吾失言，吾过矣。"

其实，余怀同李十娘不过是文墨之交，文士雅友。平常里他们诗酒唱和，调笑有加，然而就因为这个"贞"就立刻翻了脸，可见这句话多么伤人。余怀只是同李十娘开玩笑过了头，虽然赶紧道歉，但两个人之间还是存下了芥蒂。

而王才子更伤人，他毕竟是她爱了那么多年的人。她用尽全力爱了他半生，等来的却只是他的一句：若夏姬。

其实，他只说若夏姬又如何，如果后面是"余愿为巫臣"，恐怕就不会那么伤她了。夏姬怎样，如若他愿意和她一起做有情人，还有什么好顾虑的？只要是相知相爱又相守，那就是最好的。只可惜，王稚登不是这样的。

"若夏姬"还不是重点，最惨的是，王稚登不但将她比作夏姬，还说了自己不是她的情夫申公巫臣，那可是夏姬最后的归宿。

他的那句"惜余不能为申公巫臣耳"，真的是伤害她了。

原来自始至终，他对她竟连一丝的情意都没有。这么多年的相思，原来都只是她一个人的独角戏而已。

马湘兰说不出话来，她也不知道该说什么，只能平静地压抑着眼角的黯然，一脸淡然地盖过这层诧异。

她的安静，如同当初他对她的拒绝一样，没有任何流露。

况且他此刻兴高采烈，怎会察觉到她的异样？或者，他从来就未曾觉得需要去觉察，于是还如记日记般写入自己的文章中。可怜那一番痴情挚爱，到头来不过化成他笔下的一抹回味悠长。

随着这样一句话，马湘兰的心顿时碎了。

这么多年的信念，蓦然没有了，于她，一切仿佛只是梦一场。

于是，她强撑着为他完成这场寿宴，然后身心疲倦地回到秦淮河畔，于她，无限深情无处诉说，转头都已成空，只能是大病一场。

🌸 油残灯将熄

马湘兰返回金陵时，已心力交瘁，一病不起，如油残，灯将熄。剩下的时光，不过是过一日算一日罢了。

不久的一个午后，马湘兰已预感大限将至，命人焚上香，"强撑沐浴以礼佛端坐而逝"。她仔细地沐浴更衣，然后端坐在幽兰馆的客厅中，悄悄地走完了她五十七岁的人生。

临终前，她命仆人在她座椅四周，摆满了含幽吐芳的兰花。就此坐化，一世平静，真正做到了"质本洁来还洁去"。

而王稚登自姑苏一别后，就再也没有刻意打听她的消息。直到八年后的一天，他才听闻了这个噩耗。悲痛之余，他挥笔写下挽诗：

歌舞当年第一流，姓名赢得满青楼，
多情未了身先死，化作芙蓉也并头。

那一瞬间，他老泪纵横，悲伤不已。彼时的他，白发苍颜，想到这样一个深爱自己的女子，想到自己的不坚定和软弱，他的心，苦涩着，内疚着，于是挥毫写了一首《旁妆台》曲子吊唁她：

水云天淡，衡阳断雁。
伤心徒自对钟山，老去也枉泪潸潸。
才华无处见，倚斜栏。
忆当年，几般夜色数幽兰，
今纵秋光不忍看。

他一定忆起了那年相遇时，她青春美貌，才情斐然，想起了她笔端的兰花和这无情岁月里如溪水般汩汩而流的温情。

"死生契阔，与子成说。持子之手，与子偕老"，多么美好的诗句，多么温馨的场面。他没有给她，他辜负了那双温良如水的双眸，愧对那双纯情的眼睛。他是她一生都画不好的兰，她是他一生都散不去的兰香。

半月之后，他撒手人寰，追寻她的兰香而去。

🌸 兰仿子固，竹法仲姬

日本东京博物馆中收藏着一幅中国明代的《墨兰图》，此画并非出自名家大师之手，而是明神宗时期的秦淮名妓马湘兰所作，被日本人视为珍品。

马湘兰在美女如织的秦淮河畔并不以姿貌出众，而是以其如兰品性和超逸的画兰造诣，以及对爱情的痴情坚守脱颖而出位列八艳的。万紫千红中，她独独钟情于兰，画兰功夫旷古烁今，堪称一绝，借物言志的兰花诗更不胜枚举，因此她的诗文和画作被当时的文人雅客争相收藏，她也成了许多江南才子、王孙贵胄追逐的对象。

马湘兰之所以能把兰花描绘得出神入化、栩栩如生，全赖于她的爱兰、知兰，也种兰。她不但将院宅里种满各色兰花，日日勤加灌护，而且凭着自己的兰心蕙质，能深悟兰花清雅空灵的脱俗气韵，所以才能将兰花的品态展现于画笺和诗笺上。而她自己的品格，因受兰花的熏陶，也如兰花一样圣洁。她的一生也像山野的兰花，幽香清远，孤独寂寞。

她画竹也是妙手，连曹雪芹的祖父曹寅，都曾在《历代画史汇传》中评价她的画技，"兰仿子固，竹法仲姬，俱能袭其韵"，故而她得名"湘兰"。在这一盛名之下，时人自然以得马湘兰之画笺和诗笺为荣。

当年曹雪芹的祖父曹寅，曾接连三次为《马湘兰画兰长卷》题诗，共七十二句，记载在曹寅的《栋亭集》里。

在北京故宫的书画精品中也间杂着马湘兰的兰花册页，发着独异的光彩，她的绘画在国外一直被视为珍品。

由此可见，马湘兰的绘画造诣高超，性情的豪爽和作画的宁静，真真担得起"娴静时如娇花照水",行动处如灵兔跳脱。

马湘兰还在历史上留下了这样的足迹。当年,在夫子庙秦淮河南,桥旁为名妓马湘兰宅第,中秋之夜,士子聚集桥头笙箫弹唱,追忆牛渚玩月,对月赋诗,故称此桥为玩月桥。明亡后,此处渐渐衰落,后人有诗:

风流南曲已烟销,剩得西风长板桥,
却忆玉人桥上坐,月明相对教吹箫。

长板桥,即原先的玩月桥。

现在,南京夫子庙已重新修茸,恢复了明清年间的一些亭阁,疏浚河道,待到中秋佳节时,就可结伴同行,领略此地的玩月佳趣了。这便也成了一种中秋习俗。

何处风来气似兰,帘前小立耐春寒;
囊空难向街头买,自写幽香纸上看。
偶然拈笔写幽姿,付与何人解护持?
一到移根须自惜,出山难比在山时。

——马湘兰

第九卷·**马湘兰**:痴守一生,一生都画不好的情